KNAUR⚹

LAILA MARIA WITT

mit Nina Schnackenbeck

Happiness hausgemacht!

Wie du die Mama wirst,
die du schon immer sein wolltest.

Die inspirierenden Erfahrungen
der erfolgreichen
Familien-YouTuberin

KNAUR

Besuchen Sie uns im Internet:
www.knaur.de

Aus Verantwortung für die Umwelt hat sich die Verlagsgruppe
Droemer Knaur zu einer nachhaltigen Buchproduktion verpflichtet.
Der bewusste Umgang mit unseren Ressourcen, der Schutz unseres
Klimas und der Natur gehören zu unseren obersten Unternehmenszielen.
Gemeinsam mit unseren Partnern und Lieferanten setzen wir uns
für eine klimaneutrale Buchproduktion ein, die den Erwerb von
Klimazertifikaten zur Kompensation des CO_2-Ausstoßes einschließt.
Weitere Informationen finden Sie unter: www.klimaneutralerverlag.de

Originalausgabe Juni 2022
Knaur Verlag
© 2022 Knaur Verlag
Ein Imprint der Verlagsgruppe
Droemer Knaur GmbH & Co. KG, München
Alle Rechte vorbehalten. Das Werk darf – auch teilweise –
nur mit Genehmigung des Verlags wiedergegeben werden.
Redaktion: Ulrike Gallwitz
Covergestaltung: ZERO Werbeagentur, München
Coverabbildung: ©privat
Satz: Sandra Hacke
Druck und Bindung: GGP Media GmbH, Pößneck
ISBN 978-3-426-79153-0

2   4   5   3   1

INHALT

EINLEITUNG

Ich sitze gerade an meinem Schreibtisch, meine vier Kinder schlafen, mein Traummann liest auf dem Sofa Zeitung – und ich bin unendlich glücklich, die vollkommene Schönheit dieses Moments betrachten zu können. Denn, seien wir mal ehrlich: Wie oft schlafen die Kinder, der Mann sitzt auf dem Sofa, der Moment ist *genau* derselbe – doch wir sehen die Schönheit darin nicht? Weil im Kopf eben andere Dinge Priorität haben. Und, ihr Lieben, ich sehe den Moment der Schönheit und des Glücks, *obwohl* heute vieles drunter und drüber gegangen ist. Nur heute? Nein, eigentlich ist es doch jeden Tag dasselbe, wenn man mehreren Herausforderungen gerecht werden will und alles unter einen Hut bringen muss wie Kinder, Partnerschaft, Haushalt, Gesundheit, Beruf, Freundschaften … Aber lasst mich euch dazu eine kleine Geschichte erzählen.

Vor einigen Wochen kamen mein Mann und ich auf die glorreiche Idee, doch einmal anstatt des gewohnten familienfreundlichen Kinderurlaubs einen Städtetrip voller Bildung und Kultur mit allen vier Kindern nach Paris zu machen. Im Nachhinein kann ich gar nicht mehr mit Gewissheit sagen, von wem diese geistreiche Idee stammte (von mir). Noch, woher dieser unbändige und hoch motivierte Wunsch auf einmal kam (hatte mir jemand kürzlich von Paris erzählt?). Jedenfalls war unser Ziel, es diesmal anders zu machen. Uns mal nicht alles leicht zu machen, mit den Kindern in das immer selbe Ferienhaus in den immer selben Ferienort zu den immer selben Nachbarn zu fahren. Wir wollten uns zutrauen, alle zusammen zum Beispiel mal ins Museum zu gehen. Sagen wir es, wie es ist: in den Louvre. Schließlich ist der Große schon sechzehn, der Kleine drei. Und wäre das nicht schön, wenn wir bei dem schon so früh das Interesse an Kultur wecken könnten? Hach!

Also planten wir Paris mit Eiffelturm, geführter Stadttour über die Stufen von Montmartre, durch das lebendige Quartier Latin, auf den gigantischen Friedhof Père-Lachaise, eine Seine-Rundfahrt sollte auch noch dabei sein. Und zum krönenden Abschluss wollten wir essen gehen. Aber nicht in ein extra »kinderfreundliches« Restaurant mit Fischstäbchen und Spaghetti bolognese für die lieben Kleinen, sondern in ein echt traditionelles mit französischer Küche. Mal ausnahmsweise. Das würde uns allen schon gut gefallen, auch den Kindern, waren wir sicher.

Wir wollten also alles, was wir mit vier Kindern zwischen drei und sechzehn Jahren eigentlich *nicht* machen, unternehmen. Ich habe gesagt (und auch wirklich geglaubt): »Komm, wir schaffen das! Das geht auch mal mit vier Kindern: Kultur, Bildung …! Sind ja keine Babys mehr.« Und in meinem überschwänglichen Ehrgeiz hoffte ich heimlich, dass vielleicht sogar ein klitzekleiner romantischer Moment für meinen Mann und mich dabei sein könnte in der Stadt der Liebe.

Ihr seht, wir hatten einen Plan. Aber der Plan war … Ich will nicht sagen, Mist, aber doch, ja, irgendwie schon. Denn wie das so ist mit Tagen, an denen alles durchgeplant werden muss – sie laufen ganz genau diametral verkehrt herum dazu.

Wir hatten natürlich alles reserviert und vorbestellt, acht Wochen im Voraus für einen Tag im Juli (das ist *Hochsommer,* will ich an dieser Stelle sicherheitshalber noch mal hervorheben)! Und ich bin ganz ehrlich: Ich habe am Morgen der Abreise auch nicht die Wetter-App gecheckt. An einem Tag im Juli und noch dazu ein ganzes Stück weit südlicher als Berlin.

Bei unserer Ankunft in Paris habe ich dann doch mal mein Handy gezückt und die Wetter-App geöffnet – es war nämlich übertrieben stark und vor allem dunkelgrau bewölkt. Ups: achtzig Prozent Regenwahrscheinlichkeit. Aber hey, als Grundoptimistin sagte ich mir: Achtzig Prozent Regenwahrscheinlichkeit bedeuten zwanzig Prozent ohne Regen – das ist doch gar nicht sooo schlecht.

Außerdem: Paris bei strahlendem Sonnenschein ist natürlich die Königsklasse, aber ein bisschen Regen, während wir auf dem Eiffelturm sind oder in irgendeiner Kirche oder beim Essen, ist auch nicht so dramatisch. Ist ja vieles überdacht, bestimmt, irgendwie.

Die Regenwahrscheinlichkeit sagt aber noch nichts über die Menge und Heftigkeit des von oben kommenden Nasses aus. Ist mir dann am Tag X klar geworden. Und zwar hammerhart. Denn – es – hat – in – Strömen – geregnet. Ach was, *gegossen*. Leider weiß ich nicht, wie es auf Französisch heißt, aber die Engländer sagen dazu »*It's raining cats and dogs*«. Das kann schon mal wehtun, wenn man so eine Katze mit ausgefahrenen Krallen auf den Kopf bekommt. Und genauso fühlte es sich auch an. Die Tropfen waren so groß und hart, da hat kein Schirm standgehalten. Wir hatten unser Ziel fast erreicht, der Eiffelturm war in Sichtweite. Schnell huschten wir unter eine Platane. Dicht drängten wir uns darunter. Und immer dichter. Wer Paris etwas kennt, weiß, dass rund um den Eiffelturm der Boden nicht überall gepflastert ist, sondern gerade um die Bäume herum aus festgetretenem Sand besteht. Und was passiert mit Sand, wenn er sich mit Wasser mischt? Mit sehr, sehr viel Wasser? Er wird zu Matsch und Schlamm. »Kladderadatsch!!!«, wie meine kleineren Kinder in einer anderen Situation vielleicht hocherfreut gerufen hätten. Und ich: »Neeein! Nicht mit ohne Gummistiefel!«

Wobei man unter »Matsch« oder auch »Schlamm« ja eigentlich »eine breiige Masse« versteht. Na gut, diesen Aggregatzustand haben wir auch erlebt. Aber nicht nur den. Am Ende standen wir inmitten reißender, brauner Flüsse von allen Seiten. Ganz zu schweigen von den Wassermassen, die nach wie vor von oben auf uns einströmten und denen die Blätter des Baumes schon lange nicht mehr standzuhalten vermochten. Wir standen also zu sechst unter der Platane, Wasser von oben und unten, weil es immer weiter stieg, von allen Seiten. Unsere Socken sogen sich durch die Schuhe von unten voll. Und die Klamotten wurden von oben durchgeweicht. Die Haare hingen uns in nassen Strähnen von den Köpfen. Wir sahen wie begossene Pudel aus. Sagt man doch so, oder? Auch unsere kunstvoll für einen schicken Tag in Paris hergerichteten und frisierten Lockenhaare waren Opfer von äußeren Einflüssen geworden. Kein erster Preis für das perfekte Family-Outfit heute. Denn: So durchnässt, wie wir nun mal waren, mussten wir den Trip auf den Eiffelturm natürlich absagen.

Nun ja, und wo landeten wir dann? Im einzigen offenen Kaufhaus an einem Sonntag: den Galeries Lafayette. Wir brauchten zwar nicht unbedingt neue, aber doch trockene Sachen, denn ich spürte die fiese Erkältung schon regelrecht in mir hochkriechen, gemeinsam mit der Feuchtigkeit. Ich positionierte meine gesamte Familie also vor einer Umkleidekabine und rannte wie eine Irre durch die Gänge, um für sechs Personen, mich eingeschlossen, Kleidungsstücke in allen Größen aus dem Sommerschlussverkauf zusammenzuwürfeln: Unterwäsche, Socken, Hose, T-Shirt/Hemd. Das ist viel weniger lustig, als es jetzt hier vielleicht klingt. Und zwar viel, viel weniger. Die Farben passten mehr schlecht als recht zusammen. Es war mir egal. Nicht egal war mir, dass wir allesamt schnellstmöglich in trockene Klamotten kamen. Wer jemals vorhat, vier Kinder in vier verschiedenen Größen im Sommerschlussverkauf, in dem es nur noch Restbestände gibt, innerhalb von einer vorgegebenen Zeit einzukleiden, dem kann ich davon nur abraten.

In unseren neuen Gewändern sind wir dann an die Kasse, die Preisschilder wurden direkt an unseren Körpern abgescannt, Karte durchgezogen, kurz innerlich laut »Aua!« geschrien, und los ging's zum Essen. Na ja, nachdem wir noch fünfmal durch den Körperscanner mussten, weil immer wieder irgendeiner von uns gepiept hat. Etiketten und Anti-Klau-Einrichtungen gewissenhaft zu entfernen, wenn die Kleidung bereits getragen wird, ist natürlich noch schwieriger, als es sich ohnehin schon gestaltet.

So kam es also, dass wir viel kostbare Zeit unseres Bildungs-Kultur-Tagesausflugs in der Stadt der Liebe bis auf die Knochen durchnässt in der Umkleidekabine verbrachten beziehungsweise kreuz und quer davor. Die Stadttour erkundete ohne uns Montmartre, das Quartier Latin, den Friedhof Père-Lachaise und Co. Denn es hatte mittlerweile aufgehört zu regnen, und die Sonne war sogar rausgekommen. Aha, jetzt fanden also die zwanzig Prozent Nicht-Regenwahrscheinlichkeit statt. Ohne uns.

Na gut. Wie heißt es doch immer so schön: Krönchen richten. Das ist eine Tätigkeit, die ich in meinem Leben schon zur Genüge üben konnte und die ich darum in Perfektion beherrsche. Zum Spaß kaufte ich mir und meinen Töchtern dann noch Haarreifen mit einer Glitzerkrone drauf – zu meiner Verteidigung: Sie lagen direkt an der Kasse! Meine ganz persönliche Quengelware, sozusagen. Habe ich mir gegönnt. Gebe ich zu. Für die bessere Laune. So viel zum Thema »Beeinflussung des Kaufverhaltens« und »leichte Kaufzielgruppe Mütter«. Ich fand das witzig. Meine Töchter auch. Mein Sohn nicht. Aber er sollte ja auch keine Krone tragen. Ich hatte ihm natürlich *nicht* aus Spaß auch einen Kronen-Haarreifen gekauft und musste das extrem übertriebene Augenrollen meines Mannes über mich ergehen lassen. Der das erstandene Schmuckstück auch nicht tragen wollte. Nicht mal mein Kleinster. Typisch Männer, immer in Schubladen denken …

Essen gegangen sind wir dann also in trockenen, wenn auch wild durcheinandergewürfelten Kleidern und auch wieder einigermaßen gut gelaunt. Man weiß ja erst zu schätzen, was man hat, wenn man es verloren hat. Und wir waren zumindest wieder trocken, und uns war wieder warm. Und Hunger hatten wir auch. Jede Mutter weiß: Das ist der Moment, wo die Alarmglocken schrillen: Denn zwischen »Ich hab Hunger« und dein Kind schreit den ganzen Laden zusammen liegen mitunter nur wenige Minuten. Wir mussten uns also beeilen. Und so schnappten wir uns das nächstbeste Restaurant (kleine Info am Rande: Versucht mal, einen Tisch für sechs Personen ohne Reservierung zu bekommen! In Paris!!).

Aber es wurde dann glücklicherweise noch ein richtig schöner Ausklang unseres Ausflugs – der doch so ganz anders verlaufen war, als wir geplant hatten. Am Ende konnten wir sogar herzhaft lachen über unser schlechtes Timing und Pech, holten uns immer und immer wieder den Moment der nicht enden wollenden Regendusche zurück, beleuchteten ihn von allen Seiten – immerhin ja sechs – und lachten Tränen zwischen Muscheln, Pommes, Käse, Trauben und Mousse au Chocolat.

Und was mir da plötzlich wieder einfiel: Kurz bevor der monsunartige Regen uns bis auf die Knochen durchnässen sollte, bevor wir also überhaupt wussten, dass das geschehen würde, war für ein paar Minuten die Sonne am Himmel zu sehen gewesen. Sie hatte sich den Weg zwischen den dunklen, aufgetürmten und das Unheil bereits verkündenden Wolken gebahnt und hatte ihre Strahlen direkt auf unsere Nasenspitzen platziert. Warm und weich. Keiner von uns hatte in dem Moment genölt: »Wo ist meine Sonnenbrille?«, »Mir ist warm«, »Wann geht's endlich los?«, »Wo müssen wir hin?«. Wir hatten, als wären wir schon in Erwartung des Moments danach gewesen, den geradezu surrealen Augenblick einfach genossen. Stillschweigend und völlig unabgesprochen. Als hätten wir unterbewusst geahnt, dass gleich wasserfallartige Wassermassen um uns herumtosen würden.

Jedenfalls weiß ich noch, wie ich mit meinen beiden Töchtern rechts und links an der Hand staunend auf den Eiffelturm zugelaufen bin. Und ich weiß nicht, warum, vielleicht waren es meine beiden gesunden, wunderschönen Töchter zu meinen Seiten, vielleicht das Glitzern der Sonne auf den Pariser Pflastersteinen, vielleicht war es aber auch einfach nur der gigantische und dabei so filigrane Turm aus Eisen, der durch Kinderaugen betrachtet noch so viel gigantischer und schöner aussehen muss (kennt ihr das, dass man, wenn man mit seinen Kindern unterwegs ist, die

Welt noch mal aus ihren Augen sehen darf und alles auf einmal so viel schöner und wichtiger und großartiger und erstaunlicher erscheint?) – jedenfalls ist mir in diesem kurzen, rundum perfekten Moment klar geworden: Ich bin die Frau, die ich immer sein wollte. Punkt. Die Erkenntnis traf mich wie ein Blitz und war einfach plötzlich da. Das war ein wahnsinniges Gefühl. Bewegend und erhebend und irgendwie auch ganz schön aufregend. Ja, ich bin der Mensch, der ich immer sein wollte, und lebe ein Leben, welches schöner ist, als ich es mir je erträumt habe. Und jetzt kommt der Clou: Und das, obwohl ich doch *ich* bin und der Weg dahin so lang war. Wie konnte ich, Laila, zu der Frau werden, die ich immer sein wollte? Wie habe ich das bloß geschafft? Denn das ist ja nicht von jetzt auf gleich oder gar von allein passiert. Im Gegenteil: Ich arbeite schon mein ganzes Leben lang daran, wenn ich so darüber nachdenke, also an mir. Und damit meine ich wirklich: mein ganzes Leben lang.

Dazu muss man vielleicht wissen, wo ich herkomme. Ich bin in einem sozialen Brennpunkt Berlins groß geworden. Meine Eltern mussten von früh bis spät hart arbeiten, und so war ich ein klassisches »Schlüsselkind« der 90er-Jahre, also früh auf mich allein gestellt. Wir hatten wenig Geld, und obwohl man als Kind über so etwas nicht nachdenkt, habe ich es doch gespürt und bin aufgewachsen mit vielen unausgesprochenen und unerfüllten Kinderwünschen. Zudem bin ich Halb-Marokkanerin (mein Vater kommt aus Marokko), was mich meine Andersartigkeit und Nicht-Dazugehörigkeit noch mal mehr und zum Teil richtig hart hat spüren lassen. Das klingt jetzt etwas tränendrüsenlastig, aber das soll es gar nicht. Es war, wie es war – und hat mich letztendlich auf den Weg geführt, der im Heute endet. Und ich habe ja schon gespoilert, dass ich darüber sehr glücklich bin: auf den Eiffelturm schauend oder wahlweise glücklich am Schreibtisch sitzend. Aber die eine oder andere Geschichte aus meinem Leben werde ich hier im Buch trotzdem zum Besten geben. Immer mit dem Ziel, daraus etwas Wertvolles ableiten zu können, was ich mal salopp »Erfahrungsschatz« nennen möchte.

Vieles musste ich auf die »harte Tour« lernen. Sei es, weil ich viel zu früh von zu Hause ausgezogen bin, oder als Alleinerziehende, denn da ging's ja nicht mehr »nur« um mich. Ich war damals schwanger mit meinem zweiten Kind. Mein »Großer« war drei Jahre alt, als die Ehe zwischen meinem ersten Mann und mir einfach nicht mehr funktionierte und wir uns trennten. Was ich sehr schnell begriffen habe: Als Alleinerziehende musst du dich ganz neu aufstellen und organisieren. Und vor allem auch fokussieren und disziplinieren. Aus dieser Zeit stammt zum Beispiel meine »Leidenschaft«, morgens um fünf Uhr aufzustehen, um den Tag bestmöglich auszuschöpfen. Aber dazu später mehr. In den folgenden vier Jahren habe ich vor allem funktioniert, musste ich ja, um für meine Kinder stark zu sein. Dabei war ich doch noch eine junge Frau, die auch supergern so typische Dinge getan hätte wie ausgehen, sich mit Freundinnen verabreden und einfach mal wieder albern sein, ausgelassen, ins Kino gehen, tanzen, essen …

To cut a long story short (aber wir holen im Buch hier und da auch noch mal richtig schön aus, versprochen): Ich habe vor allem in meinem jungen Leben einige Fehlentscheidungen getroffen, viel Ablehnung erfahren, nie so richtig dazugehört und etliche Niederlagen eingesteckt. Ich bin aber immer wieder aufgestanden. Und zwar mit dem Willen, etwas an meiner Situation zu verändern und zu verbessern. Und so habe ich früh angefangen, mich weiterzuentwickeln. Meine große Hilfe waren dabei die Bücher, Ratgeber im Besonderen. Das hat sonst keiner so gemacht in meiner Umgebung, meinem Freundes- und Bekanntenkreis. Immerhin habe ich bereits im Alter von *zwölf* Jahren damit begonnen, nach Dr. Joseph Murphys »Die Macht Ihres Unterbewusstseins« zu leben. Murphy beschreibt darin, wie wir alles in unserem Leben zum Besseren wenden können, indem wir uns positive Sätze vorsagen, sogenannte Affirmationen. Wir steuern damit unsere Gedanken, die wiederum unser Handeln bestimmen und auch das beeinflussen, was von außen auf uns zukommt.

Ich habe das ganz gewissenhaft verfolgt: Habe mir den Ratgeber mit dem passenden Heilsversprechen für meine besondere, herausfordernde Lebenssituation herausgesucht (welche mich besonders durchgerüttelt und weitergebracht haben, darauf gehe ich an entsprechender Stelle im Buch noch näher ein) und ihn nicht nur gelesen, sondern regelrecht *durchgearbeitet*. Ein Kapitel nach dem anderen. Ich habe immer erst weitergelesen, wenn ich eine »Aufgabe« erfolgreich abgeschlossen hatte.

Und so habe ich gemerkt: Ich kann mein Leben lenken und verändern. Und wenn ich mich innerlich anders aufstelle, beeinflusst das auch meine Umgebung. Das klingt jetzt vielleicht etwas esoterisch und spirituell, aber es ist nichts anderes, als Achtsamkeitstraining zu betreiben oder Dankbarkeitstagebuch zu führen. Und das ist schließlich gerade voll en vogue, oder nicht?

Und weil sich das für mich als wirklich hilfreiche und wirkungsvolle Praxis herausgestellt hat, waren auch meine weiteren Jahre von Ratgebern geprägt, wann immer mir eine neue Herausforderung ins Haus stand. Ohne diese vielen unterschiedlichen Anleitungen, Tipps und Hilfestellungen hätte ich es aus vielen Situationen nicht herausgeschafft. Auf etliche davon greife ich übrigens bis heute zurück, um (größtenteils) gelassen durch meinen Alltag zu kommen. Ehrlich gesagt, haben es diese antrainierten Mechanismen und die daraus gewachsene Lebenseinstellung überhaupt erst möglich gemacht, dass ich mir einige Jahre später zutraute, meine Familie noch weiter zu vergrößern, sodass ich heute Mutter von vier Kindern bin, und zusätzlich eben auch noch ins Berufsleben einzusteigen. Denn das erfordert, gerade als Mensch, der gern auch mal Zeit für sich haben will, viel Organisationstalent und am besten noch eine große Portion Gelassenheit und Mut dazu.

Apropos … *Einen* Ratgeber aber habe ich in all den Jahren *nicht* gefunden. Und ich bin wirklich eine Ratgeber-Expertin, wie ihr jetzt wisst. Etwas Allumfassendes, was einen Neuanfang, eine Neustrukturierung, einen Neufindungsprozess beschreibt, zum Beispiel nach einer Babypause.

Ich erinnere mich selbst noch sehr gut daran, wie ich eines Tages – mein zweites Kind, meine Kleine, war gerade in die Kita eingewöhnt und den ersten Tag allein dort – dasaß in meiner Wohnung, zum ersten Mal seit Langem ganz allein. Und noch dazu alleinerziehend. Ich hatte einen Plan für meinen Großen und einen Plan für meine Kleine. Aber wirklich absolut keinen für mich. Und so rief ich in mein Innerstes hinein: »Beruf – wo bist du? Body – wo bist du? Laila – WO BIST DU EIGENT-LICH?!«

Da saß ich nun also und sagte mir zum einen: »Na toll. Hast im Leben mal wieder alles falsch gemacht!«, und fragte mich zum anderen: »Und was soll *ich* jetzt machen? Da gibt es so viele Ratgeber, aber keinen, der mir *jetzt* weiterhilft. Dann schreibe ich den eben selbst!«

Weil ich es gewohnt war, bei der Erfüllung meiner Ziele und Wünsche in Ratgebern zu denken und danach zu leben, habe ich dann also wirklich Stück für Stück meinen eigenen Ratgeber entwickelt. In ein kleines Heft habe ich mir alle Dinge notiert, die mir wichtig waren, wie zum Beispiel Sport, Freundeskreis, meine Wohnung, berufliche Ziele und so weiter. Und zu jedem Punkt habe ich mir genau dazugeschrieben, was ich erreichen will und wie ich ganz pragmatisch, Schritt für Schritt, dahin komme. Das war kein unmöglich zu schaffendes, utopisches Hexenwerk, sondern es waren realistische, machbare Dinge wie »Räume alle Schubladen in der Wohnung auf, jeden Tag eine«. Und diesen meinen persönlichen Ratgeber habe ich nicht nur mehrmals in sechzehn Jahren an mir selbst erprobt und perfektioniert, sondern auch an all meinen Freundinnen.

Als dann vor einiger Zeit mein Verlag auf mich zukam und mich fragte, ob ich nicht Lust hätte, ein drittes Buch zu schreiben, und eine Idee, wovon es wohl handeln könnte, da fiel mir auf einmal dieser Moment in Paris wieder ein, als mir klar geworden ist, dass ich die Frau bin, die ich immer sein wollte. Und da hat es bei mir »klick« gemacht: Genau diese Einstellung und das Wissen, das dazu geführt hat, habe ich noch nirgendwo veröffentlicht. Bis jetzt. Aber es ist ja alles bereits da und sogar mehrfach getestet. Das Ergebnis hältst du gerade in deinen Händen …

Dass ich nicht die Einzige mit diesen Wünschen und ungelebten Träumen und Zielen bin, war mir schon früh klar. Wie gesagt, ich habe meine Tipps und Tricks auch meinen Freundinnen weiterempfohlen. Aber auch eine Community von über 150 000 Mamas ist Beweis genug: Es ist der Wunsch von vielen Frauen, glücklicher zu leben. Dabei ist es fast schon egal, ob du eine Mama bist oder nicht, denn es geht um Bedürfnisse und Wünsche, die so allumfassend und natürlich sind, dass sie einfach für jede Frau gelten, behaupte ich jetzt einfach mal.

Und ich habe in diesem Augenblick eine Riesengänsehaut, weil ich mich so freue, dass wir den Weg jetzt gemeinsam auch für *dein* Leben gehen. Und dass ich dich begleiten darf durch eine vielleicht nicht ganz so leichte Phase deines Lebens, in der du nicht zufrieden bist damit, wie es bei dir läuft, in der du zu kurz kommst, nicht vorankommst, vielleicht spürst du alte Sehnsüchte in dir, fühlst dich immer von anderen beurteilt, kritisiert und beobachtet …

Ich wünsche mir von ganzem Herzen, egal, wer du bist, wo du in deinem Leben stehst und was du darin verändern möchtest, dass auch du diesen wunderschönen und erhebenden Moment einmal erleben kannst, den ich in Paris kurz vor dem strömenden Regen erlebt und gespürt habe. Dass du überall das schönste Leben mit dem schönsten deines Selbst haben kannst, ja, auch mit vier klitschnassen Kindern und enttäuschten Erwartungen in einer fremden Stadt. Das Werkzeug und Wissen, das es braucht, um diesen Weg zu finden und zu gehen, möchte ich dir mit diesem Buch an die Hand geben.

Und wenn du mir in sechs Wochen in einer E-Mail davon berichtest, wie es dir damit ergangen ist und ob dir meine Tipps geholfen haben, dann strahle ich vor Glück.

PS: Und solltest du Lust haben, dir meine kleine Anekdote aus Paris anzuschauen, dann mache es! Denn ich habe tatsächlich zwei TikTok-Videos dazu live in dem Moment gedreht und hochgeladen. Gehe dazu in der Chronologie zurück bis August 2021. Viel Spaß!

Die Sache mit dem Geschlecht …

Mir liegt sehr am Herzen, dass sich alle, die dieses Buch lesen, angesprochen fühlen. In erster Linie richtet es sich ja nun an Frauen und insbesondere Mütter, darum spreche ich sie vor allem an. Ansonsten versuche ich, so »gerecht« wie möglich mit der Nennung beider Geschlechter umzugehen. Außerdem ist mir noch ganz, ganz wichtig zu betonen: Es ist mir bewusst, dass es immer mehr homosexuelle Paare mit Kindern gibt, ich habe selbst zwei in meinem Freundeskreis. Natürlich seid ihr alle ebenso jederzeit angesprochen, auch wenn ich, wenn es um den Partner oder die Partnerin geht, mal nur die männliche Form verwende. Bitte nicht böse sein, wenn es das eine oder andere Mal ausschließlicher klingt, als es gemeint ist.

Bevor wir uns gleich gemeinsam auf die Reise machen, möchte ich dir eine kleine Nutzhilfe für dieses Buch mit auf den Weg geben:

Ich empfehle dir, dieses Buch von vorn nach hinten zu lesen und parallel mitzumachen. Selbstverständlich werden dich einige Themen weniger ansprechen und weniger Zeit von dir abverlangen, andere mehr und dich auch mehr fordern. Das ist ganz natürlich und hängt davon ab, wo du persönlich in deinem Leben gerade stehst.

Erlaube dir also ruhig, über einige Themen schneller drüberzugehen und dir für andere richtig viel Zeit zu lassen.

Du brauchst ein leeres Notizheft (ich persönlich mag linierte), um darin deine Gedanken festzuhalten. Und einen Lieblingsstift dazu (wäre für mich ein Bleistift mit Radiergummi). Auch wenn hier nicht viel Schreibarbeit auf dich zukommt, wird es dennoch hin und wieder kleine Aufgaben geben. Und ich empfehle dir, sie an der Stelle zu machen, an der sie vorkommen, und dich erst *danach* dem nächsten Kapitel zu widmen. Selbstverständlich lassen sich diese Aufgaben wunderbar mit einem vollen Alltag auch mit mehreren Kindern, mit Beruf, Partnerschaft und so weiter und so fort verbinden.

Des Weiteren möchte ich dir raten, dir für dieses Buch nicht mehr Zeit zu nehmen als acht Wochen. Wenn man zügig daran arbeitet, schafft man es wohl auch in vier Wochen. Für manche Kapitel wirst du eben mehr Zeit brauchen, für andere weniger, das ist, wie oben schon beschrieben, individuell verschieden. Und ich weiß, dass es auch ganz oft Tage gibt, an denen man einfach nicht dazu kommt, in ein Buch zu schauen, geschweige denn, etwas davon umzusetzen. Nimm dir darum am besten sechs Wochen als Rahmen und Anhaltspunkt. Allerdings Vorsicht: Wenn sich der Prozess zu lange hinzieht, kann es sein, und das sage ich

aus Erfahrung, dass der gewünschte große Effekt nur in abge-
schwächter Form eintritt.

Darum: Glätte dein Notizheft, spitz deinen Lieblingsstift an
(sollte es auch ein Bleistift sein wie bei mir), markere dir im Kalender sechs Wochen in Neonpink oder -grün an und stelle dich
motiviert und freudig darauf ein, dass Aufgaben auf dich zukommen, die alle schaff- und umsetzbar sind. Und die dich glücklicher und deinen Alltag leichter machen werden!

WELCHER MUTTERTYP BIST DU?

Los geht's – und zwar erst mal mit der Bestandsaufnahme: Welcher Typ Mama bist du? Denn das ist wichtig, damit du dich selbst
gut kennst, weißt, wo du im Moment im Leben stehst, und so deine
Wünsche und Ziele so konkret wie möglich formulieren kannst.

Es gibt verschiedene »Muttertypen«, ohne jetzt alle über einen
Kamm scheren zu wollen. Natürlich sind das stark vereinfachte
Stereotype, aber in irgendeine Richtung können wir uns meist
mehr oder weniger einsortieren. Oder wir schnappen uns die eine
Sache von dem Typ und die andere von jenem. Wichtig ist, dass
wir »typische« Eigenschaften oder Handlungen erkennen, die wir
in Zukunft anders haben und machen wollen. Dabei ist es natürlich nicht immer so, dass wir am Ende mit unseren Nerven und
Grenzen sind. Vielleicht gibt es nur einen in deinen Augen kleinen
Punkt in deinem Leben, mit dem du unzufrieden bist und den du
verändern möchtest. Aber auch mit einem kleinen Schritt in die
richtige Richtung kann viel verändert werden. Du wirst staunen!

Die Gehetzte

*Jetzt nur noch schnell zum Bäcker huschen und das Brot für das
Abendessen besorgen – Mist, so eine lange Schlange! Damit hast du
nun gar nicht gerechnet. Und du bist sowieso schon sehr spät dran, um*

dein Kind vom Kindergarten abzuholen. Wird's heute eben wieder eine Viertelstunde später ... Sorry, Erzieherinnen!

Bist du die Mama, die immer auf den letzten Drücker oder sogar zu spät kommt, sich stets gehetzt und als Mama im Besonderen und Frau im Generellen nicht gut genug fühlt, weil du es einfach nicht schaffst, deinen Alltag zu organisieren? Du hast das Gefühl, alle anderen schaffen das mit links, während dein Haushalt nie fertig wird und sich die Akten im Büro stapeln. Und wann hast du dich eigentlich das letzte Mal geschminkt? Ehrlich gesagt, hast du nicht nur dein soziales Leben, sondern auch deinen Körper in den letzten Monaten ganz schön vernachlässigt. Warum schaffen alle anderen die Dinge eigentlich so viel besser als du?

Die Ja-Sagerin

Beim letzten Elternabend hast du das Amt der Elternvertreterin angenommen – obwohl du dir fest vorgenommen hattest, sogar geschworen, es nicht zu tun. Aber es hat sich eben kein anderer gemeldet, und schließlich wolltet ihr auch irgendwann mal nach Hause ...

Kannst du einfach nicht Nein sagen und willst es allen immer recht machen? Bist du diejenige, die mit zwei Kindern Vollzeit arbeitet und am Wochenende trotzdem noch schwere Umzugskartons von fernen Bekannten schleppt? Oder die zu einem Drei-Gänge-Menü zu sich nach Hause einlädt und ins Schwitzen gerät, weil die Kinder einfach nicht einschlafen wollen, der Ofen aber schon vorgeheizt ist, während noch drei E-Mails beantwortet werden müssen? Du verlierst dich komplett selbst aus dem Blick.

Die Perfektionistin

Du hast den Kindergeburtstag so schön geplant. Alle Geschenke und die Deko sind eingekauft, das perfekte Kuchenrezept liegt bereit, alle Zutaten warten nur darauf, verarbeitet zu werden. Aber es fehlt

dir, verdammt noch mal, noch das farblich passende Geschenkpapier!
Schließlich hast du ein Farbkonzept! Immerhin ist es der erste Ge-
burtstag deines Kindes!

Bist du die Mama, bei der alles immer perfekt läuft und ist? Du und deine Kinder tragen farblich zueinanderpassende Klamotten, du sogar entsprechenden Nagellack, deine Haare sind immer frisch gewaschen, deine Kinder performen in Schule und Kindergarten, beim Tanzunterricht und Fußball perfekt und du in allem, was du tust, sowieso und immer. Du lässt dich *bewusst* zur Elternsprecherin wählen, weil du dann sicher sein kannst, dass alles richtig läuft. Zerbrichst du aber innerlich an dem Idealbild, dem du so gern entsprechen würdest, weil es so weit entfernt ist von dem, wie du dich wirklich fühlst? Dein Perfektionismus fordert dich immer weiter heraus, sodass du nie zur Ruhe kommst und das Einschlafen immer schwerer wird, weil du permanent unter Strom stehst. Zum Glück hilft dir da gelegentlich das eine oder andere Glas Wein (zu viel), um runterzukommen.

Die Ängstliche

Vielleicht geht ihr heute lieber auf den Spielplatz, auf dem die Geräte nicht so hoch sind. Vom Dreimeterkletterturm kann der Kleine immer noch fallen, wenn er sechzehn ist, aber doch nicht mit sieben! Und ist es nicht auch gerade zufällig immer dein Kind, das sich das Knie aufschlägt? Schade, dass man auf Kinderspielplätzen keine Helme tragen darf, das wäre doch eigentlich ein super Schutz, und du könntest etwas entspannter durchatmen. Und wie sollst du eigentlich noch mit dem Fahrrad von A nach B kommen (mit Kindersitz und Kind hintendrauf, das Kind auf dem Fahrrad vorweg oder sogar ganz ohne Kind), wo der Straßenverkehr doch viel zu gefährlich geworden ist?

Wahrscheinlich bist du zu sensibel für die Welt und würdest dich am liebsten vor ihr verkriechen, weil du solche Angst hast um dein Kind und überall mögliche Gefahrenquellen witterst. Deshalb fällt dir der Umgang mit den alltäglichen Dingen zunehmend schwerer, das Draußen erscheint dir einfach als zu große Herausforderung und eigentlich sowieso das ganze Leben mit Kind. Was für eine Wahnsinnsverantwortung, das hätte einem vorher aber auch mal einer sagen können!! Du steckst in einer Abwärtsspirale aus Sorgen und Ängsten, und es wird immer schwerer für dich, den Weg nach draußen zu finden. Außerdem mangelt es dir mittlerweile an Selbstvertrauen, um deinen Ängsten zu begegnen und dich in der harten Gesellschaft zu behaupten.

Die Überforderte

Autsch! Auch das noch! Du hast dich gerade an deinem zu heißen Tee verbrannt, mit dem du dich an den Küchentisch setzt – deine Kinder sind endlich eingeschlafen. Wieder viel später als gehofft, deine Telefonverabredung mit deiner besten Freundin musstest du schon verschieben. Aber jetzt ist ja endlich … Da – taps, taps, taps – hörst du leise Kinderschritte. »Mama, ich habe noch Durst.« DAS KANN DOCH WOHL NICHT WAHR SEIN! HAT MAN DENN HIER NIIIIE SEINE RUHE? Du fährst wütend hoch und blaffst dein Kind an. Es weint. Na toll, das kommt jetzt erst mal länger nicht wieder zur Ruhe.

Lebst du permanent über deiner eigentlichen Belastungsgrenze und fährst deshalb schon bei Kleinigkeiten aus der Haut? Verspürst du teilweise Aggressionen sowohl gegen dich selbst, gegen deine Umwelt als auch deinen Kindern gegenüber? Motzt du deinen Partner nur noch an, schreist und schimpfst viel mit deinen Kindern, und vielleicht ist dir sogar schon mal die Hand ausgerutscht? Und das kratzt umso mehr an deinem Selbstbewusstsein als Mama, weil du doch genau weißt, natürlich (!), dass Gewalt (das gilt für verbale genauso wie für körperliche) niemals eine Lösung sein darf (!).

Das Hausmuttchen

Zum Sommerfest in der Schule brauchen sie noch einen Kuchen? Klar, kein Problem, da machst du doch mit Vergnügen deinen beliebten Erdbeerkuchen. Die Erdbeeren pflückst du natürlich selbst, zusammen mit den Kindern. Das ist auch viel günstiger. Und dann kochst du auch gleich noch Marmelade daraus. Auch als Geschenke für den Adventskalender, bei dem du jedes Jahr mit 23 anderen Frauen mitmachst. 30 Gläser, das ist doch kein Umstand! Huch, schon wieder Zeit fürs Mittagessen, eine gesunde Gemüsesuppe, dabei wolltest du noch Wäsche waschen. Macht nichts, machst du nach dem Mittag. Ach ne, da musst du ja noch den Knopf ans Sakko deines Mannes nähen. Ach ja, dein Mann … Bemerkt der eigentlich, dass du wöchentlich seine Kleidung ausbesserst? Bemerkt er dich überhaupt noch? Huch, jetzt aber schnell: Ist schon wieder Abendbrotzeit!

Bist du die Mama, die sich selbst ein kleines bisschen aufgegeben hat und sich nur noch über die Kinder definiert? Ja, wahrscheinlich ertappst du dich in Gesprächen häufiger dabei, dass du nur über deine Kinder redest, weil es dir einfach sehr schwerfällt, etwas über dich zu erzählen. Denn du kannst dich kaum noch an die Frau erinnern, die du vor der Familiengründung warst. Was dir vorher Freude bereitet hat und was deine Leidenschaften waren, wurde ersetzt durch Familie und Kinder. Du spiegelst nach außen zwar das perfekte Leben, tief in dir drin merkst du aber, dass das nicht alles sein kann. Und manchmal hast du auch Angst davor, was ist, wenn dein Mann dich betrügt oder verlässt oder eins deiner Kinder auszieht.

Die, die nie da ist

Klar hast du Kinder, aber, hey, du hast doch nicht deinen Doktortitel gemacht, um jetzt den ganzen Tag zu Hause zu sitzen. Du liebst deinen Beruf und wirst auch gebraucht in der Arbeit. Dein Chef schätzt dich und deine Arbeit sehr, und irgendwann wirst du seine Position einnehmen. Save. Und mal ehrlich, dafür sind sie schließlich da, die

Kindergärten, Ganztagsschulen, Internate und Ferienbetreuungen. Da fühlen deine Kinder sich voll wohl und haben Spielgefährten in ihrem Alter. Du wüsstest gar nicht, wie du das machen solltest, wenn die Kinder immer zu Hause wären.

Oder bist du die Mama, die ihre Kinder superselten sieht, die kaum etwas von ihren Entwicklungsschritten mitbekommt beziehungsweise sie nur auf Videos bewundert, weil du dich total in dein Business und deine Verpflichtungen verstrickt hast? Das hast du mal ganz bewusst entschieden und auch gern, aber mittlerweile stehst du schon extrem unter Druck, um als superprofessionelle und verantwortungsvolle Kollegin/Mitarbeiterin/Auftragnehmerin dazustehen, *obwohl* du Mama bist. Und als diese gar keine Kapazitäten mehr frei hast. Du willst zwar auf keinen Fall, dass du im Job schlecht dastehst und dir irgendjemand irgendetwas nachsagen kann. Aber manchmal fährt dir so ein Stich ins Herz, weil du, wenn du ganz ehrlich bist, merkst, dass deine Kinder etwas zu kurz kommen und du dir doch wünschen würdest, Beruf und Familienleben besser miteinander zu vereinen.

Die Keinen-Plan-Mum

»Ach, das macht doch nichts, wenn du zu spät zur Schule kommst, sag einfach, wir standen im Stau«, gibst du deinem Kind mit auf den Weg. Früher aufstehen? Gute Idee. Morgen. Vielleicht. Ach, ist schon wieder Wochenende? Ups, da bekommt ihr doch Besuch von deiner Freundin Hildi und ihren Kindern und du wolltest noch die große Luftmatratze besorgen. Egal, die können ja auch auf der Isomatte und der Ledercouch schlafen. Und zu essen gibt's irgendwas, was ihr dahabt. Habt ihr denn überhaupt noch was da? Schaust du nachher mal.

Bist du die, die alles eher lax sieht? Mit der Pünktlichkeit hast du es nicht so, bist jeden Abend aufs Neue überrascht, dass die Kinder Hunger haben und ins Bett müssen? Es *ist* ja auch schwer, nicht nur für sich selbst zu sorgen. Wahrscheinlich hast du schon mal auf die Schnelle 'ne Currywurst bei der Arbeit gegessen, weil du plötzlich hungrig warst. Oder du hattest einfach zehn Stunden lang Hunger. Was ohne Kinder kein Problem war, lässt sich jetzt nicht mehr so einfach kaschieren, und das wird dir unangenehm. Manchmal schämst du dich, weil du merkst, dass du den Bedürfnissen deiner Kinder nicht gerecht wirst. So hagelt es hier und da Kritik von Erzieherinnen, weil die Gummistiefel fehlen, oder von Lehrern, weil die Hausaufgaben schon wieder nicht gemacht wurden.

Die Sehnsuchtsvolle

Du wolltest ja eigentlich immer mal Ballett tanzen. Und Schauspielunterricht nehmen. Da gibt's doch diesen Workshop, so teuer ist der gar nicht. Und er findet um die Ecke statt. Ein Buch würdest du auch gern schreiben – du hast sooo viele Themen! Aber wann sollst du das machen? Vielleicht, wenn ihr mal wieder richtig weit weg in den Urlaub fahrt – o ja, ans Meeeer! Dieses Jahr wird das aber leider nichts. Dafür könntest du ja mit Yoga anfangen. Du würdest dich so gern mehr bewegen, fit werden, Sport machen, so richtig regelmäßig. Ach, das wäre alles sooo schön! Nur leider, leider fehlt dir die Zeit. Da machst du all das lieber nicht.

Steckst du voller Sehnsüchte, möchtest du dich eigentlich unbedingt und dringend selbst verwirklichen, woran dich aber deine Kinder, dein ganzer aktueller Lebensstil hindern? Funktionierst du jeden Tag aufs Neue, stehst irgendwie mechanisch aus dem Bett auf, aber hast gar keine rechte Motivation mehr in dir und Lust auf das, was vor dir liegt? Das war doch mal ganz anders. Da war deine Sehnsucht noch ein Motor. Weil es aber keine Aussicht auf Besserung gibt, ist sie nur noch Ursprung extremer Unzufriedenheit. Du weißt: Dagegen hilft am besten, sich mit einer Tüte Chips aufs Sofa zu setzen und mit der besten Freundin am Telefon über die hässlichen, viel zu dünnen Models bei

GNTM zu lästern. Das gibt dir wenigstens kurzfristig das Gefühl, besser zu sein, als du dich eigentlich tief in dir drin fühlst.

Ja, okay, ich gebe es zu: Das war jetzt alles extrem klischeehaft dargestellt. So ist es in Wahrheit natürlich nicht! So ist niemand von uns! Tut mir leid, dass ich uns Mütter überhaupt in solche Schubladen quetsche, da gehören wir natürlich gar nicht rein. Ups.

Aber pssst: Vielleicht findest du dich ja in dem einen oder anderen Muttertyp sogar ein bisschen wieder. So geht es zumindest mir: Ein kleiner Teil von mir steckt in jeder Mamarolle. Wir müssen dabei beachten, dass alle hier sehr doll zugespitzten Muttertypen natürlich immer auch ihre guten und absolut positiven Seiten haben. Und ist es nicht schön, wenn man sich diese rausnimmt, statt wegen der weniger guten Seiten ein schlechtes Gewissen zu haben? Soll bedeuten: Kein Muttertyp ist schlecht. Nur wenn du wegen der negativen Punkte ein schlechtes Gewissen aufbaust oder überfordert bist, weil diese überhandnehmen, ist es schlecht, weil es *dir* nicht mehr guttut.

Lass uns die ganzen Klischees, die wir hier aufmachen und die keine von uns zu hundert Prozent erfüllt, nehmen, nutzen und aus ihnen lernen! Sodass wir nicht gegen sie arbeiten, sondern *mit* ihnen.

Denn egal, welcher Mamatyp du bist: Du wirst wahrscheinlich ein schlechtes Gewissen in irgendeine Richtung haben. Oder eine Sehnsucht. Und wahrscheinlich fühlst du dich überfordert. Eventuell hast du dir auch ein Kummerpolster angegessen als Schutz vor der Außenwelt, hast Schuldgefühle dir selbst oder Groll und Neid anderen gegenüber. Wie und was auch immer: Du wirst an irgendeinem Punkt, tief drin in dir oder sogar ganz offen, unzufrieden und unglücklich sein.

Keine Angst, all diese Themen werden wir auf den folgenden Seiten behandeln, und gemeinsam finden wir einen Weg da raus.

Und selbst, wenn du all das nicht spürst und glücklich und zufrieden bist, wird dir dieses Buch eine Möglichkeit bieten, unentdeckte Potenziale zu finden und sie für dich zu nutzen. Auf jeden Fall wird es ein Weg sein, der Spaß macht! Lass uns die folgenden Wochen als ein kleines gemeinsames Abenteuer betrachten.

Ach, ihr Lieben, ich freu mich drauf!

DIE ERSTE AUFGABE

Fangen wir doch gleich mit der ersten Aufgabe an!

Nimm dir ein Blatt Papier, am besten weiß und DIN A4 (wichtig, das gehört noch nicht ins Notizbuch! Warum, verrate ich aber erst an späterer Stelle). Und jetzt male eine Karikatur deiner selbst. Fühl dich frei, zwischen allen vorgestellten Muttertypen zu wählen, sie zu mixen. Male dich und deine Situation oder dich in deiner Umgebung. Auf dem Bild kannst du also auch mit einem Gegenstand oder mit einem Haus zu sehen sein … Male einfach das Erste, was dir in den Sinn kommt zu dem, wie du gerade fühlst. Male wild drauflos.

Denke nicht nach. Das Bild muss nicht schön sein oder genau. Je weniger du denkst und je mehr du einfach loskritzelst, desto authentischer wird es.

Du kannst mit Farben malen, musst du aber nicht, kannst auch wieder etwas durchstreichen oder wegkritzeln.

Soll ich dir was verraten? Als ich mir diese Aufgabe damals gestellt, sie adaptiert und auf meine persönliche Situation angewendet habe, war ich gerade alleinerziehend, die Entbindung von Baby Nummer zwei lag nicht so weit hinter mir, und ich habe ein schwabbeliges Etwas gemalt, weil ich mich genauso gefühlt habe. Mit einem Käfig drum herum. Und Chaos und Wolken dazu, aber auch eine Sonne im Hintergrund. So ganz im Detail weiß ich es nicht mehr, denn ich habe das Bild nicht mehr.

Aber dazu später mehr. Was ich damit sagen will: Ich möchte dich ermuntern, dich frei zu fühlen, einfach wirklich das zu malen, was dir in den Sinn kommt, ohne dass es schön sein muss.

Und dann: Tu mir einen großen Gefallen und zeig dein Bild niemandem. Denn es geht niemanden etwas an.

Schreibe das Datum in eine Ecke, falte es klein zusammen und lege es an einen Ort, den du dir merkst, wo es dir aber nicht ständig über den Weg läuft. Erst mal so weit.

Ihr Lieben, ich weiß nicht, wie spät es bei euch gerade ist, in welchem Moment eures Alltags oder in welchem Zustand ihr euch befindet. In jedem Fall möchte ich, dass ihr jetzt, wenn ihr das Bild fertig gemalt habt, ein bisschen Luft holt und den Kopf frei bekommt, bevor ihr weiterlest. Ihr könnt eine Nacht drüber schlafen, einen laaangen Spaziergang machen, euch etwas zu essen machen und es verspeisen – wie auch immer, Hauptsache, es vergehen ein paar Stunden, in denen ihr diese erste Aufgabe erst mal loslasst. Das ist wichtig, um mit frischen Gedanken und aufgeräumt in die nächste Runde zu gehen.

Tschüss! Wir sehen uns in ein paar Stunden oder morgen an dieser Stelle wieder.

Jetzt fangen wir, wie besprochen, richtig an. Und zwar mit einem Vertrag. Ja, du hast richtig gelesen: mit einem Vertrag, den du selbst mit *dir* abschließt. Wenn dir das komisch vorkommt, lass mich dir versichern: Einen Vertrag mit dir selbst abzuschließen, wird dich motivieren und gibt unserem gemeinsamen Vorhaben, in deinem Leben etwas zu verändern, den richtigen Rahmen. Nimm dafür Notizbuch und Lieblingsstift zur Hand und schreibe auf die erste Seite folgenden Vertrag in deiner schönsten Handschrift ab. Versieh ihn mit dem heutigen Datum und unterschreibe ihn.

Hiermit bestätige ich, ..., dass ich mir für die nächsten sechs Wochen Zeitinseln für mich und die Arbeit an diesem Buch schaffen werde.

Ich werde ausreichend schlafen, mich gesund ernähren und mich täglich an der frischen Luft bewegen.

Ich verpflichte mich außerdem dazu, Freude in meinem Alltag zuzulassen und mich jeden Tag auf das Positive zu konzentrieren.

Für die Dauer des Buches verzichte ich auf den übermäßigen Konsum von Alkohol, Nikotin und anderen abhängig machenden Substanzen.

Ich bedanke mich bei mir für das Versprechen und unterschreibe voller Vorfreude und mit Selbstliebe.

Unterschrift .... Datum ....

Einen ähnlichen und dann doch wieder ganz anderen Vertrag habe ich zum ersten Mal 2008 auch mit mir geschlossen. Damals las ich »Der Weg des Künstlers« von Julia Cameron, in dem es um die Aktivierung der eigenen Kreativität von Schauspielern und Künstlern geht. Und ich als Schauspielerin habe mich sehr davon angesprochen gefühlt.

Als ich dann einige Jahre später alleinerziehend war, einige Zeit nach der Geburt meiner Tochter, hätte ich so gern ein ähnlich geartetes, auf meine aktuelle Lebenssituation passendes Programm gehabt. Also, was habe ich getan? Ich habe mir meinen eigenen Vertrag ausgedacht und meiner Situation angepasst.

Übrigens habe ich seitdem unzähligen Freundinnen diesen Vertrag unter die Nase gehalten, wann immer sie etwas in ihrem Leben anpacken wollten. Und auch, wenn es niemanden gibt, der kontrolliert, ob du diesen Vertrag wirklich einhältst, können wir alle bestätigen, dass dies ein wunderbarer und motivierender Start in einen neuen Lebensabschnitt ist.

Ein liebes Dankeschön möchte ich an dieser Stelle Julia Cameron aussprechen, die mir mit ihrem weisen Buch vor vierzehn Jahren neue, ungeahnte Wege eröffnet hat.

TEIL 1

Fühl dich wohl in deiner Haut

Lasst uns starten! Und zwar mit uns selbst. Also mit dir. Ist ja logisch, denn du bist das Wichtigste in deinem Leben und der Mittelpunkt deiner Familie, du bist sozusagen ihre Sonne, alle kreisen um dich. Wir kümmern uns um deinen Körper, deine Gedanken, deine Haltung, deine Kleidung … Kurzum: um alles, was dich anbelangt, denn wir wollen, dass es dir gut geht. Ihr kennt doch sicherlich das Sprichwort: Nur wenn es dir gut geht, kann es auch deiner Familie gut gehen.

KAPITEL 1

Beweg dich!

Zuallererst das Wichtigste: Beweg dich! Und zwar, so viel du kannst.

Das müssen gar keine hoch komplizierten Sportabläufe, Yoga-Einheiten mit Biegsamkeitsfaktor 100 oder endlose, an die Grenzen gehende Krafttrainings sein … Versuche einfach, Bewegung in deinen Alltag zu integrieren. Das können Spaziergänge sein, wann immer es geht. Du hast keinen Hund? Warum nicht einen Gassigang mit dir selbst machen? Oder du steigst ab jetzt eine Station früher aus dem Bus aus, meidest ab sofort den Fahrstuhl und die Rolltreppe. Wozu gibt es schließlich Treppen, die wunderbar die Po-Muskulatur trainieren? Es gibt so viele Möglichkeiten, mehr Schritte auf die Uhr zu bekommen! Wir kümmern uns gleich noch ausführlicher um das Thema »Spaziergang«, aber vorher will ich euch einmal erklären, warum das mit der Bewegung so wichtig ist.

Ich weiß, viele von euch haben »Bewegung« per se als »Sport« abgespeichert, und das ist wiederum ja bekanntlich Mord. Um mit diesem Mythos aufzuräumen, gehen wir einmal an die Grundpfeiler: Was genau ist eigentlich Bewegung, und warum ist sie so wichtig für uns?

DER MENSCH IST FÜR DIE BEWEGUNG GEMACHT, UND ER BRAUCHT SIE

Unser genetisches Erbe ist immer noch das, was sich in den letzten Jahrtausenden durchgesetzt hat als stärkstes und Erfolg versprechendes. Und das ist der Genpool der Steinzeitmenschen, die ja bekanntlich Jäger und Sammler waren. Sie haben jeden Tag Höchstleistungen vollbracht beim Suchen von Nahrung, dem Nachstellen wilder Tiere und Bauen von Unterkünften. Unsere Vorfahren vor 10 000 Jahren sind täglich an die 40 Kilometer gelaufen – um sich zu ernähren und zu schützen, kurzum: um zu überleben.

Das heißt: Unsere Körper sind dafür geschaffen, sich den ganzen Tag lang zu bewegen. Mehr noch, sie sind sogar darauf angewiesen, damit sie »reibungslos« funktionieren und wir nicht krank werden. Schau dir (deine) Kinder an! Denn die wissen das instinktiv: Die gehen nie, die laufen und hüpfen immer und klettern überall drüber und drauf, robben irgendwo lang. Sie bewegen sich mit vollem Körpereinsatz, sie nutzen ihren ganzen Körper und ihre gesamte Leistung aus. Sie schlafen *oder* bewegen sich. Was sie nicht tun: wach sein und still sitzen. Zumindest nur äußerst ungern. Das haben wir als Erwachsene leider oft ganz vergessen. Wenn wir uns diese Erinnerung aber mal zurückholen und uns ebenso frei und intensiv bewegen, macht uns das total froh. Ich finde also, das können wir doch schon mal schön von unseren Kindern übernehmen.

Wenn wir dazu noch mindestens einmal am Tag außer Atem kommen, befeuert das unser Gehirn geradezu mit Sauerstoff, unser Kreislauf wird ordentlich in Schwung gebracht und das Herz trainiert. Wenn wir das regelmäßig machen, verbessern wir die Sauerstoff-Aufnahmebereitschaft unserer Zellen, unser Körper und seine Funktionen kommen gar nicht auf die Idee einzurosten, sondern sind darauf getrimmt, immer aktiv und in Bereitschaft zu sein. Renn also das nächste Mal, wenn du den Bus schon an der Haltestelle stehen siehst, so schnell du kannst. Und habe Spaß daran! Deinen Körper macht es jedenfalls glücklich.

Und noch was ist wichtig zu wissen: Die körpereigenen Hormone Adrenalin und Cortisol sind nicht per se schlecht, obwohl sie als »Stresshormone« bekannt sind. Wir haben sie schon als

Steinzeitmenschen ausgeschüttet, wenn wir unter Stress standen. Sie haben dann dem Körper sofort mehr Energie zur Verfügung gestellt, weil Stress bedeutete: Wir mussten kämpfen oder fliehen, uns auf jeden Fall einer neuen Situation anpassen, und zwar so schnell wie möglich, um zu überleben. Diese Hormone waren also lebensnotwendig, weil es noch Säbelzahntiger an jeder Ecke gab, die uns als ihr Abendessen auserkoren hatten. Und nur mit ihrer Hilfe konnten wir in einer sich ständig wandelnden Welt überhaupt überleben.

Stresshormone sind gut, wenn sie uns auf eine konkrete Situation vorbereiten, die wir bewältigen und für deren Bewältigung wir einfach das Beste aus uns herausholen müssen. Das war damals natürlich eine andere Art von Stress als rote Ampeln oder wegfahrende Busse. Und dennoch schütten wir heute in unserem normalen »Alltagsstress« genau dieselben Hormone aus. Wenn wir uns ihnen nun besonders häufig ausgesetzt fühlen, weil wir ständig »unter Strom« stehen und keine Auszeit mehr für uns selbst haben, dann wird das permanent zu hohe Stresslevel für uns allerdings (gesundheits-)schädlich.

Nun lässt sich Adrenalin relativ schnell durch Bewegung wieder abbauen, da reicht eine Runde um den Block. Bei Cortisol ist das schon schwieriger, da braucht es mehr. Erst nach etwa einer halben Stunde Bewegung sinkt der Cortisolspiegel langsam wieder. Aber erst wenn die Stresshormone weg sind oder zumindest stark reduziert, sind wir überhaupt in der Lage, Glücksgefühle zu empfinden, die durch sogenannte Glückshormone, die Endorphine, ausgelöst werden. Die beugen, wenn sie regelmäßig ausgeschüttet werden, übrigens auch depressiven Stimmungen vor und sind in der Lage, unser Schmerzempfinden zu senken. Na, wenn das nicht wissenswert ist! Oder?

Und abgesehen davon, dass uns über den Tag verteilte Bewegung tatsächlich glücklich macht, schenkt sie uns außerdem schöne Haut, weil unsere Durchblutung dadurch angeregt wird und es zu vermehrter Zellerneuerung kommt. Das macht unsere Haut automatisch straffer, und wir sehen frischer aus.

Ganz nebenbei formt regelmäßige Bewegung deinen Körper so, dass du dich in ihm wohlfühlst.

Je mehr du dich bewegst, umso mehr Muskeln baust du auf und umso mehr Kraft hast du. Und machen wir uns nichts vor: Ein Leben mit Kindern (und vielleicht noch der Beruf dazu) ist meistens sehr kräftezehrend.

Während du dich bewegst, braucht der Körper Sauerstoff und unsere Lunge muss stärker arbeiten. Die trainieren wir also gleich mit und damit unsere Ausdauer. Wenn du viel Ausdauer hast, fällt dir der Alltag leichter, und ein leichterer Alltag ist einer, in dem Raum ist, um sich glücklich zu fühlen. Das Gefühl, überfordert zu sein, sinkt tatsächlich, wenn man sich sportlich betätigt und viel bewegt.

Und dann fördert regelmäßige Bewegung auch unsere Konzentration. Denn Bewegung ist gut für unser Gehirn, weil durch die gute Durchblutung und Sauerstoffversorgung das Nervenwachstum angeregt wird. So entstehen neue Nervenbahnen: Wir können uns besser konzentrieren, sind nervenstärker und können einfach klarer denken.

Außerdem gibt es schöne Side Effects, die gut sind zu wissen:

Durch regelmäßige Bewegung ist unser Herz gesünder, weil wir den Herzmuskel trainieren und er so effektiver arbeitet.

Unsere Abwehrkräfte stärken wir auch, das heißt, wir werden seltener krank.

Krafttraining erhöht zudem die Knochendichte, was bedeutet, dass wir uns nicht so leicht etwas brechen. Langfristig wird Osteoporose vorgebeugt. Das ist gerade für uns Mütter *sehr* interessant, denn in der Schwangerschaft und beim Stillen geben wir eine Menge unserer eigenen »Vorräte« an unser Baby weiter, unser Kalzium-Haushalt ist darum meist in Mitleidenschaft gezogen. Und Kalzium ist der wichtigste Baustein des Knochens.

Und zu guter Letzt: Regelmäßige Bewegung regt auch unseren Stoffwechsel an, was wiederum zu einem erhöhten Energiebedarf führt: Wir bauen Körperfett ab und reduzieren so unser Gewicht. Aber darum geht's jetzt gerade noch nicht, damit beschäftigen wir uns genauer im Ernährungs-Kapitel.

GLAUBE DRAN, DASS DU ES KANNST, UND TU ES EINFACH

Falls jetzt die eine oder andere von euch sagt: Schön und gut, aber das ist trotzdem nichts für mich, ich bin leider total unsportlich, dann möchte ich an dieser Stelle einmal ganz laut »Stopp« rufen. Das stimmt nicht. *Du* kannst selbst entscheiden, was du bist und wer du bist.

Lasst mich euch dazu eine Geschichte erzählen …

Als Kind war ich felsenfest davon überzeugt, dass Menschen entweder sportlich geboren werden – oder eben unsportlich. Ich war wohl eher der Beweis für Letzteres, dachte ich. In der Schule wurde ich immer als eine der Letzten in ein Team gewählt. Das waren mit Abstand die peinlichsten Momente meiner Schulwoche.

Weil ich mit zwölf Jahren aber schon »Die Macht Ihres Unterbewusstseins« von Joseph Murphy gelesen hatte, wusste ich, dass man, wenn man etwas verändern will, fest daran glauben muss, dass man es verändern *kann*. Ich dachte mir also: Ich möchte sportlich sein. Und so fing ich an, ein bisschen zu laufen. Und habe nicht mehr aufgehört. Ein bisschen wie »Forrest Gump«. Ich bin in der Woche mehrmals gelaufen, nach der Schule, habe keinem etwas davon erzählt – und tatsächlich wurde ich immer besser. Dabei hatte ich nicht mal richtige Laufschuhe, sondern bin in stinknormalen Teenager-Stoffschuhen losgejoggt.

Irgendwann kam dann meine Sportlehrerin auf mich zu. Sie

hatte noch vor mir erkannt, dass ich eine total gute Läuferin geworden war. Und schwups, stand ich auf der Anmeldeliste für den Berlin-Marathon! Das waren für uns Schülerinnen immerhin fünf Kilometer. Und daran habe ich tatsächlich teilgenommen und bin auf einem der vordersten Plätze gelandet. Waaaahnsinn!, wenn man bedenkt, dass ich fest davon überzeugt war, dass um mich herum nur geborene und schon in der Wiege fit gewesene Sportskanonen liefen.

Und plötzlich war ich auch eine der Sportlichsten der Klasse. Weil ich mir immer wieder vorgesagt hatte, dass ich es schaffen kann, und ich regelmäßig joggen gegangen bin. Ganz nebenbei habe ich zum ersten Mal diese wahnsinnigen Hoch- und Glücksgefühle verspürt, die Bewegung in einem auslösen kann.

Und nach jedem meiner vier Wochenbetten, wenn ich körperlich etwas angeschlagen und nach der Schwangerschaft natürlich auch nicht mehr auf der Höhe meiner Fitness war, habe ich mich eben wieder an diese Geschichte erinnert und habe mir vorgesagt: »Nein, ich bin nicht unsportlich. Ich bin übrigens auch nicht zu alt. Und ich bin nicht hässlich.« Ja, das waren wirklich Gedanken, die ich in jedem Wochenbett gedacht, und Gefühle, die ich gefühlt habe. Aber dazu später mehr. Ich wusste: Es liegt in meiner Hand, wie ich bin. *Ich* kann entscheiden, wie ich bin. Und wenn ich das kann, kannst du das auch.

ES IST NIEMALS ZU SPÄT UND NUR SELTEN ZU FRÜH

Und falls euch das noch nicht reicht, weil ihr denkt: »Klar, mit zwölf kann man natürlich noch ändern, ob man dick oder dünn oder sportlich oder unsportlich ist«, möchte ich euch noch eine Geschichte erzählen. Jaaa, noch eine. Ich kann einfach nicht anders, sie passt so gut hierher.

Ich war während meiner Wochenbetten nicht zwölf, sondern 23, 27, 31 und 35 Jahre alt.

Und ich habe meinen Traum, Ballett zu tanzen, in die Tat umgesetzt. Da war ich immerhin schon 21. Auch wenn ich jetzt niemanden dazu auffordern möchte, eine neue, waghalsige Sportart anzufangen, so möchte ich dennoch die eine oder andere von euch motivieren: Wenn es einen Sport gibt, den du schon immer machen wolltest, für den du dich aber immer zu alt, zu unsportlich oder zu untalentiert gehalten hast, wäre jetzt ein guter Zeitpunkt, mit diesen Vorurteilen ein für alle Mal aufzuräumen.

Meine Geschichte dazu ist die folgende:

Ballett zu tanzen war eine meiner vielen unerfüllten Kindheitssehnsüchte. Aber meine Eltern hatten nicht die finanziellen Möglichkeiten und auch nicht die Zeit, mich dahingehend in irgendeiner Art zu fördern. Und so kam es, dass sich meine Kindheit ohne Stange, Tutu und Demi Plié abspielte. Aber die Faszination für Ballett und die Sehnsucht danach, es eines Tages selbst zu tanzen, haben mich nie losgelassen.

Und als sich mir dann, wie schon erwähnt, im nicht mehr ganz so zarten Alter von 21, im Rahmen meiner damaligen Schauspielausbildung die Möglichkeit bot, habe ich meinen Schwerpunkt eben auf Ballett gelegt. Jeder, der mich kannte und davon wusste, zeigte mir einen Vogel. Darin würde meine Zukunft sicher nicht liegen. Zwar bin ich schlank, aber mein Körper war überhaupt nicht der einer Ballerina. Wer sich auskennt, weiß, dass es gewisse Voraussetzungen für Hüfte und Füße gibt – die ich schlichtweg nicht erfüllte. Und die man im Alter von spätestens sechs Jahren anfangen sollte zu trainieren.

Darum hatten alle die, die mir einen Vogel zeigten, ja recht. Wobei … Vielleicht auch nicht.

Ich hatte einfach das große Glück, an den großartigen Ballettmeister Klaus Kretschmer zu geraten, der die Leidenschaft in meinen Augen sofort wahrnahm und meinen Fleiß anerkannte. Und der hat zu mir gesagt: Es ist niemals zu spät und nur selten zu früh. Außerdem hat er mir von Anfang klargemacht: Egal, wie alt du bist, egal, wer du bist, egal, wo du stehst, und auch egal, was du machen willst – wenn du etwas tausend Stunden lang getan hast, beherrschst du es auf einem ganz hohen Niveau. Also drei Jahre lang jeden Tag eine Stunde. Oder anderthalb Jahre lang jeden Tag zwei Stunden. Das war mein Ansporn, und so war mein Plan, ein Jahr lang jeden Tag drei Stunden Ballett zu tanzen. Und ich habe es auch wirklich versucht. Auf meine 1000 Stunden bin ich allerdings leider nicht gekommen. Denn: Meine erste Babypause lag bereits in nicht allzu weiter Ferne. Danach musste ich von vorn anfangen und habe mich wieder hochtrainiert.

Und dann passierte ein Wunder. Finde ich wirklich. Denn noch mal: Beim Ballett ist es ja ganz offensichtlich, dass man mit 21 *wirklich* zu alt ist, um damit anzufangen. Und erst recht mit 27.

Es war also ein Tag im Frühjahr 2009, ich kam vom Balletttraining und fuhr gerade mit meinem Fahrrad durch Berlin, unterwegs zu einer Verabredung mit mir selbst. Dazu später mehr. Ich hatte noch mein Ballettoutfit an: Stulpen, Leggins, Hotpants, Jacke drüber. Ich muss wohl diese Ausstrahlung gehabt haben von »Ich tanze zurzeit intensiv« und »Ich bin bei mir und ganz im Reinen mit dem, was ich gerade mit mir und für mich tue und wer ich bin«.

Da kam ein Mann hinter mir hergeradelt und fragte mich, ob ich zufällig Tänzerin sei. Es stellte sich heraus, dass er Regisseur und ein ziemlich bekannter Tanzchoreograf war. Ich sagte größenwahnsinnigerweise »Ja« (obwohl ich in Wahrheit kilometerweit entfernt von einer echten Tänzerin war). Wir kamen daraufhin ins Gespräch, gingen zusammen einen Kaffee trinken, und er sagte, er habe so ein gutes Gefühl, er besetze mich jetzt einfach für eine Rolle. Im Pergamonmuseum für fünf Vorstellungen an zwei Tagen im Rahmen einer Kulturveranstaltung. Das Publikum waren Prominente aus Wirtschaft und Politik.

Da stand ich dann also tatsächlich einige Monate später als Solotänzerin auf der Bühne und tanzte meinen Traum. Und nebenbei bemerkt: Als Alleinerziehende sicherte mir das Engagement immerhin die Miete für zwei Monate.

Also bitte, ihr Lieben, ab sofort gilt: Keine Ausreden mehr an dieser Stelle. Für gar nichts. Weder, dass euch Sport nicht liegt, noch, dass ihr zu alt für irgendwas seid, noch, dass ihr keine Zeit habt.

Ich weiß, ich weiß, die eine oder andere von euch holt gerade tief Luft für den Satz: »Aaaber ich habe *wirklich* keine Zeit, ich muss mich doch um mein Baby kümmern!« Ich weiß nur zu gut, wovon ihr sprecht – denn ich hatte genauso wenig Zeit für Sport, als ich mich um mein erstes Baby kümmern musste. Und noch weniger, als ich mich alleinerziehend um mein zweites Baby und meinen Vierjährigen kümmern musste. Aber genau darum gibt es dieses Kapitel. Damit ihr mehr Bewegung in euren Alltag integriert, ohne gleich Sport treiben zu müssen.

Denn genauso habe ich das damals gemacht (und nach jedem Wochenbett wieder): Ich habe Bewegung in meinen Alltag integriert, und zwar so viel wie möglich. Dass ich dann nach jedem ersten besonders anstrengenden Jahr mit Baby wieder Zeitfenster gefunden habe, um zum Balletttraining zu gehen, hat etwas mit Zeitmanagement zu tun und ist ein anderes Kapitel.

Wenn ihr aber das Gefühl habt, euch wirklich nicht noch mehr Zeit nehmen zu können, oder ihr einfach nicht noch länger ohne eure Kinder sein wollt, weil ihr vielleicht schon den ganzen Tag in der Arbeit wart, dann gibt es auch Sportarten, die man mit Kindern zusammen machen kann: zum Beispiel Yogaklassen mit Kind, Fahrradfahren mit Kind hintendrauf (oder vorweg), Joggen mit Kinderwagen … Und wenn die Kinder schon größer sind, kann man zum Beispiel parallele Trainingsstunden nehmen bei Tennis und Co. Oder das Kind macht einen Schwimmkurs, man selbst powert sich nebenan im Becken ein paar Runden aus. Ganz neu inspiriert hat mich dazu übrigens mein Mann, denn wenn der mit den Kindern auf den Spielplatz geht, absolviert er an den dort vorhandenen Spielgeräten wie Klettergerüst oder Reckstangen einfach sein Sportprogramm. Und wenn er die Kinder auf der Schaukel anschubst, dann sehe ich an seiner ganzen Haltung, dass er die Bewegung gleich in eine sportliche Übung übersetzt. Es lohnt sich vielleicht grundsätzlich, uns hier sportliche Inspiration von den Papas zu holen, die zum Beispiel mit ihren Kindern auf den Fußballplatz gehen und mitbolzen. So könnt ihr Bewegung in eurem Alltag gleich mit Zeit mit euren Kindern verbinden.

Da das Wichtigste an diesem Buch die Praxis ist, kommen wir nun zu genau der. Und damit zu den Übungen, die ich euch mitgebe, mit denen ihr mehr Bewegung in euren Alltag einbaut – und zwar ab sofort! Denn wenn man neues Wissen nicht umsetzt, bleibt es reine Theorie, mit der man in seinem Leben nichts verändern kann. Oder, um es mit den Worten meiner Oma zu sagen: Etwas zu wissen und es nicht zu tun, ist, wie es nicht zu wissen.

Deine Übungen

Die folgenden Übungen sind übrigens genau für den *Anfang* gedacht und für diesen erprobt, denn ich habe nach meinen vier Babypausen ja gewissermaßen auch immer wieder von vorn angefangen. Solltest du schon deine zehn Yogastunden die Woche machen, bitte keinesfalls zurückrudern. Mache diese Übungen einfach obendrauf, denn sie sind auch für Fortgeschrittene geeignet. Also: Alle mitmachen!

ᘯ Dehnen und strecken

Solange du dich mit diesem Buch beschäftigst, möchte ich, dass du dich jeden Morgen direkt im Bett streckst und reckst und rekelst, wie Katzen das machen, wenn sie aufwachen. Dein Körper wird das automatisch mitmachen: Du streckst dich ein wenig und merkst, wie dein Körper sich noch weiter streckt. Mache das so lange und doll und ausführlich wie möglich, ruhig auch im Sitzen auf der Bettkante und danach im Stehen vor dem Bett. Wir reden hier von ein bis zwei Minuten. Die vermisst niemand in deinem Tagesablauf, dein Baby kannst du sogar neben dich legen. Aber du wirst den Unterschied merken. Promised.

ᘯ Schultern kreisen/Körper dehnen

Und dann möchte ich, vielleicht, nachdem du Pipi gemacht hast, aber ganz sicher noch, bevor du deine Zähne oder irgendetwas anderes geputzt hast, dass du deine Schultern kreist und deinen ganzen Körper in alle Richtungen ein bisschen dehnst. Vielleicht besorgst du dir eine Faszienrolle und schaust dir an, wie eine Faszien-Rollmassage geht. Mache das wieder zwei bis drei Minuten.

Mit den ersten beiden Übungen kommen wir insgesamt auf höchstens fünf Minuten. Und sind damit weit entfernt von zeitaufwendig und Sport, aber ganz nah dran, den Tag wunderbar im Einklang mit unserem Körper zu starten.

ᘯ Zu Fuß gehen

Ich lade dich ab sofort für die Dauer des Buches dazu ein, deine Schritte zu zählen. Auf meinem iPhone kann ich sie über das rote Herz ablesen, du kannst dir auch eine andere App runterladen oder kaufst dir einen Schrittzähler. Ich weiß, in aller Munde sind die berühmten 10 000 Schritte am Tag. Meiner Meinung nach ist diese niedrige Anzahl aber eine Beleidigung für den Menschen, der dafür gemacht ist, tagtäglich ein Vielfaches dieser Schritte zu gehen (erinnere dich nur daran, dass wir eigentlich noch immer

Steinzeitmenschen sind, die den ganzen Tag nichts anderes getan haben, als sich zu bewegen).

Ab sofort gilt darum: Gehe jeden Tag so viel wie möglich. Ich persönlich komme an den meisten Tagen auf zwölf Kilometer. Oftmals sind es mehr. Weniger nur, wenn es mir nicht gut geht, es draußen stark regnet oder meine Arbeit es einfach nicht zulässt.

Da aber jeder und jede eine andere körperliche Grundvoraussetzung hat, möchte ich mich hier auf keine Zahl festlegen, sondern euch eher inspirieren, euch einfach stetig zu steigern, dabei aber auch immer auf euer Wohlbefinden zu achten.

⤝ Außer Atem kommen

Versuche einmal am Tag außer Atem zu kommen. Das darf auf dem Lauftrainer oder beim morgendlichen Joggen durch den Park sein, aber auch bei einer anderen Tätigkeit. Wenn man zum Beispiel besonders schnell den Boden wischt oder aus dem Aufräumen einen Schnelligkeitswettbewerb macht, kommt man auch außer Atem. So hat man dann vielleicht sogar Spaß an der Hausarbeit.

⤝ Je mehr Bewegung, desto besser

Ab sofort, solange du dieses Buch liest und natürlich am besten noch darüber hinaus, gilt: Rolltreppen und Fahrstühle meiden, alles, was irgendwie möglich ist, zu Fuß erledigen.

Integriere dazu noch kleine Sportübungen in deinen Alltag. Wer mir auf Instagram folgt, sieht mich regelmäßig zwischen dem Tischdecken und dem Abholen der Kinder von Kita, Schule oder sonst was 100 Sit-ups machen oder zwischen Kinder-ins-Bett-Bringen und Abschminken 200 Po-Übungen machen. Selbstverständlich wäre es toll, anderthalb Stunden ins Fitnessstudio zu gehen oder auch zu Hause längere Sporteinheiten in Ruhe machen zu können. Das schafft man dann aber vielleicht nur einmal die Woche. Ich finde es aber sehr wichtig, den Sport nicht an allen anderen sechs Tagen komplett auszuklammern. Ich habe festgestellt, dass es für mich leichter und viel besser praktikabel ist, viele kleine Übungen in meinem Mama-Alltag unterzubringen, die auch einen super Effekt haben, wenn du dranbleibst. Denn täglich ein bisschen bringt ganz, ganz viel.

⤫ Kindheitsbewegungen sammeln

Viel ursprünglicher, als gezielt Sport zu treiben, ist es, den ganzen Körper im Alltag einzusetzen und auch alle unsere Sinne zu nutzen. Das machen unsere Kinder übrigens eigentlich den ganzen Tag über, darum sind sie unsere besten Lehrmeister und Lehrmeisterinnen. Dabei können wir unterscheiden zwischen »sportlichen« Bewegungen und solchen, die einfach unsere Sinne schulen. Diese Übung mit euch zu teilen, freut mich ganz besonders, denn jede von euch, die mir auf Instagram folgt, weiß, wie gern ich mich von meinen Kindern zu vermeintlich »verrückten« Bewegungen und Aktionen inspirieren lasse – sie halten so frisch und jung, und das liiiebe ich!

Diese Aufgabe ist keine, die du heute und an einem Tag lösen musst, und es geht auch nicht darum, alles Aufgezählte jeden Tag zu machen (aber das kannst du natürlich gern tun, wenn es dir Spaß macht). Hier geht es darum, deinen Körper wieder neu zu entdecken, dich daran zu erinnern, was er alles kann und wozu er eigentlich da ist. Wie gesagt: Unsere Kinder sind dabei unsere wunderbaren Vorbilder!

Dazu habe ich hier ein paar Dinge aufgelistet, die ich als erwachsene Frau gern mache. Und ich möchte euch unglaublich gern dazu inspirieren, sie in der nächsten Zeit auszuprobieren.

Hake alles ab, was du bereits getan hast. Ich wünsche mir und vor allem dir, dass du am Ende des Buches hinter jeder Aktivität einen Haken gemacht hast. Denn das alles ist Bewegung! Bewegung ist mehr als Fitnessstudio und Gewichte stemmen. Es ist Freude und Glück.

»Sportliche« Kindheitsbewegungen im Alltag:

- ♡ Auf einen Baum klettern (darf gern ein kleiner sein)
- ♡ Auf einer Mauer balancieren (sie muss nicht hoch sein)
- ♡ Schaukeln
- ♡ Sich an etwas dranhängen und baumeln (probiere mal aus, wie lange du dich halten kannst)
- ♡ Einen Purzelbaum machen (wenn du das nicht kannst, rolle übers Gras oder über den Teppich)
- ♡ Eine Kissenschlacht machen
- ♡ Gruppenkitzeln
- ♡ Fangen spielen mit Kindern (und nimm es ernst)
- ♡ Dich so lange im Kreis drehen, bis dir schwindelig ist, und dann versuch mal, geradeaus zu laufen
- ♡ Laut Musik anmachen (so laut es dir möglich ist) und fünf Minuten powertanzen – du wirst danach erschöpft sein und glücklich

Unsere Sinne einsetzen:

- ♡ Barfuß durchs Gras
- ♡ Barfuß durch den Schnee (na gut, wenn jetzt Sommer ist, kannst du den Haken auch etwas später machen)
- ♡ Barfuß durch (warmen) Sand
- ♡ Barfuß über Asphalt
- ♡ Barfuß durch Matsch (igitt und wunderbar zugleich)
- ♡ Eine Schneeballschlacht machen
- ♡ Ins Herbstlaub fallen lassen

⤙ Bewege deinen Traum (vielleicht tanzt du ihn)

Und jetzt habe ich noch eine ganz besondere Aufgabe für dich. Nimm dir dazu bitte Zeit, fünfzehn oder zwanzig Minuten, bereite dir einen Tee zu oder ein anderes Lieblingsgetränk und suche dir mit deinem Notizbuch und Stift in der Hand eine ruhige Ecke aus. Wichtig ist mir dabei: Schlafe eine Nacht über das, was du gleich notierst, bevor du dich dann mit neuem Elan dem nächsten Kapitel widmest.

Und nun überlege einmal: Wenn es kein Nein gäbe, keine Grenzen in deinem Kopf und auf der Welt, welche Sportart würdest du wählen? Schreibe in dein Notizbuch, was dir spontan in den Sinn kommt: Fallschirmspringen, auch wenn du achtzig bist, Reiten, auch wenn du kein Geld hast, Tango tanzen, auch wenn du keinen Partner hast …

Vielleicht hat dich meine Ballettgeschichte ein klein wenig motiviert, und du traust dich auch, nach den Sternen zu greifen. Und selbst wenn du deinen Traum nicht in die Tat umsetzt, möchte ich dich dazu ermutigen, dich zumindest einmal an den Rechner zu setzen und zu prüfen (und zwar bevor du das nächste Kapitel anfängst): Gäbe es rein theoretisch die Möglichkeit, eine Probestunde in deiner Traumsportart zu absolvieren oder wenigstens ein Telefonat mit einer entsprechenden Sportstätte dazu zu führen? Schreibe dir diese Möglichkeiten in dein Notizbuch, direkt unter deinen absurden Wunsch. Oder vielleicht ist er auch gar nicht absurd, sondern du hast dich einfach nur daran erinnert, dass du als Kind unglaublich gern geschwommen oder geritten bist.

Übrigens, wo ich gerade hier sitze und das aufschreibe, fällt mir ein: Ich werde mich noch heute in einer Balletteinrichtung um die Ecke anmelden. Denn wenn ich ehrlich bin, ich habe seit Corona nicht mehr trainiert und muss nun ein sechstes Mal wieder ganz von vorn anfangen. Aber das bin ich ja gewohnt. Und ja, ich werde die Älteste und die Schlechteste in der Klasse sein. Aber auch ja: Ich werde sehr, sehr glücklich hinausgehen.

HIER NOCH MAL DEINE ÜBUNGEN
FÜR JEDEN TAG:

- ✂ Dehnen und strecken (1 bis 2 Minuten)
- ✂ Schultern kreisen/Körper dehnen (2 bis 3 Minuten)
- ✂ Zu Fuß gehen
- ✂ Treppe statt Fahrstuhl und Rolltreppe

UND HIER DEINE ÜBUNG
FÜR SOFORT:

- ✂ Bewege deinen Traum.

KAPITEL 2

Ernähre dich gesund

Wenn man an einer Schraube des Uhrwerks anfängt zu drehen, kann man vieles darin in Gang setzen. Deswegen habe ich in diesem Buch auch bewusst mit der Bewegung angefangen, denn, ihr werdet es merken, je mehr man sich bewegt, desto leichter ist es auch, sich gut und gesund zu ernähren. Unsere Bewegung ist sozusagen das erste Zahnrad, das unseren Körper bewegt und das sich nach und nach mit allen anderen Rädchen im Getriebe verzahnt.

Es ist nämlich so: Wer sich ausreichend bewegt, entwickelt nachweislich ein besseres Körpergefühl, was dazu führt, dass wir uns wohler fühlen in und mit unserem Körper. Wir erkennen dann auch viel leichter unsere körpereigenen Signale und wahren Bedürfnisse, denen wir nachgehen und die wir befriedigen können. Auf das Thema Ernährung bezogen zum Beispiel diese: Wann habe ich Hunger, wann bin ich satt, wann unterzuckert, unzufrieden, oder was genau braucht mein Körper gerade, welche Art von Nahrungsmittel? Dein Körper weiß nämlich ganz genau, welche Vitamine, Mineralstoffe etc. du gerade brauchst und woher er sie bekommt, und er sagt es dir, wenn du erst mal gelernt hast, auf deine körpereigenen Signale zu hören. Wenn du dich viel bewegst, neigst du auch automatisch weniger zum Essen aus Langeweile, hast aber auch grundsätzlich weniger Appetit, wie Forscher herausfanden. Das liegt wohl daran, dass die Wärme, die wir produzieren, wenn wir uns bewegen, sich auf bestimmte Neuronen auswirkt, sodass diese dann eine appetitunterdrückende Wirkung auf unser Gehirn haben.

Außerdem wird durch ausreichend Bewegung unser Stoffwechsel ordentlich in Gang gebracht, und der ist ausschlaggebend dafür, dass eben alle »Stoffe« in unserem Körper dorthin gelangen, wo sie benötigt werden. Der Stoffwechsel versorgt unseren Körper mit den Bausteinen aus der *Nahrung,* die wir zu uns nehmen, und filtert das, was »Abfall« ist, und scheidet es wieder aus. Es ist immanent wichtig für unser Wohlbefinden und unsere Gesundheit, dass dieser Prozess reibungslos funktioniert. Und der wird nicht nur durch viel Bewegung, sondern auch maßgeblich durch das beeinflusst, was wir tagtäglich zu uns nehmen.

Kurzum: Wenn dein Körper fit und gesund ist, weil du dich ausreichend bewegst, hast du ein gutes Körpergefühl und kennst und hörst auf deine körpereigenen Signale. Folglich wirst du auch ein gesundes Verlangen nach Nahrung haben. Und deswegen, weil beides eben so schön zusammengehört, lasst uns direkt mit der Ernährung weitermachen!

DAS MACHT GESUNDE ERNÄHRUNG
MIT DIR UND DEINEM KÖRPER

Gesunde Ernährung führt dazu, dass du bessere Laune hast, das ist wissenschaftlich bewiesen! Denn Nahrung, die uns beschwert, unseren Stoffwechsel überfordert, weil sie zu fett, kalorienreich oder zuckerhaltig ist, macht uns müde und schlaff. Genau andersherum ist es eben, wenn du dich ausgewogen und vielfältig mit viel Gemüse und Obst ernährst. Dazu gleich mehr.

Deine Figur wird es dir auch danken, denn hinderliche, unschöne Fettpölsterchen haben gar keine Chance mehr, es sich gemütlich zu machen. Einfach darum, weil du nicht mehr Energie zu dir nimmst, als dein Körper tatsächlich braucht.

Du wirst strahlender und besser aussehen, denn eine gesunde, ausgewogene Ernährung strafft die Haut und stärkt deine Nägel und Haare.

Und die inneren Werte? Eine gute Ernährung hält deinen Blutdruck stabil und dein Herz gesund und kräftig. Sie macht dich wach und ausdauernd, stärkt deine Nerven und dein Immunsystem. Sonst noch was? Sie trägt auch dazu bei, dass dein Stoffwechsel und so deine Verdauung gut in Schwung kommen. Letztere hängt ja unmittelbar mit unserem Darm zusammen, und wir wissen schon länger: Ein gesunder Darm ist ausschlaggebend für eine gute Gesundheit.

Und da wir das alles genau so haben wollen, klären wir jetzt die brennende Frage: Was genau *ist* gesunde Ernährung?

Gesunde Ernährung versorgt uns mit allem, was der Körper braucht: mit Mineralien, Vitaminen, Nährstoffen … Sie sorgt dafür, dass wir die ideale Energie für unseren Tagesablauf haben, dass wir gesund und stark sind.

Nun gibt es aber ganz unterschiedliche Vorstellungen von gesunder Ernährung, die sich übrigens alle paar Jahre oft von Grund auf ändern (Vorsicht vor Trends an dieser Stelle!), und ich möchte hier keiner von euch reinreden, wenn sie bereits ein gutes Ernährungskonzept hat, mit dem sie zufrieden ist. Eher möchte ich eine Anleitung anbieten und euch inspirieren, davon ausgehend, wie ich mich ernähre. Mein Ziel ist dabei: Wie schaffe ich es, einen Weg zu wählen, der langfristig und zukunftsgerichtet ist? Einen Weg ohne Verbote, mit Spaß und Genuss, mit Leichtigkeit und – ganz wichtig – mit der richtigen Gewohnheit. Denn wir *sind* Gewohnheitsmenschen, und das, woran wir gewöhnt sind, brauchen, lieben und schätzen wir. Dazu später mehr. Aber wir sind in der Lage, uns alles an- und auch wieder abzutrainieren. Wir können uns also auch abtrainieren, ungesund zu essen, und antrainieren, uns gesund zu ernähren.

Wenn wir nun also beschlossen haben, dass wir bestimmte Ernährungsgewohnheiten ändern wollen, ist es wichtig, einige grundlegende Dinge zu beachten und zu wissen.

Gesunde Ernährung fußt auf vier Grundpfeilern: Sie sollte ausgewogen, frisch, vielfältig/bunt und im Einklang mit dir und deinem Leben sein. Damit ist gemeint: Nimm über den Tag viiiel frisches Gemüse und Obst, die unterschiedlichsten Eiweiße, langkettige Kohlenhydrate und hochwertige Fette zu dir. Zum Einklang zwischen deiner Ernährung und dir kommen wir etwas später im Kapitel ausführlich zu sprechen.

Eiweiß, auch Protein genannt, ist an vielen maßgeblichen Prozessen im Körper beteiligt: Wir brauchen es, um Muskeln, Organe, Gewebe, Knorpel, Haut und Haare aufzubauen. Es ist auch wichtig für unser Immunsystem, weil es ein essenzieller Baustein ist, um Antikörper zu bilden. Besonders viele hochwertige Eiweiße stecken zum Beispiel in: Käse (vor allem Parmesan, Gouda und Mozzarella), Nüssen (besonders viel in Erdnüssen, Mandeln und Walnüssen), magerem Rindfleisch, Fisch (v. a. in Lachs), Hülsenfrüchten (wie grünen Bohnen, Kichererbsen), Hähnchenfleisch, Eiern, Quark und Joghurt (generell in Milchprodukten), auch in einigem Gemüse (wie Champignons) und Soja.

Wir brauchen **Kohlenhydrate,** die unserem Körper die Kraft und Energie geben, die er über den Tag braucht, und die keineswegs per se schlecht sind, wie man dem aktuellen Trend zufolge meinen könnte. Darauf achten solltest du dabei, dass du möglichst *langkettige Kohlenhydrate* zu dir nimmst, die auch »Mehrfachzucker« genannt werden. Sie liefern uns Vitamine, Mineralstoffe und sättigende Ballaststoffe, die auch gut für die Verdauung sind. Kohlenhydrate bestehen zum größten Teil aus Zuckerbausteinen. Mehrfachzucker werden erst mal aufgespalten und dann gespeichert in Leber, Nieren und Muskeln. Von dort aus stehen sie unserem Körper als »Kraftstoff« zur Verfügung, gelangen aber eben erst nach und nach in die Blutbahn, sodass unser Blutzuckerspiegel nur langsam ansteigt. Das wiederum sorgt für ein längeres Sättigungsgefühl. Langkettige Kohlenhydrate stecken zum Beispiel in Vollkornprodukten wie Vollkornnudeln, -brot und Naturreis, aber auch in Haferflocken, Quinoa oder Hirse, in Süßkartoffeln, Nüssen und Hülsenfrüchten.

Kurzkettige Kohlenhydrate, auch »Einfachzucker« oder »Zweifachzucker« genannt, versorgen unseren Körper ebenfalls mit Energie, und zwar sehr schnell, allerdings nur sehr kurz. Einfachzucker sind zum Beispiel in jeglicher Art von Süßigkeit enthalten. Dadurch schießt unser Blutzuckerspiegel in die Höhe, was natürlich ideal ist, wenn du einen Sprint vor dir hast oder aus einem anderen Grund ganz schnell all deine Kraftreserven mobilisieren willst, was aber weniger förderlich ist, wenn du den ganzen Tag am Schreibtisch sitzt. Denn du schüttest dann sehr viel Insulin aus, was in der Folge den Blutzuckerspiegel ganz rasch wieder senkt – was dann wiederum zu erneutem Hunger oder auch Heißhunger führt. Ein Teufelskreis. Außerdem enthalten diese Kohlenhydrate keinerlei Vitamine oder Mineralstoffe. Auch Obst enthält Einfachzucker, Milchprodukte zum Beispiel Zweifachzucker. Allerdings liefern uns Obst und Milchprodukte dazu wertvolle Nährstoffe wie Vitamine und Kalzium, die wir für eine gesunde Ernährung benötigen.

Zucker gehört also zu den Einfach-Kohlenhydraten und ist in regelmäßig zu großer Menge schädlich. Er führt nicht nur zu Karies, sondern auch zu Krankheiten wie Diabetes Typ 2, Alzheimer-Demenz und Adipositas (Fettleibigkeit). Zucker liefert uns schnell Energie, wie weiter vorn schon erwähnt, und ich weiß, er schmeckt auch einfach so gut! Wir sprechen darüber gleich noch ausführlicher.

Und dann wäre da noch der Baustein **Fett,** den wir ebenso zur ausgewogenen Ernährung benötigen. Denn Fett macht nicht gleich fett. Unser Körper braucht sogar Fette, weil sie ein wesentlicher Baustein für unsere Körperzellen sind, auch sie liefern uns Energie, und außerdem braucht jede von uns eine gewisse Fettschicht unter der Haut, um den Körper warm zu halten. Aber eben nur eine dünne. Wichtig ist, bei Fetten (oder auch »Fettsäuren« genannt) zwischen gesättigten und ungesättigten zu unterscheiden. Die *ungesättigten* sind dabei die guten! Ungesättigte Fette stecken zum Beispiel in Nüssen, in Olivenöl oder Rapsöl, auch in Avocados, um nur einige Lebensmittel zu nennen. Omega-3-Fettsäuren sind übrigens besonders gut für uns, weil sie unsere Konzentrationsfähigkeit steigern. Omega 3 findet sich besonders viel in Fisch und Nüssen.

Gesättigte Fettsäuren dagegen stecken besonders viele in Wurstwaren, in tierischem Fett, in Sahne, fettem Käse, Süßkram wie Schokolade, Cremespeisen, aber auch salzigem Knabberkram wie Chips und Co. und in Fast Food. Da gilt definitiv: Verzehre diese Dinge in Maßen und bedacht, denn sonst macht Fett eben leider doch fett.

Und dann braucht dein Körper, um das alles gut zu verstoffwechseln, natürlich ausreichend **Flüssigkeit.** Zwei bis drei Liter Wasser am Tag werden empfohlen. Dazu zählen übrigens (leider, *seufz*) nicht Alkohol und koffeinhaltige Getränke.

Wir brauchen natürlich auch **Salz,** es ist sogar lebenswichtig für unseren Körper. Salz enthält nämlich Natrium, das für die optimale Gewebespannung sorgt, die unter anderem für einen idealen Stoffwechsel zuständig ist, außerdem spielt es eine Rolle beim Knochenaufbau, der Reizweiterleitung und der Muskelentspannung. Empfohlen wird darum eine Tagesdosis an Salz von fünf bis sechs Gramm. Das ist ungefähr ein gestrichener Teelöffel voll. Wir sind in unserer heutigen Zeit allerdings weit davon entfernt, zu wenig Salz zu uns zu nehmen, denn es steckt in vielen Fertigprodukten, besonders in Wurstwaren und Aufschnitt, aber auch in bestimmten Käsesorten. Auch in Brot und Backwaren und Milchprodukten ist Salz versteckt. Darum sollte man diese Salzanteile bei der täglichen Menge zumindest im Hinterkopf behalten. Ein Zuviel an Salz kann nämlich unschöne Auswirkungen haben wie einen zu hohen Blutdruck, Herz-Kreislauf-Erkrankungen oder Nierenprobleme. Wenn du aber deine oder eure Hauptmahlzeit größtenteils frisch zubereitest, hast du die Portionierung selbst in der Hand.

Jetzt wissen wir eine Menge über die verschiedenen Bausteine gesunder (und ungesunder) Ernährung. Und das Wort »Baustein« weist schon darauf hin, dass sie aufeinandergestapelt und kombiniert werden können. Sicherlich habt ihr alle schon mal von der »Ernährungspyramide« gehört. Sie zeigt auf, welche Kombination und Menge der jeweiligen Bausteine grundsätzlich für eine gute und gesunde Ernährung empfohlen wird. Je weiter unten und damit breiter eine Ebene ist, umso mehr sollten wir davon zu uns nehmen.

Die Basis der Pyramide ist tatsächlich unsere Flüssignahrung, am besten Wasser. Die zweite Ebene sind Obst und Gemüse für ausreichend Vitamine und Mineralstoffe. Sowohl Vitamine als auch Mineralstoffe kann unser Körper nicht selbst herstellen, darum müssen wir sie über die Nahrung aufnehmen. Vitamine sind hauptsächlich pflanzlich hergestellte Verbindungen, Mineralstoffe sind anorganische Stoffe, die in pflanzlichen und tierischen Lebensmitteln stecken können, die bekanntesten darunter: Natrium, Kalium, Kalzium, Phosphor und Magnesium. Es folgen Getreideprodukte und Kartoffeln. Hier, wie gesagt, lieber auf langkettige Kohlenhydrate zurückgreifen. Dann kommen tierische Produkte, also Milchprodukte, Fleisch und Fisch. Sie sind super Eiweißlieferanten. Fast ganz oben finden wir Fette und Öle. Auch hier haben wir schon erfahren, dass die Fettsäuren (das gilt genauso für Öle) ungesättigt sein sollten. Und ganz oben, an der Spitze, stehen

Zucker und die gesättigten Fette. Denn Lebensmittel, die davon viel enthalten, haben wenig oder gar keine Vitamine und Mineralstoffe, dafür aber viele Kalorien. Das sind dann Schokolade, Süßigkeiten, Kuchen, Pommes, Chips, Limonaden, Cola, gesüßte Säfte, auch alkoholische Getränke.

Hier noch mal auf einen Blick die Bausteine der Pyramide, auf die wir uns vor allem konzentrieren, jeweils mit der ungefähr empfohlenen Dosis:

50 Prozent (langkettige) Kohlenhydrate – 30 bis 35 Prozent (ungesättigte) Fette – 8 bis 10 Prozent Eiweiß.

Tut mir leid, ihr Lieben, dass ich euch mit diesen ganzen Hard Facts gelangweilt habe, aber sie sind nun mal schön zu wissen. Dafür, versprochen, geht es jetzt auch ganz simpel weiter. Und das Allerbeste daran: Du musst kein teures Weight-Watchers-Abo abschließen oder kostspielige Eiweißriegel oder -drinks besorgen. Du kannst das alles ganz entspannt in deinen komplexen Alltag voller Kinder und Beruf integrieren, und es macht sogar Spaß. Denn das ist ja das Ziel dieses Buches: Wir wollen unseren Alltag auf unkomplizierte und leicht umsetzbare Art und Weise vereinfachen.

DIE ERNÄHRUNGSFORM MUSS ZUM LEBEN PASSEN

Schön ist, wenn wir es mit allem, was wir jetzt wissen oder schon vorher wussten, schaffen, eine Ernährungsform für uns zu finden, die im Einklang mit unserer Persönlichkeit steht, sodass wir uns wohlfühlen in unserer Haut, unserem Körper, unserem Leben. Denn jede von uns hat eine andere Konstitution, einen anderen Körper, andere geschmackliche Vorlieben und Gelüste und auch jede einen anderen Alltag und andere Herausforderungen zu bewältigen, für die sie Energie und Kraft braucht. Sicher kann ich aber sagen (ich glaube, für uns alle): Die richtige Ernährungsform kann keine Form von Diät sein oder etwas, bei dem du permanent auf etwas verzichten musst. Denn dann bist du ständig hungrig und hast unerfüllte Sehnsüchte. Außerdem bräuchtest du eine Menge Disziplin, die niemand langfristig durchhalten kann. Disziplin ist nämlich immer eine Sache von kurzer Dauer, weswegen es ganz wichtig ist, an deiner *Gewohnheit* etwas zu verändern. Auch Völlerei und Überkonsum sind nicht das Wahre, das macht uns nur müde, schlapp, träge, leistungsschwach und mitunter krank.

Ein guter Ratgeber ist beim Thema Ernährung die eigene Intuition. Aber es ist nicht für jede leicht, diese Stimme in sich zu hören. Das muss man ein bisschen üben, und ich hoffe, dass wir im Laufe des Buches da hinkommen, dass du deine Intuition klar empfinden und dich auf sie verlassen kannst. Für die eine sind das zum Beispiel fünf kleinere Mahlzeiten oder gar sieben über den Tag verteilt, die allesamt gesund sind, mit Quinoa, Amaranth und Co., für die andere ist es vielleicht mittags ein großer Salat, dafür abends eine schnelle Currywurst im Stehen und dann lange Zeit nichts mehr, wieder eine andere isst morgens gern ein Brötchen mit Nutella und nimmt dann abends gegrilltes Gemüse mit Olivenöl und Lachs zu sich, während noch eine andere auch mal eine Mahlzeit (oder mehrere) auslässt, weil sie einfach keinen Hunger hat. Denn Intuition bedeutet auch, nicht zu essen, wenn man keinen Hunger hat. *All* diese Essgewohnheiten oder Ausnahmen von diesen können unserer eigenen Intuition entspringen. Unterm Strich geht es darum, dass die aufgenommene Energie, also die Nährstoffe, die wir zu uns nehmen, genau zu unserem Bedarf (wir können auch »Kalorienbedarf« dazu sagen) passt. Unser Energiebedarf setzt sich aus dem Grundumsatz zusammen, also aus dem, was der Körper am Tag benötigt, um sich selbst zu erhalten, und aus dem Leistungsumsatz, um unsere benötigten und gewünschten Bewegungen und Aktionen über den Tag auszuführen. Und übrigens, um einen Bogen zum vorherigen Kapitel zu schlagen: Je mehr wir uns in unserem Alltag bewegen, desto höher ist auch unser Leistungsumsatz, das heißt, umso mehr können wir essen. In diesem weiten Rahmen können wir uns eigentlich recht frei bewegen und ihn auskosten. Solange eben die Nährstoffe und ihre Menge stimmen.

Ich lebe nach einer Ernährungsform, die ich rein theoretisch mein ganzes Leben lang weiterführen, die sich aber auch jederzeit ändern kann. Ich bin frei, meine Ernährungsgewohnheiten zu ändern, wenn ich es will. Aktuell mag ich beispielsweise zum Frühstück nur wenig essen, vielleicht ist das in einem Jahr aber ganz anders und ich esse dann liebend gern Rührei am Morgen, weil sich bis dahin meine Vorlieben oder Bedürfnisse verändert haben. Grundsätzlich verzichte ich auf nichts und esse nie, wenn ich keinen Hunger habe. Es ist also ganz klar: Eure Form der Ernährung sollte zu *eurem* Leben passen. Und das ist nun mal ganz individuell verschieden. Das Schöne ist ja, wie gesagt, dass wir hier ganz viel Spielraum haben.

Dazu möchte ich genau an dieser Stelle eine kleine, nette Geschichte zum Besten geben.

Ich war als Jugendliche mal vier Jahre lang Vegetarierin, weil mir die Tiere leidgetan haben und ich nicht verantwortlich sein wollte für ihren blutigen Tod. Dabei ist ganz wichtig zu erwähnen: Ich liebe Fleisch über alles. Und deswegen habe ich jeden Tag gelitten. Jeden. Einzelnen. Verdammten. Tag. Zwei Jahre lang habe ich das durchgehalten, ganz ohne Fleisch. Die folgenden zwei Jahre habe ich dann heimlich hin und wieder Fleisch gegessen, es aber niemandem erzählt. Denn ich wollte unbedingt nach außen an meiner Überzeugung festhalten. Ich habe mich dabei unsäglich vor mir selbst geschämt, aber auch vor meinen nahen Mitmenschen, denen ich ja lang und breit erklärt hatte, wie schlecht und verwerflich es sei, Fleisch zu essen. Übrigens:

Das war in den 90er-Jahren. Vegetarier zu sein war noch nicht *in*, es war eine absolute Seltenheit, zum Teil kannte man diesen Ernährungsstil noch gar nicht.

Nach zwei Jahren des Mich-Quälens und zwei weiteren Jahren des Versteckspielens habe ich dann auf meine Intuition und ganz klare innere Stimme gehört und vor mir und allen anderen zugegeben: Diese Ernährungsform ist einfach nicht die richtige für mich. Sie passte nicht zu mir und dem Leben, das ich gern führe. Darum habe ich sie wieder aufgegeben.

Direkt im Anschluss an diese Phase habe ich übrigens sehr viel Fleisch gegessen. Ich hatte richtig das Gefühl, etwas nachholen zu müssen. Erst langsam ist dann das flexitarische Denken in mir aufgekeimt: Fleisch zu essen sollte bedeuten, es bewusst zu genießen, und das kann ich, wenn ich auf die gute Qualität achte und auf das Wohl der Tiere. Und es muss nicht jeden Tag sein und vor allem nicht zu jeder Mahlzeit. So habe ich geschafft, mit bewussten Fleischmahlzeiten diesen Teil meiner Ernährung endlich in Einklang zu bringen mit mir, meinem Leben und meiner Umwelt. Heute fühle ich mich darum sehr wohl mit meinem Weg, das Gute am Fleisch bewusst zu genießen, es aber nicht zu übertreiben.

Besonders witzig finde ich an der Geschichte: Als ich damals Vegetarierin war, da haben um mich herum alle die Augen verdreht und zu mir gesagt: »Du bist verrückt!« Heute bin ich bewusste Fleischesserin, und jetzt zeigen mir die Leute wieder einen Vogel und sagen: »Du bist verrückt!«, weil sich die Zeiten eben geändert haben. Wie man es macht, macht man es falsch. Oder eben am Ende richtig, wie ich es euch ja hoffentlich und vielleicht mit dieser kurzen Anekdote zeigen konnte.

Denn, worum es mir damit geht, ist: Mir ist wichtig, dass du deine persönliche Ernährungsform findest, die frei von Diäten und Jo-Jo-Effekten ist, frei von Fasten und Sündigen, frei von äußerer Meinung und Druck, aber auch frei von ungesundem und unbewusstem, konditioniertem Essverhalten, das dich unglücklich macht. Und damit meine ich nicht, dass man – vor allem zyklusbedingt! – mal mehr und mal weniger Appetit haben kann und Gelüsten auch mal nachgehen darf. Manchmal will man es sich eben mit einem Kakao im Jogger auf dem Sofa gemütlich machen, an anderen Tagen (und Jahreszeiten) spaziert man stramm und glücklich mit Wassermelone und Shorts durch den Park.

Nur: Ersteres spiegelt ein indoktriniertes, also von außen aufgezwungenes Essverhalten wider. Letzteres ein Essverhalten im Einklang mit dir selbst und deinem Körper. Und darum geht es meiner Meinung nach. Genau diesen Weg wollen wir jetzt gemeinsam auch für dich finden.

∞ Deine Übung

Beobachte dein Essverhalten über einen Zeitraum von drei Tagen und schreibe es in dein Notizbuch. Und zwar Pi mal Daumen, nicht, indem du Kalorien zählst oder dein Essen abwiegst, nimm es bitte nicht zu genau. Mache dir einfach ein paar Notizen dazu, was du wann gegessen hast und wie du dich dabei und danach gefühlt hast. Ich empfehle dir, dazu auf einer Seite deines Notizbuches vier Spalten anzulegen. In die erste schreibst du die Uhrzeit, in die zweite das zu dir genommene Lebensmittel, in die dritte, wie du dich bei dessen Verzehr gefühlt hast, und in die vierte und letzte, wie es dir danach, also beim Verdauen, ging.

Dein *Gefühl* ist dabei das Entscheidende, denn so finden wir heraus, ob die Nahrung, die du zu dir nimmst, tatsächlich die richtige für dich ist. Schreibe also bitte ganz neutral und ehrlich auf, was du isst und wie du dich danach wirklich fühlst. Hier geht's nicht ums Verurteilen und Fingerzeigen und auch nicht darum, dich zu einem Einheitsessen von drei Haupt- und zwei Zwischenmahlzeiten zu verdammen, sondern tatsächlich darum, deine individuellen Vorlieben herauszufinden und welche Nahrung dir am besten tut.

Kleine Randnotiz: Ernährung hat ganz viel mit Verdauung zu tun. Darum: Vielleicht schmeckt dir das Rührei am Morgen gut, aber es stört dich eine Weile später, weil es dir Verdauungsprobleme bereitet oder dir leicht übel ist. Der Döner am Abend war 'ne Wucht für den Jieper, aber in der Nacht hast du unglaublichen Durst und am nächsten Morgen einen fiesen Geschmack im Mund. War es das wert? Und die Großpackung Schokoeis hat dich zwar super getröstet beim Film, dafür lag sie dir die ganze Nacht über wie Blei im Magen.

Für die folgenden Wochen, solange du mit diesem Buch arbeitest, möchte ich dich einladen, diese Übung gelegentlich zu wiederholen. Vielleicht suchst du dir einen Tag in der Woche aus, idealerweise einen nicht allzu stressigen, an dem du dein Essverhalten ganz detailliert beobachtest, ebenso deine Gefühle und Gedanken dazu. Das kann dir neue Erkenntnisse über deine Essgewohnheiten liefern. Wir haben schon gelernt: Wissen allein nützt noch nicht viel, es muss auch in die Tat umgesetzt werden, damit es dir den gewünschten Effekt bringt. Und ein schöner erster Schritt dahin ist das Aufschreiben. Ich habe mir das schon früh angewöhnt, immer, wenn ich in meinem Leben etwas zum Positiven verändern wollte. Zwar hast du, wenn du über Bewegung *schreibst,* weder Sport getrieben, noch dich gesünder ernährt, wenn du über Ernährung *schreibst,* aber etwas aufzuschreiben ist trotzdem schon eine (erste) Handlung. Und genau darum »quäle« ich dich auch immer wieder mit solchen kleinen Übungen, die aber ganz, ganz viel bewegen.

Alle, die beim Thema »Ernährung« im Einklang mit sich sind, keine Gewichtsprobleme in irgendeine Richtung haben und sich rundum wohlfühlen, können diese Übung übrigens überspringen.

Meine persönlichen Ernährungsvorlieben sind zum Beispiel:

Ich frühstücke meist wenig und auch nie direkt nach dem Aufstehen. Mein Körper will dann einfach noch nichts. Für mich gehört zum Frühstück ein großer Becher schwarzer Tee mit Milch und Honig dazu. Und oft frische Früchte.

Mittags esse ich gern herzhaft, eine vollwertige Mahlzeit, manchmal eine warme Suppe (Pho Bo), manchmal einen großen Salat oder auch Sushi. In den allermeisten Fällen ist dieses Gericht dann mit Fleisch oder Fisch.

Direkt nach dem Mittagessen liebe ich Koffein. Dann gibt es bei mir eine Cola, und zwar in der Lightversion. Wahrscheinlich wird das die eine oder andere von euch als Laster sehen, denn Cola gilt ja als ungesund, aber ich fühle mich damit nun mal wohl, und es schadet mir nicht.

Mein Abendessen fällt ganz unterschiedlich aus. Manchmal gibt's Selbstgekochtes und eher kleine bis mittelgroße Mahlzeiten, wenn ich mit der Familie esse, manchmal gehe ich auch ins Restaurant und genieße ein üppiges Menü. Und ab und zu brauche ich ganz spätabends noch einen Late-Night-Snack, zu einer Tageszeit, bei der eigentlich davon abgeraten wird, noch etwas zu essen. Noch dazu etwas, was nicht ganz so gesund ist, wie beispielsweise ein Stück Käsekuchen … Ich möchte euch aber zeigen, dass in meinem Leben Platz ist für Sündigen, oder nennen wir es besser »Sich-etwas-Gönnen«, solange es meine Energiebilanz gut zulässt. Und das tut sie, da ich, wie ihr ja wisst, meinen Alltag mit viel Bewegung und sehr aktiv gestalte. Deshalb ist mir auch so wichtig, dass ihr das erste Kapitel zum Thema »Bewegung« in ganz enger Kombination mit diesem hier zum Thema »Ernährung« versteht. Darum möchte ich auch nicht im Detail alle eure kleinen Essgewohnheiten mit euch besprechen. Denn zu einer ausgewogenen Ernährung gehört das eine oder andere Laster, das uns einfach zufrieden macht. Wichtig ist, sich gut zu fühlen.

Übrigens, probiere doch mal Bitterstoffe aus – sie regen den

Stoffwechsel an und zügeln den Heißhunger. Ich mache das zum Beispiel mit ein paar Rucolablättern auf meinem Salat oder ab und zu einer Grapefruit zum Frühstück. Außerdem kurbelt auch scharfes Essen den Stoffwechsel an. Ich persönlich liebe Sambal Oelek, aber wenn dir das zu scharf ist, tut es auch der heiße stoffwechselanregende Ingwertee.

✄ MEIN GESUND-UND-GLÜCKLICH-ERNÄHREN-PRINZIP

Ich möchte euch an dieser Stelle meine »goldenen« Regeln der Ernährung vorstellen, nach denen ich gesund und glücklich lebe.

✄ **Iss nur, wenn du hungrig bist.** Dein Körper braucht nicht rund um die Uhr Nahrung, im Gegenteil, das beschwert ihn nur und lenkt ihn von anderen wesentlichen Vorgängen ab, wie der Zellteilung, Regeneration und Bekämpfung von Krankheitserregern. Wenn du auf deinen Körper hörst, wird er dir verraten, wann du »in echt« Hunger hast. Die Uhrzeit, wie zwölf Uhr mittags, oder Langeweile, sind keine Indikatoren für Hunger. Ein leises Magenknurren hingegen schon. Solltet ihr bereits nervös werden und eure Hände vielleicht schon anfangen zu zittern, ist das ein Zeichen dafür, dass ihr zu spät dran und bereits unterzuckert seid. Ich finde es sehr wichtig, zu unterscheiden und zu lernen, aus welchen Gründen wir essen und wann wir wirklich Hunger haben. Wenn wir lernen, auf unsere körpereigenen Signale zu hören und sie zu verstehen, entsteht daraus automatisch das ideale Zusammenspiel aus Appetit, Hunger, Essen und Sattheitsgefühl.

❧ **Trinke großzügig und über den ganzen Tag verteilt.** Und zwar am besten Wasser (oder ungesüßten Tee). Versuche deinen Durst aber möglichst nicht mit Softdrinks zu stillen. Natürlich kannst du dir ab und zu ein süßes Getränk gönnen, wenn du wirklich Lust darauf hast. Aber das hat dann mit Genuss und Sich-etwas-Gönnen zu tun und nichts mit Durst.

❧ **Iss, worauf du Lust hast, aber hinterfrage deine Gelüste.** Dein Essen sollte dir guttun. Auch hier kann ich beteuern: Dein Körper weiß, was er braucht. Das kann man besonders gut in der Schwangerschaft beobachten: Weil der Speichel in dieser besonderen Lebenszeit etwas süßer schmeckt (das hat mit einer erhöhten Konzentration des Hormons Östrogen zu tun), haben viele Frauen dann gerade Lust auf etwas Saures wie Essiggurken oder etwas Salziges. Außerdem haben Gurken einen hohen Gehalt an Natrium und Eisen. Da wir in der Schwangerschaft von fast allem etwas mehr brauchen als sonst, braucht der Körper also vielleicht genau diese beiden Stoffe, wenn es dich nach sauren Gurken gelüstet. Und wenn du unbändige Lust auf geschmolzenen Käse hast, braucht dein Körper aller Wahrscheinlichkeit nach neben Eiweißen und Fetten auch etwas Kalzium. Spürt er ein Defizit an Vitaminen, dann verlangt er eigentlich nach Obst. Ich sage »eigentlich«, weil wir nicht immer auf die Stimme unseres Körpers hören. Dann greifen wir statt zu buntem, vitaminreichem Obst, das auch noch reichlich Wasser enthält, vielleicht zu ebenso bunten Gummibärchen (wie schlau die Erfinder der kunterbunten Bären doch sind!). Die enthalten aber weder Vitamine noch Flüssigkeit und noch dazu einen Haufen Zucker. Wundere dich also nicht, wenn du nach zwanzig Minuten wieder genauso große Lust auf Gummibärchen hast. Der Grund ist nicht nur der zunächst rasch gestiegene und dann wieder rasant gesunkene Blutzuckerspiegel, sondern auch, dass dein Körper nach wie vor die Vitamine haben will. Wie wäre es also, wenn du es tatsächlich mit einem Biss in einen Apfel oder einer Handvoll Beeren versuchst? Wenn du allerdings merkst, dass das dein Bedürfnis so gar nicht befriedigt, dann bitte gönn dir das, was du brauchst, und zwar genau in dem Moment, wo du es brauchst. Denn dann tust du es ja bewusst und mit Verstand.

⨯ Sich etwas gönnen und etwas genießen macht übrigens **in Gesellschaft** am allermeisten Spaß. Um an dieser Stelle auch mal den Alkohol miteinzubeziehen: Eine Flasche Wein mit Freunden (und dann wieder eine ganze Weile keinen Alkohol mehr) ist etwas ganz anderes, als sie abends allein wegzutrinken, weil … ups, ist sie schon leer? War das wirklich das vierte Glas? Wenn es auf dem Kindergeburtstag sechs verschiedene fantastische Kuchen gibt, dann kannst du alle probieren, wenn du es möchtest. Aber du futterst bitte nicht allein vorm Fernseher aus Versehen eine Großpackung Chips in dich rein. Kurzum: Sündigen ja, aber mit Verstand, weil du es in dem Moment wirklich willst. Und nicht »aus Versehen«, denn dann fühlst du dich hinterher immer schlecht.

⨯ **Genieße dein Essen.** Essen tut der Seele gut. Oder, um meine liebe Oma noch mal zu zitieren: Essen hält Leib und Seele zusammen. Nimm dir für deine Mahlzeiten also Zeit und iss in Ruhe, versuche dabei zu entspannen und das Essen nicht in dich hineinzuschlingen oder nebenbei am Handy zu sein. Ich gebe aber zu, dass ich eine Angewohnheit habe, die nicht zu dieser Regel zu passen scheint: Ich liebe es nämlich, mit einem Snack spazieren zu gehen, das kann ein Eis sein oder ein Tea-to-go! Lange Zeit dachte ich, das wäre schlecht, weil man doch immer sagt, dass man in Ruhe und bewusst essen solle. Irgendwann habe ich aber festgestellt: Ich mache das wirklich gern und kann auch beim Gehen bewusst genießen. Denn so möchte ich es, und so passt es eben manchmal in meinen aktiven Alltag.

❧ **Kaue gut und gründlich.** Diese Erinnerung möchte ich, die Am-liebsten-Essen-Herunterschlingerin, euch an dieser Stelle gern mit auf den Weg geben. Denn Verdauung beginnt schon im Mund. Je besser und gründlicher wir kauen, umso weniger Arbeit hat unser Magen, die Nahrung zu zerkleinern, und je länger sie im Mund bleibt, umso mehr wird sie auch von unserem Speichel anverdaut, der nämlich Verdauungsenzyme enthält. Die Folge ist, dass unser Essen weniger schwer im Magen liegt, weil der weniger zu tun hat, und dass wir genau dann satt sind, wenn der Körper nicht mehr möchte. Man fühlt sich wirklich besser, und deswegen: Wann immer ich daran denke, kaue ich ein paarmal häufiger, als ich es normalerweise tun würde. Dadurch geben wir dem Körper außerdem genug Zeit, sodass er ein Sättigungsgefühl entwickeln und an unser Gehirn weiterleiten kann, wenn der Magen ausreichend gefüllt ist.

❧ Ich versuche, bei meiner Ernährung ganz **auf Lightprodukte zu verzichten.** Das gelingt mir wirklich gut – außer bei meiner Cola Light. Probiere wenn möglich auch, auf künstlich fettreduzierte Produkte zu verzichten. Iss lieber einen Joghurt mit einem natürlichen Fettgehalt von 3,5 Prozent, der dich glücklich macht und dir richtig gut schmeckt, als einen Magermilchjoghurt, den du nur lustlos in dich reinfutterst und danach weder gesättigt noch zufrieden bist. Denn fettreduzierte Lebensmittel haben oft einen sehr faden Geschmack. Die Folge ist häufig: Wir essen noch etwas anderes, weil wir eben immer noch Lust drauf haben. Bei Aufschnitt würde ich immer lieber eine Sorte wählen, die von Haus aus fettarm ist, wie beispielsweise Hähnchenbrustfilet statt einer eigentlich fetten Mortadella, die dann künstlich fettreduziert werden müsste.

✄ **Wenig verarbeitete Lebensmittel** sind Trumpf. Greife also, wann immer es geht, zu frischen und wenig verarbeiteten Lebensmitteln. Bei Getreideprodukten ist das zum Beispiel die Vollkornvariante. Das heißt aber nicht, dass diese Lebensmittel dünn machen. Das ist auch gar nicht der Sinn dahinter. Denn ein Vollkornbutterkeks bleibt eine Süßigkeit, ist aber eben gesünder und besser für unseren Körper als der »normale« Butterkeks. Das hängt wieder mit den langkettigen Kohlenhydraten zusammen, von denen wir weiter vorn bereits gesprochen haben. Vollkornprodukte werten unseren Speiseplan zu etwas Hochwertigem auf, womit sich langfristig gut leben lässt, ohne viel verzichten zu müssen.

✄ **Iss dich froh!** Es gibt tatsächlich Lebensmittel, die dich glücklich machen, weil sie den Serotoninspiegel hochschrauben. Und Serotonin ist ein Stoff in unserem Körper, der uns ein Glücksgefühl beschert, wenn er ausgeschüttet wird. Darum genieße ich es sehr, mir gezielt gesteuerte Glücksgefühle in Form von Nahrung zu gönnen, wie zum Beispiel Nüsse, Kirschen, Ananas, dunkle Schokolade. Aber auch andere Inhaltsstoffe sorgen dafür, dass sich unsere Stimmung hebt, zum Beispiel Selen. Das ist in Vollkornprodukten enthalten, ebenso in Nüssen, in Samen, Meeresfrüchten, magerem Fleisch und Gemüse. Auch alles mit Vitamin B_{12} schützt vor schlechter Laune: Lachs, Bohnen, Brokkoli, Spinat, Tomaten und auch wieder Vollkornprodukte, außerdem Fleisch, Eier und Milchprodukte. Fisch sorgt generell für gute Laune, weil er Omega-3-Fettsäuren enthält und Sorten wie Lachs oder Aal zudem Vitamin D, das uns in ausreichendem Maße sogar vor Depressionen schützen kann.

✄ **Gemeinsam essen** ist etwas Wunderschönes und besonders wichtig, finde ich, wenn Kinder im Spiel sind. Wie ich schon erwähnt habe, war ich in meiner Kindheit nach der Schule viel allein, und zwar ungern. Ich habe mich dann häufig nach mehr Geborgenheit gesehnt. Dieses Gefühl hat sich bei mir eingestellt, wenn ich zu Mittag etwas gegessen habe. Und so passierte es ganz automatisch, dass ich in meiner jungen Teenagerzeit eine ganze Weile das Bedürfnis nach Geborgenheit mit Essen befriedigt habe (noch dazu leider meist mit nicht besonders gesundem). In Kombination mit dem Nichtwissen, wie ich sportlicher sein könnte, war irgendwann aus einem dünnen Kind ein etwas kräftiger Teenager geworden.

Bis heute gibt mir Essen ein Gefühl von Geborgenheit. Kennst du das vielleicht auch? Aber heute, als erwachsene Frau, habe ich mir andere Lieblingsnahrungsmittel ausgewählt, um dieses tiefe Bedürfnis in mir zu stillen: Das ist zum Beispiel mein schwarzer Tee mit Milch und Honig, meine heiß geliebte Pho Bo, eine warme Kürbissuppe oder frisch gebackenes Brot. All diese Lebensmittel geben mir heute das Gefühl von Geborgenheit und erfüllen mich mit ganz viel Freude. Sie machen mich einfach glücklich. Und dabei sind sie gesund, stärken und nähren mich. Win-win, würde ich sagen.

Übrigens, was bei mir Geborgenheit ist, ist bei anderen vielleicht der Wunsch nach Trost oder Stressabbau. Viele Menschen greifen dann zum Essen. Das Prinzip ist aber dasselbe. Darum empfehle ich dir: Schaue dir an, was dir wirklich fehlen könnte, erkenne dein Grundgefühl und dein Bedürfnis und überlege dir Alternativen, die dich ebenso trösten können. Ich finde, ein warmer Tee mit Honig ist ein wunderbarer Seelentröster. Und zum Stressabbau würde ich immer wieder auf Bewegung zurückgreifen, um Cortisol abzubauen und Glückshormone auszuschütten.

Nun sind wir (wahrscheinlich) alle Mütter. Und darum ist es mir ein besonderes Herzensbedürfnis, es uns und euch mit auf den Weg zu geben und euch zu bitten: Schenkt euren Kindern Geborgenheit, so viel ihr eben könnt. Denn das Gefühl von fehlender Geborgenheit holen sich Kinder eben ganz oft über Essen in ihr Leben. Leider oft über das falsche, also ungesunde. Das macht sie natürlich, abgesehen von einem kurzen Kick durch Fett und Zucker, nicht glücklich und muss mühsam wieder abtrainiert werden.

✄ Wenn man Mama wird, verändert man irgendwie auch automatisch das **eigene Essverhalten.** Kennst du das: Du fühlst dich immer dafür verantwortlich, die Reste deiner Kinder aufzuessen, um sie nicht zu verschwenden? Wenn das so ist, bitte ich dich nun, einen Schritt zurückzutreten und dich distanziert zu fragen: Wie schlimm kann es sein, die zehn Viertel-Fischstäbchen nicht heute noch in dich hineinzufuttern, sondern sie vielleicht erst mal für den nächsten Tag aufzuheben oder sie sogar, im schlechtesten Falle, wegzuwerfen? Die Sonne wird nicht *nicht* scheinen, wenn du sie nicht aufisst, aber was ich dir garantieren kann: *Dir* wird es am nächsten Tag nicht gut gehen (oder sogar schon gleich nach dem »Resteverwerten«).

✄ Ein anderes Thema, das mich als Mama viele Jahre begleitet hat und das ich vor nicht allzu langer Zeit erst erkannt und dann umgewandelt habe, ist, dass ich **beim gemeinsamen Essen mit den Kindern immer zu kurz komme.** Ich bin dann dabei, aufzufüllen, einzuschenken, nachzuschenken, hin- und herzureichen, die rollenden Erbsen wieder einzufangen, die Möhre vom Boden aufzuheben, die Scheibe Käse, die unter der Tischplatte klebt, wieder auf den Teller zu pappen, den Kindermund abzuwischen oder wahlweise beschmierte Hände. Wenn dann noch der Ehemann dazwischenfragt, ob ich ihm mal das Salz oder das Wasser reichen könne (kann ich allemal!) oder ob noch Buletten da seien, habe ich selbst null Chance zu essen, geschweige denn genüsslich oder einigermaßen entspannt. In ganz vielen Fällen macht mir das nichts weiter aus, ich esse dann trotzdem, irgendwie nebenbei und zwischendrin. Mit vier Kindern (und einem Mann) ist das eben so. Und daran lässt sich auch gar nicht viel ändern, denn ich kann schlecht zu meinen Kleinsten sagen: »Macht das mal schön allein. Und sind die Arme zu kurz, gibt's eben keinen Nachschlag.«

Aber manchmal, da reicht es mir eben, da ist mir das einfach zu viel und zu wuselig. Und dann entscheide ich, erst später zu essen. Vielleicht in fünf Minuten, vielleicht auch erst in einer halben Stunde. Dann aber in Ruhe und nicht, indem ich hastig alles in mich reinschlinge, um gleich wieder aufspringen zu können, um Milchbäche aufzufangen, die beharrlich vom Tisch gen Boden fließen. Das ist eine reine Empfindungssache, denke ich. Hör auf dich und deine Grenzen und entscheide und handele danach, was im Moment am besten für dich ist.

☞ Fast alle Mamas machen ihren Kindern doch so schöne, leckere, farbenfrohe Snackboxen. Ich habe das, wenn auch etwas spartanisch, für mich selbst adaptiert und sorge vor, wenn ich mal eine längere Zeit unterwegs bin, sei es mit dem Auto, der Bahn oder auch zu Fuß. Vor allem, wenn ich nicht weiß, welche Möglichkeiten mir auf dem Weg begegnen, um zu essen. Denn es kann leider sein, dass ich nichts von dem mag, was zur Auswahl steht. Um Raststätten-Essen mache ich, wenn möglich, einen großen Bogen. Darum bin ich noch lange nicht die Vorkochen-und-immer-Tupperdosen-dabeihaben-Mama. Aber einen **gesunden Snack** packe ich mir auf die Schnelle ein, auch wenn er nicht besonders liebevoll arrangiert ist.

☞ Und dann möchte ich noch einen ganz tollen Tipp mit euch teilen. Und zwar habe ich vor einigen Jahren angefangen, mich **bei meinem Essen zu bedanken**. Ich schaffe das lange nicht bei jeder Mahlzeit, aber ab und zu denke ich daran und dann tue ich es. Wenn ich dankbar bin, gehen meine Gedanken ganz stark in die Richtung, was es doch für ein Geschenk ist, Essen in den Händen zu halten und Essen erleben zu dürfen: Wie viele Menschen wurden benötigt, damit dieses Lebensmittel jetzt vor mir liegt? Nehmen wir als Beispiel einen Apfel: Der Baum musste gepflanzt und gepflegt werden, er musste wachsen und seine Früchte ausbilden, diese mussten gepflückt und für den Transport sorgsam verpackt werden, um am Ende an mich verkauft werden zu können. Das ist doch ein Wunder. Sowohl von Mutter Natur, dass sie uns diesen wohlschmeckenden und gesunden Apfel schenkt, als auch in Hinblick auf all die menschlichen Arbeitsschritte, die erst dazu führen, dass dieser Apfel jetzt bei mir ist und mich nährt. Diese Übung habe ich übrigens aus dem Buch »The Magic« von Rhonda Byrne, und ja, ich kam mir dabei anfangs komisch vor. Aber es tut mir tatsächlich wahnsinnig gut, weil es mich in Einklang bringt mit meinem Verlangen und Wunsch nach Essen und dem, was der Körper braucht und wie er es braucht. Darum möchte ich auch euch ermutigen: Probiert es aus, bedankt euch vor eurer nächsten Mahlzeit bei eurem Essen! Es macht ganz viel mit einem, ihr werdet es sehen.

⚮ Wir Menschen sind Gewohnheitstiere. Und ich sage euch: Es lohnt sich, unsere Gewohnheiten ab und an zu durchforsten und sich gegebenenfalls auch mal von einer zu trennen. Ich mache das regelmäßig. Um eine **neue Gewohnheit zu etablieren,** brauchen wir zwar kurzzeitig Disziplin. Aber nach nur ungefähr 21 Tagen übernimmt das Gehirn schon die neue Gewohnheit, und dann tun wir Dinge automatisch und denken nicht mehr weiter darüber nach. Gerade bei der Ernährung geht es ganz stark um Gewohnheiten. Und manche von denen stören uns und sind geradezu hinderlich. Zum Beispiel, wenn man etwas an seinem Gewicht ändern möchte. Als ich Mutter von meinem ersten Baby war, hatte ich eine Zeit lang die Gewohnheit, abends im Bett ein Buch zu lesen und dabei Gummitiere zu essen. Dass das nicht gut ist, wusste ich natürlich. Und so habe ich es mir dann auch wieder abgewöhnt. Das war anfangs total schwierig, aber als ich es mir erst mal abgewöhnt hatte, wäre ich im Traum nicht mehr auf die Idee gekommen, abends im Bett noch Süßigkeiten zu verputzen. Es lohnt sich also, ab und zu seine Gewohnheiten zu durchforsten. Übrigens können wir eine nicht so gute Gewohnheit auch gegen eine bessere austauschen: Die Packung Kekse vor dem Fernseher kann wunderbar ersetzt werden durch einen – na, was denkt ihr wohl?, klar – Tee mit Milch und Honig! Oder aber auch durch ein paar knackige Zwiebacke oder ein Roggenbrötchen. Das klingt im ersten Moment vielleicht wenig einladend, aber ich liebe das wirklich sehr, ich habe mich so konditioniert. Probiert es doch mal aus.

✑ Kennst du das: diesen richtig großen, fiesen Jieper auf etwas Süßes? Dazu ist wichtig zu wissen: **Heißhunger auf Süßes** bedeutet in der Regel, dass der Körper ein Defizit hat. Da reicht dann leider selten eine Handvoll Himbeeren. Ich liebe es, in solchen Fällen einen Löffel Mandel-, Cashew- oder Haselnussmus zu essen. Haselnussmus ist übrigens wie Nutella, nur viel, viel besser! Wenn man sich dran gewöhnt hat.

♡ Vollkorntoast statt normalem Toast

♡ Vollkornbrötchen statt Croissant

♡ Vollkornbutterkekse statt normalen Butterkeksen

♡ Naturjoghurt mit frischen Erdbeeren statt fertigem Erdbeer-joghurt aus dem Kühlregal

♡ Hähnchenbrustfilet statt Wurst

♡ Pommes aus dem Backofen statt aus der Fritteuse

♡ Im Ofen gebackene Chips statt »Tütenchips«

♡ Vinaigrette statt Salatdressing

♡ Dunkle Schokolade statt Vollmilch- oder weißer Schokolade

♡ Wasser »mit Geschmack« (eine Zitrone oder Orange rein-pressen oder Minze- oder Rosmarinzweige dazugeben) statt Limonade

❀ Deine Übungen

❀ Beobachte dein Essverhalten drei Tage am Stück und schrei-be deine Beobachtungen sowie deine Gedanken und Ge-fühle dazu in vier Spalten, wie zuvor bereits beschrieben, in dein Notizbuch. Führe diese Übung anschließend an ei-nem Tag der Woche über die Zeit der Arbeit an diesem Buch fort.

❀ Versuche jeden Tag einmal, erst dann zu essen, wenn dein Magen knurrt.

❀ Nimm dir zum Essen, wenn möglich, Zeit und versuche, schön gründlich zu kauen.

❀ Wenn du dir mal etwas gönnst, tue es bewusst, zelebriere es und genieße es. Und hab danach kein schlechtes Gewissen. Versuche aber, nicht häufiger als einmal am Tag mit einer Kleinigkeit zu »sündigen«, solange du mit diesem Buch ar-beitest.

🦴 Versuche, dich jeden Tag vor zumindest einer Mahlzeit bei deinem Essen zu bedanken (das braucht auch niemand mitzubekommen).

🎀 Ihr Lieben, nun bitte ich euch, das Buch eine Weile zur Seite zu legen, zumindest für diese drei Tage, an denen ihr euch auf euer Essverhalten konzentriert und eure Essgewohnheiten hinterfragt. Denn jetzt habt ihr erst mal genug zu tun, eure Bewegung und eure Ernährung in schönen Einklang zu bringen. Dann darf es mit dem nächsten Kapitel weitergehen.

KAPITEL 3

Deine Haltung

Lasst uns als Nächstes mit unserer inneren Haltung und unseren Gedanken weitermachen! Sie sind extrem wichtig in deinem Leben, weil deine innere Haltung darüber entscheidet, wie du dein Leben siehst, und das wiederum entscheidet darüber, welche Dinge du tust und wie du dein Leben lebst. Denn nichts an deinem Leben oder ganz konkret deiner aktuellen Situation kannst du objektiv bewerten. Alles ist subjektiv, das heißt, es kommt ganz darauf an, aus welcher Perspektive beziehungsweise Einstellung heraus du eine Sache, eine Situation betrachtest.

Kennst du das typische Beispiel mit dem halb vollen oder halb leeren Glas? Bestimmt. Bei gleichem Inhalt kannst du dich entweder über das halb volle Glas freuen oder aber dich darüber beschweren, dass es schon halb leer ist. In beiden Fällen stillst du mit der gleichen Menge Wasser deinen Durst. Aber nur in einer Variante bist du dabei zufrieden. Denn ein Mensch, der ein halb volles Glas sehen kann, erlebt durch den Gedanken, genug zu haben, ein Gefühl der Zufriedenheit, und es geht ihm gut. Du weißt sicher selbst, wie beschwingt wir durch den Tag gehen, wie viel wir schaffen können und wie leicht uns unser herausfordernder Alltag von der Hand geht, wenn wir uns gut fühlen. Der Mensch aber, für den das Glas halb leer ist, der hat das Gefühl, zu kurz zu kommen, ist unzufrieden und dadurch vielleicht schneller überfordert und gestresster, der Alltag mit all seinen Herausforderungen erscheint ihm mühsamer.

Ihr seht: Es ist ein Kreislauf, der in beide Richtungen laufen kann, ausgelöst durch objektiv dieselbe Situation, die aber subjektiv unterschiedlich wahrgenommen und gewertet wird.

Ihr habt doch sicherlich schon mal vom »Gesetz der Anziehung« beziehungsweise dem »Resonanzgesetz« gehört, oder? Stellt euch dazu euren Körper als eine Art Resonanzkörper vor. »Resonanz« bedeutet im Grunde genommen das Mitschwingen eines Körpers in der Schwingung eines anderen Körpers. In der Musik zum Beispiel haben viele Musikinstrumente (wie die Geige) Hohlräume in sich, die sogenannten Resonanzräume, wodurch sich die Töne, die sie hervorbringen, verstärken. Unser Körper nimmt als Resonanzkörper nun keine Töne wahr und auf, sondern unsere Emotionen, die durch das, was wir denken, ausgelöst werden. Und zwar sowohl unsere positiven als auch unsere negativen. Er nimmt sie auf, verstärkt sie und lässt sie nach außen schwingen – und so dringen unsere Gefühle in die Außenwelt, wir stehen somit in Resonanz mit ihr. Das funktioniert übrigens auch andersherum: Besonders sensible Menschen werden das Gefühl kennen, von außen Schwingungen aufzunehmen. Deswegen wirst du von mir sowohl lernen, wie du dein Inneres positiv beeinflussen kannst, als auch, wie du dich vom Außen abschotten kannst, wenn es dir mal zu viel wird.

Wie stark unsere innere Einstellung sein und welchen Effekt sie tatsächlich haben kann, zeigt sich auch sehr schön am Placeboeffekt: Durch die reine Vorstellung, dass ein eingenommenes Medikament zur Heilung beiträgt, fühlen wir uns besser, und die Heilung setzt ein, selbst wenn die eingenommene Pille in Wahrheit keinerlei Wirkstoffe besitzt.

Das bedeutet konkret, um wieder zu unserem Alltag voller Kinder, Haushalt und Beruf zurückzukommen: Wenn du mit optimistischen Gedanken in den Tag hineingehst, dann wird dir leichter Gutes widerfahren, weil du aus der Vielfalt der Dinge deines Alltags das Schöne herausfiltern, erkennen und genießen kannst. Wenn du aber missmutig und mit negativen Gedanken das Schlechte im Alltag erwartest, wirst du darin voraussichtlich auch leider bestätigt werden. Ganz grundsätzlich bietet der Alltag in seiner komplexen Vielfalt eine enorme Bandbreite an

Erfahrungsmöglichkeiten. *Du* selbst entscheidest, welche du erlebst.

Das soll jetzt übrigens nicht bedeuten, dass man von nun an alles in seinem Leben akzeptieren muss und nichts ändern darf. Ganz im Gegenteil: Wir schauen uns *alles* an und nutzen die Dinge, die uns nicht gefallen, als Motor, um sie zu verändern. Allerdings wollen wir versuchen, auf dem Weg dorthin nicht mehr an dem, was uns nicht gefällt, herumzumeckern, uns davon die Stimmung vermiesen zu lassen oder es in uns hineinzufressen. Stattdessen wollen wir in unsere Kraft kommen, um das zu ändern, was uns missfällt. Und das gelingt nur, wenn du in deiner *vollen* Kraft stehst und mit gutem Mut jedes Thema angehen kannst, das dir wichtig ist. In deiner Kraft stehst du aber nicht, wenn du herumjammerst und vollgestopft auf dem Sofa liegst. Deswegen gehen wir nach Bewegung und Ernährung jetzt deine innere Haltung an. Sie wird dich beflügeln, dein Leben in die gewünschte Richtung zu lenken.

Nun klingt es so schön einfach, ab jetzt das Glas immer als halb voll zu betrachten. Das fällt aber nicht jedem Menschen gleich leicht. Der einen von euch gelingt es sicherlich leichter, die Dinge positiv zu sehen, als der anderen. Das hat ganz viel mit der Prägung in der Kindheit, mit Gewohnheiten im Erwachsenenalter und mit Ängsten zu tun. Aber mit einem hat es ganz sicher nichts zu tun: mit deiner aktuellen Situation. Denn es gibt die unglücklichsten Menschen, die vermeintlich doch alles haben, während es genauso Frohnaturen gibt, die nach einem Unfall im Rollstuhl sitzen. Man glaubt zwar häufig: Wenn mein Leben anders wäre, dann wäre ich glücklicher und würde die Dinge positiver bewerten. Aber das ist nicht gesagt. Vielleicht wäre das gar nicht der Fall, weil du deine Einstellung und Sicht auf das Leben und die Dinge nicht verändert hättest. Dann würdest du möglicherweise in jeder Situation ein Manko finden, das dich unzufrieden macht.

Mein Hauptziel in diesem Kapitel ist also, dir dabei behilflich zu sein, von einem Denken ins andere zu kommen, damit du auch bei deiner inneren Haltung in deine Kraft kommst, um die Dinge in deinem Leben zu verändern, die dir nicht gefallen. Oft ist es tatsächlich nur *ein* Hebel, den man umlegen muss, und genau dafür gibt es verschiedene Übungen und Tools, die ich mit dir teilen will. Am liebsten würde ich euch jetzt wieder eine persönliche Geschichte aus meinem Leben dazu erzählen, wie ich mich durch das Fokussieren auf das Gute aus einer Negativspirale befreit habe. Aber da es davon unzählige gibt, sei es im Großen – wie ich mich alleinerziehend mit High-Need-Baby und Vierjährigem durchgeschlagen habe, mal wieder bei einem vielversprechenden Schauspieljob abgelehnt wurde oder einen Unfall hatte, der viele Narben zurückließ – oder beinahe täglich im Kleinen – wieder eine Nacht nicht geschlafen oder das Essen im Ofen verbrannt –, kann es gar nicht *die eine* Beispielgeschichte geben. Stattdessen will ich an dieser Stelle die Erkenntnis mit euch teilen, dass es ein immerwährender Prozess ist, den Hebel von der einen Seite zur anderen zu legen, um von einer Denkweise in die andere zu kommen. Ein Prozess, den man in den unterschiedlichsten Situationen in Gang setzen kann und immer besser beherrscht, je häufiger man ihn übt. Und damit du diesen Prozess auch selbst steuern kannst und die Tools hast, die du brauchst, um dein Denken zu verändern, folgen hier jetzt direkt meine Übungen für dich.

 Deine Übungen

⚹ Verändere deine innere Haltung dir selbst gegenüber

Kommen wir zur ersten Übung, in der es um deine innere Haltung dir selbst gegenüber geht. Wir alle tragen Glaubenssätze in uns, das sind Dinge, die wir uns den ganzen Tag über selbst sagen, es sind automatisch ablaufende Gedanken, die wir manchmal schon seit unserer Kindheit mit uns herumtragen. Sie beruhen auf Erfahrungen, die wir gemacht haben, oder Sätzen, die wir gesagt bekommen haben und an die wir, ohne sie zu hinterfragen, glauben. Und oft sind diese Glaubenssätze leider eher negativ geprägt. Aber sie steuern unsere Gedanken und damit unser Handeln und verstärken sich selbst. Ich habe zum Beispiel früher den Satz zu mir gesagt: »Ich bin eh unbeliebt«, weil ich mich als Jugendliche manchmal aufgrund meiner schwarzen Haare und dunklen Augen nicht dazugehörig und abgelehnt gefühlt habe. Andere sagen zu sich vielleicht »Ich schaffe das eh nicht« oder »Wenn ich Schokolade nur ansehe, werde ich schon dick«. Das kann bei jedem ein ganz anderer Satz sein.

Deswegen ist meine erste Übung: Höre deiner inneren Stimme zu. Oft sagt sie Dinge zu dir, die weder freundlich noch wahr sind und die du wahrscheinlich niemals zu jemand anderem sagen würdest.

Schreibe diese Sätze einen Tag lang in dein Notizbuch.

⚲ Verändere deine Haltung nach außen

Wir treten unserer Außenwelt, unseren Mitmenschen häufig mit Bewertungen und Beurteilungen gegenüber. Ohne groß darüber nachzudenken, wandern abfällige Gedanken Fremden gegenüber durch unseren Kopf wie »O mein Gott, was hat *die* denn bitte an?« oder »Na, die müsste auch mal wieder dringend zum Friseur«. Es reicht auch ein Satz in der Art von: »Ach ne, die schon wieder. Ich mag die einfach nicht.« Zum einen betreffen diese negativ wertenden Gedanken das Äußere, zum anderen aber auch die Taten von Menschen, die wir beurteilen, obwohl wir sie nur ein paar Sekunden erleben. Beispielsweise eine Mutter, die ihr Kind zurechtweist, und wir denken: »Das kann man aber auch liebevoller tun.« Bestimmt. Aber wissen wir, was davor schon alles gelaufen ist und in welchem Gemütszustand die Mutter ist? Oder der Mann im Supermarkt, der sich schnell noch vor uns an die Kasse drängelt, sofort durchfährt uns der Gedanke: »Wie unverschämt ist der denn bitte?« Bei der Hundebesitzerin, die mit der Leine ihres Vierbeiners den ganzen Gehweg versperrt, denken wir vielleicht: »Kann die nicht mal Platz machen? Wie rücksichtslos!«

Übrigens: Auch wenn wir vermeintlich kurzzeitig das Gefühl haben, besser dazustehen, wenn wir jemand anderen schlechtreden – das Gegenteil ist der Fall: Dieser Jemand bemerkt es mit sehr hoher Wahrscheinlichkeit nicht einmal, wir aber tragen diese negativen Gedanken mit uns herum. Und vergiften damit unsere Gefühle, die ja von unseren Gedanken ausgelöst werden. Die einzige Person, der wir schaden, wenn wir etwas Schlechtes, Beurteilendes, Wertendes über jemand anderen denken, sind also wir selbst.

Schreibe auch diese Gedanken und Empfindungen einen Tag lang auf.

⤳ Verändere deine Gedanken

In einem dritten Schritt schaue dir einmal die Gedanken an, die du dir über deine eigene Situation machst. Wir wissen von der ersten Übung bereits: Unsere Gedanken entsprechen häufig gar nicht der Realität, denn sie sind nie objektiv. Sie werden ausgelöst durch etwas, was im Außen passiert, und wir bewerten das dann häufig in unseren Gedanken ganz automatisch, wie wir es »gelernt« haben. So spulen wir beispielsweise Sätze ab wie »Nie schläft mein Kind«, »Immer muss ich alles allein machen«, »Nie habe ich Zeit für mich«.

Schreibe auch diese Gedanken bitte alle einen Tag lang auf.

Lies idealerweise erst weiter, wenn du dich mindestens 24 Stunden lang auf die Suche gemacht hast nach diesen kleinen, gemeinen Glaubenssätzen, die uns unsere kritische Stimme immer wieder zuflüstern will – und die übrigens gar nicht immer so leicht zu finden sind.

✂ Glaubenssätze umschreiben

Alles, was du dir aufgeschrieben hast, ist *nicht* die Realität – weder das, was du Negatives über dich, noch das, was du über deine Mitmenschen oder deine aktuelle Situation denkst. Es ist nur eine Sicht auf die Dinge. Noch dazu eine schädliche, denn negative Gedanken (egal ob über dich oder über andere) lösen, wie oben schon erwähnt, bei dir selbst negative Gefühle aus. Weil es aber gar nicht so leicht ist, sich aus dem Stegreif negative Gedanken zu verbieten, bitte ich dich um Folgendes: Schaue dir deine negativen Gedanken an – und jetzt: Streiche sie richtig schön dick und fett durch. Daneben oder darunter ersetzt du sie nämlich nun durch neue, positive Glaubenssätze, die du in Zukunft stattdessen denken und zu dir sagen willst. Wenn du beispielsweise bisher zu dir gesagt hast: »Ich kann das eh nicht«, dann sage ab jetzt, wann immer deine innere Stimme zu ihrem bekannten alten Glaubenssatz anhebt: »Doch, ich schaffe das!« So habe ich meinen Satz von früher »Ich bin eh unbeliebt« irgendwann ersetzt durch »Alle Menschen lieben mich«. Wenn du an einer Frau kritisiert hast: »O mein Gott, was hat *die* denn bitte an?«, streiche es durch und schreibe stattdessen: »Ich urteile nicht über andere, und andere urteilen nicht über mich.« Bist du jemand, der sich immer wieder sagt: »Ich bin dick«, ändert das zudem auch nichts an der Tatsache, wenn das vielleicht sogar stimmt. Du musst es dir also auch nicht jeden Tag selbst sagen. Natürlich sollst du dich auch nicht belügen, indem du sagst: »Ich bin dünn.« Aber du kannst den negativen Glaubenssatz sehr wohl gegen einen wahren, positiven ersetzen: »Ich liebe mich« oder »Ich bin schön«. Den Glaubenssatz »Nie habe ich Zeit für mich« kannst du zum Beispiel umändern in »Ich finde Zeit für mich«. Wenn man sich das immer wieder vorsagt, während man wütend den Geschirrspüler ein- oder ausräumt, wird sich eine Lücke auftun, die man für sich nutzen kann. Denn es stimmt ja auch: Eine Minute finden wir immer irgendwie in unserem Alltag für uns.

Wenn du es geschafft hast, deine neuen Glaubenssätze mit dir durch den Alltag zu tragen, wirst du automatisch zu einem viel positiveren Selbstbild gelangen. Und dadurch gehst du auch auf anderen Ebenen viel besser mit dir um. Nicht zuletzt sind wir doch auch ein Vorbild für unsere Kinder, denn die schauen sich genau an und ab, wie wir mit uns selbst umgehen.

✂ Sieh mit dem Herzen

Willst du deine Glaubenssätze ändern, so male dir zur Unterstützung ein Herz auf dein Handgelenk, damit du im Alltag nicht vergisst, etwas Gutes zu denken, immer wenn du gerade etwas Schlechtes denkst. Wann immer dein Blick auf das Herz fällt, dränge deine negativen Gedanken zurück und bemerke, wie schön dein Alltag sein kann, wenn du dir untersagst, schlecht von dir, von anderen und von deinem Leben zu denken. Ein ganz wichtiger Fakt ist hier: Wir können uns immer nur mit *einem* Gedanken zur gleichen Zeit beschäftigen! Sobald du also einen positiven Gedanken fasst, ist mindestens für diese eine Sekunde dein Kopf mit ebendiesem Gedanken beschäftigt, und der negative wird weggedrängt.

Dieses Herz male ich mir seit 2009 immer in kritischen Situationen, in Momenten, in denen ich voller negativer Gedanken durch den Alltag gehe, auf mein Handgelenk. Und wann immer mein Blick auf das Herz fällt, höre ich sofort damit auf. Es ist für mich eine wunderbare Art, mich daran zu erinnern, mit dem Herzen zu sehen und zu fühlen. Auf die Idee mit dem Herzen bin ich übrigens gekommen, weil mein Sohn mir, als er noch ganz klein war, etwas auf den Arm gemalt hat. Er konnte noch lange kein Herz malen, aber es sah für mich eben so aus. Und es hat mich den ganzen Tag über, immer, wenn mein Blick darauf fiel, zum Schmunzeln gebracht. Darum habe ich es auch nicht abgewaschen, weil es mir einfach so gute Laune gemacht hat. Seitdem male ich mir, wann immer es mir an guter Laune und positiver Energie fehlt, ein Herz an ebendiese Stelle: auf die Innenseite meines Handgelenks. Und diese Idee habe ich schon mit vielen Freundinnen geteilt. Die eine oder andere hat sich tatsächlich an dieser Stelle sogar ein Herz tätowieren lassen. Schade, dass ich zu feige dazu bin, aber wenn ich mir ein Tattoo stechen lassen würde, dann wäre das wahrscheinlich das Tattoo meiner Wahl.

DANKBARKEIT

Ein weiterer Meilenstein für eine starke innere Haltung, die dich glücklich macht, ist Dankbarkeit. Das wurde sogar in wissenschaftlichen Studien nachgewiesen. Denn wenn wir im Alltag dankbar sind und uns die Frage stellen: »Wofür bin ich dankbar?«, wirkt das auf den Körper wie ein Antidepressivum. Das liegt daran, dass unser Gehirn, wenn wir dankbar sind, dazu angeregt wird, Dopamin und Serotonin zu produzieren. Diese Stoffe zählen zu den Glückshormonen und können unsere Stimmung deutlich anheben.

Und was genau bedeutet es, dankbar zu sein? Es geht darum, die vielen kleinen und großen Erlebnisse und Begebenheiten des Alltags bewusst wahrzunehmen, sie mit wohlwollendem und aufmerksamem Blick zu betrachten und zu genießen. Das führt einen wiederum dahin, im Ganzen gelassener, ruhiger und zufriedener zu sein und auch achtsamer. Sage das Wort »Danke« ruhig einmal laut. Dann spürst du seinen positiven Effekt, dieses kraftvolle Wort macht ganz viel mit deinem Körper.

Wenn man erst mal anfängt, auf die Dinge zu achten, für die man dankbar sein kann, dann vermehren sich diese gefühlt ins Unermessliche, denn in jeder Situation steckt so vieles, wofür wir dankbar sein können. Plötzlich nehmen wir den einen Sonnenstrahl, der am Herbsttag durch die graue Wolkendecke dringt, wahr, und er macht uns unglaublich glücklich, oder das Lachen unseres kleinen Engelchens, das in eine Pfütze springt, während wir sonst viel zu schnell dabei sind, uns über den Regenschauer zu ärgern, in den wir auf dem Nachhauseweg vom Kindergarten geraten sind.

✿ Deine Übung

Schreibe ab sofort jeden Abend **mindestens drei Dinge** in dein Notizbuch, für die du heute dankbar bist. Das lässt dich zufrieden einschlafen und dadurch in der Regel auch in guter Stimmung wieder aufwachen. Und diese Aufzählung von Dingen, für die du dankbar bist, ist auch ein wirklich starker Motor, weiteres Schönes zu erkennen. Zum Beispiel können wir uns dafür bedanken, dass wir heute gesund geblieben sind oder dass wir eine schöne Zeit auf dem Spielplatz hatten oder auch dafür, dass wir uns so heiß in unserem Outfit gefühlt haben.

Diese Dinge können sich an einigen Tagen wiederholen, es ist aber auch schön, immer mal wieder Neues zu finden, wofür man dankbar ist. Ich bin zum Beispiel ganz oft dankbar für meine wundervolle Familie, die ich um mich habe. Weil ich das aber eigentlich jeden Tag bin, versuche ich gezielt, auch andere Sachen zu finden und aufzuschreiben, damit mir die Bandbreite meines ganzen schönen Lebens bewusst wird. Übrigens, als ich alleinerziehend war und eben nicht diese große Familie um mich hatte, war ich ganz oft dankbar für meine Gesundheit und meine Kraft, die es mir möglich gemacht haben, so gut für mich und meine Kinder zu sorgen.

Ich empfehle dir, diese Übung ganz hinten in dein Notizbuch zu schreiben, damit dazwischen keine anderen Übungen stehen und du am Schluss eine Aufzählung von Punkten hast, für die du dankbar bist und die schön sind in deinem Leben.

Ebenso wichtig für eine starke innere Haltung ist es, ein paar Dinge im Leben sein zu lassen, sie nicht mehr zu tun oder sich zumindest Mühe zu geben, sich in dieser Hinsicht einzuschränken. Das betrifft zum Beispiel die Sorgen, Ängste und Grübeleien, in die wir schnell mal versinken.

GRÜBELEIEN, ÄNGSTE
UND SORGEN STOPPEN

Wir alle haben Ängste und Sorgen um unsere Kinder, und bestimmt geratet auch ihr häufiger mal in Grübeleien, vor allem abends oder nachts. Das ist aber leider die denkbar schlechteste Zeit dafür, denn in der Nacht (meist zwischen drei und vier) hat unser Körper ein Leistungstief. Er schraubt alle Funktionen weitestgehend zurück, um sich zu erholen. Außerdem schüttet er in diesem Ruhemodus das Hormon Melatonin aus, das auch als »Schlafhormon« bezeichnet wird. Wenn wir in dieser Zeit aber wach sind, sinkt wegen der hohen Melatoninkonzentration unsere Laune. Das sind dann zum Teil richtige kleine Depressionen in der Nacht. Auf keinen Fall ist es in solchen Momenten sinnvoll, sich den Grübeleien hinzugeben. Viel eher solltet ihr euch bewusst machen, dass euer nächtlicher Hormonhaushalt maßgeblich Schuld daran trägt und die Sache bei Tageslicht betrachtet schon ganz anders aussehen wird. Wenn ihr es nicht schafft, euer Gedankenkarussell anzuhalten, dann rate ich euch, macht es wie ich: Knipst das Licht an oder steht auf und beschäftigt euch mit etwas anderem. Auch ich kann nachts ab und zu nicht schlafen und fange an zu grübeln. Das bringt aber gar nichts. Außer, dass ich nicht schlafen kann. Also stehe ich dann manchmal nachts um drei auf, trinke eine heiße Milch mit Honig und/oder fange sogar an, ein Regal auszuräumen, es von innen auszuwischen und wieder neu einzusortieren. Dann bin ich wenigstens um vier Uhr schön ausgepowert, kann die Gedanken loslassen und noch ein bisschen Schlaf reinholen, anstatt liegen zu bleiben und dieser Negativgedankenspirale bis ins Endlose ausgeliefert zu sein.

Grübeln ist übrigens nicht zu verwechseln mit Nachdenken. Denn beim Nachdenken geht es uns immer darum, eine Lösung zu finden für ein Problem. Grübeln erfolgt dagegen ohne Ziel und nicht zukunftsgerichtet, man ist ein bisschen wie in Trance, hat einen verengten Blick auf ein Problem. Darum führen unsere Fragen, wenn wir grübeln, auch immer nur ins Nichts und bringen keine erleichternde Lösung mit sich. Das wirkt sich dann auf unseren gesamten Gemütszustand auch am Tag aus, wir sind oft gereizt und missmutig, wenn nicht gar leicht depressiv.

∞ Deine Übung

Wenn du merkst, dass du am Tag in Ängste, Sorgen und Grübeleien verfällst, **rufe einmal laut »Stopp!«** – sei es in Gedanken oder tatsächlich – und stelle dir dabei ein Stoppschild vor. Idealerweise klatschst du dabei auch noch in die Hände. Damit reißt du dein Gehirn aus seinem negativen Gedankenfluss, und es hat die Möglichkeit, neu anzusetzen. Am besten natürlich ohne Grübelei.

Dazu kannst du versuchen, **deine Gedanken gezielt in eine andere Richtung zu lenken,** auf entspannende, schöne Dinge oder ganz pragmatisch auf die jetzige Situation: Deine Beine stehen auf dem Boden, der Himmel ist blau – zähle einfach die Realität auf. Das ist am Anfang auf jeden Fall leichter, als eine Gedankenreise zum Beispiel an den Strand oder in den Wald zu machen. Es braucht ein bisschen Übung, damit einem das auch wirklich gelingt und das Gedankenkarussell nicht gleich wieder von vorn losgeht. Aber Übung macht ja bekanntlich die Meisterin.

Und sollten dich die Grübelattacken wie mich gelegentlich nachts einholen, dann mache es wie schon beschrieben: Steh auf und beschäftige dich anderweitig.

Nun möchte ich dich zu dem Versuch einladen, solange du dieses Buch liest, bei Stress gelassener zu bleiben. Denn wenn wir in Stress geraten und dann hektisch werden und den Kopf verlieren, ändert das nichts an der eigentlichen Situation. Diese bleibt nämlich dieselbe und ist wahrscheinlich, deinem Stresslevel nach zu urteilen, eine eher komplizierte. Wie aber willst du eine komplizierte Situation auflösen, wenn du nicht ruhig und gelassen genug bist, um die Herausforderung anzugehen?

Lasst uns stattdessen also bitte versuchen, in der nächsten Stresssituation gelassen zu bleiben. Denn wir wissen doch schon: Unsere durchaus auch körperliche Reaktion auf Stress ist eine aus der Steinzeit. Da löste der Säbelzahntiger um die nächste Ecke ganz zu Recht Stress bei unseren Vorfahren aus, denn unser Gehirn reagiert seit Urzeiten genauso: In Situationen, die neu oder potenziell gefährlich sind, setzt es das Stresshormon Cortisol frei, das unseren Körper in Alarmbereitschaft versetzt, indem der Blutdruck steigt, die Atmung schneller wird und die Muskeln sich anspannen. Diese Reaktion wird auch als Kampf-oder-Flucht-Reaktion bezeichnet. Aber heute gibt es keine Säbelzahntiger mehr, und trotzdem reagiert unser Körper bei Stress noch immer genauso intensiv. Die allerallerwenigsten Alltagssituationen, von denen wir hier sprechen, sind jedoch lebensbedrohlich – so wie wir reagieren, könnten wir aber, rein theoretisch, einem Säbelzahntiger davonlaufen. Wenn dir also das nächste Mal der Bus vor der Nase wegfährt, du es nicht geschafft hast, einen Kuchen fürs Sommerfest zu backen, dir der Absatz abbricht kurz vor der Vorstandspräsentation oder dein Sohn eine Sechs in Mathe mit nach Hause bringt, dann sind das alles noch lange keine lebensgefährdenden Säbelzahntiger, die auf dich lauern! Noch mal: Dir kann *nichts Schlimmes* passieren. Und: Du änderst nichts an all diesen Situationen, wenn du fahrig, wütend, enttäuscht reagierst und aus der

Haut fährst. Nur leider reagiert unser Körper in Stresssituationen immer noch sehr steinzeitlich.

 Deine Übung

Wenn du in die nächste stressige Situation kommst und schon spürst, dass du gleich den Kopf verlierst, hektisch wirst, flatterig, du vielleicht kurz davor bist, mit deinen Kindern zu schimpfen oder deinen Partner anzuschreien – erinnere dich daran: Deine körperliche Reaktion darauf ist völlig normal, aber sie ist heute nicht mehr angebracht.

Halte also bewusst einmal inne. **Atme dreimal ganz tief ein und aus.** Du kannst auch die Situation kurz verlassen und dir kaltes Wasser über den Puls laufen lassen. Ein kurzzeitiger Tapetenwechsel wirkt oft Wunder.

Dein Cortisolspiegel lässt sich zumindest ein wenig senken, indem du zügig einmal um den Block gehst oder ein paar Liegestütze machst – »schnelle Bewegung« ist das Zauberwort.

Finde heraus, was dir von diesen Möglichkeiten am besten weiterhilft, probiere alles einmal aus und behalte das in Zukunft im Hinterkopf, vergiss es nicht!

Und dann widme dich der Situation aus deiner neu gewonnenen Gelassenheit und Ruhe heraus.

DIE SACHE MIT DEM NEID

Neid ist auch so ein Thema. Wenn man neidisch ist, steckt man in einer Hilflosigkeitsspirale fest, weil man Dinge ändern will, die man nicht ändern kann. Denn es bringt niemandem etwas, wenn du auf jemanden neidisch bist. Dein Gegenüber merkt es meist gar nicht, und wahrscheinlich bist du ihm oder ihr gegenüber sogar ungerecht, und dein Leben verändert sich dadurch auch nicht zum Besseren. Darum bitte ich dich ab sofort und für die Dauer des Buches: Versuche, nicht mehr neidisch zu sein. Wenn solche Gedanken aufkommen, versuche, sie beiseitezuschieben und sie dir zu verbieten. Suche dir stattdessen etwas anderes, Schönes, an das du denken kannst.

 Deine Übung

 Ich weiß, es ist sehr schwer, besonders anfangs, aber versuche, **sobald du einen neidischen Gedanken hast, an etwas anderes zu denken,** diesen negativen Gedanken und das Gefühl, so schnell du kannst, wegzuwischen. Nutze dafür entweder das imaginäre Stoppschild, das In-die-Hände-Klatschen oder schau dir das Herz auf deinem Handgelenk an.

Was ich sehr gern mache und euch darum als Hilfestellung mit an die Hand geben möchte: Ich verkehre den negativen, neidischen Gedanken in einen positiven. Wir wandeln also vielleicht einen Glaubenssatz wie »Warum hat sie das, was ich nicht haben kann? Ich gönne es ihr kein Stück!« um in: »Ich gönne es ihr. Und mir gönnen andere Leute das Schöne in *meinem* Leben.«

 Zum Neid gehört für mich auch das **Lästern.** Lasst uns also auch aufhören, schlecht über andere zu reden. Das gibt dir vielleicht kurz das Gefühl, größer zu sein als die anderen. Aber langfristig machst du dich selbst nur klein und damit unglücklich, denn unterbewusst wissen wir doch: Es kommt alles zu dir zurück. Das heißt im Klartext: Wenn du andere schlecht behandelst (was du tust, wenn du schlecht über sie sprichst), kommt es zu dir zurück.

Natürlich lästern wir alle gern. Und ich finde, das darf man auch mal bewusst machen, vielleicht mit der besten Freundin. Aber lästere nie über Menschen, die du eigentlich gernhast, nur um dich bei anderen in ein besseres Licht zu stellen. Auch ich liebe es, ab und zu mit meiner besten Freundin über XY zu lästern. Aber mir würde im Traum nicht einfallen, mit XY über meine beste Freundin zu lästern. Was wäre ich denn dann für eine Freundin? Verbiete es dir, denn du wirst dich danach wirklich schlecht fühlen, weil du dich selbst damit abwertest. Wir wollen uns aber doch aufwerten, darum hast du dieses Buch in deinen Händen!

☞ Und wo wir gerade so schön dabei sind: **Hör auf zu meckern!** Auch das gehört hierher und zu einer starken inneren Haltung. Manche Leute meckern ganz viel und über alles und eigentlich den ganzen Tag lang: angefangen beim Wetter, über die Schlange beim Schlachter, den unfreundlichen Autofahrer, den verspäteten Bus bis hin zur Politik. Auch meine Prägung ist leider die, dass ich von Natur aus eher viel meckere und schnell gestresst bin. Das habe ich als Kind einfach so mitbekommen. Ich habe heute also eine Menge zu tun, wenn ich dagegenarbeite. Und das tue ich. Jeden Tag aus Überzeugung und gern. Wenn also auch du mal wieder merkst: »O Mann, ich bin nur am Meckern«, dann wisse eines (oder drei Dinge): Niemand hört dir zu, du machst dich nur lächerlich und veränderst gar nichts an der Situation. Meckern schadet in allererster Linie dir selbst, denn du gerätst auch hier in eine Stressspirale. Und darauf wird dein Körper entsprechend reagieren, was du dann wieder ausbaden musst.

Wenn du also wirklich etwas verändern willst, dann merke dir: Du wirst besser gehört, wenn du deine Anliegen nicht meckernd hervorbringst, sondern in ruhigem, bestimmtem Ton und mit so positiven Wörtern wie möglich.

☞ Eng verbunden mit dem Hör-auf-zu-Meckern ist darum der Versuch, **Dinge positiv zu benennen.** Durchkämme deinen Wortschatz nach bewusst oder unbewusst verwendeten negativen Formulierungen und streiche beziehungsweise ersetze sie durch positive Formulierungen. Statt »Da kann man nicht meckern« sage in Zukunft »Das gefällt mir«, statt »Das ist gar nicht mal so schlecht« lieber »Das ist gut« und anstelle von »Kein Problem« lieber »Das mache ich gern«. Das fängt schon bei der Kommunikation mit unseren Kindern an: Wir können sagen »Schlag die Tür nicht so kräftig zu« oder aber »Mach die Tür bitte langsam zu«. Gerade wenn wir eigentlich etwas Positives meinen, sollten wir es doch auch positiv ausdrücken. Sei also wachsam.

Negative Formulierungen verstecken sich dabei gern. Zu ihnen zählen zum Beispiel auch oder ganz besonders Aussagen, die uns selbst betreffen und uns einem Stigma unterwerfen wie »Ich bin überfordert« oder »Ich bin traurig«. Versuche es stattdessen mal mit »Ich *fühle* mich überfordert« und »Ich *fühle* mich traurig«. Worauf ich hinauswill, ist, dass wir etwas nicht *sind,* sondern uns so *fühlen.* An der eigenen Persönlichkeit kann man nicht so schnell etwas ändern, dein Gefühl aber kannst du betrachten und es umwandeln. Außerdem kannst du nichts für deine Gefühle, denn sie sind das Resultat von Dingen, die im Außen passieren, und den Gedanken, die deswegen in uns aufkommen. Dass uns diese Gedanken im Kopf herumspuken, entscheiden wir selten bewusst, sondern sie passieren meist ganz automatisch, einfach darum, weil wir es (vielleicht schon seit unserer Kindheit oder Jugend) gewohnt sind, in bestimmten Situationen genau *so* zu denken. Das haben wir oben beim Thema »Glaubenssätze« schon erfahren. Unsere Gedanken sind also auch nie objektiv. Und obwohl das Fakt ist, glauben wir dem Gedanken, als *wäre* er die Wahrheit und nichts als die Wahrheit.

Die Wahrheit ist aber:

♡ Du bist nicht deine Gedanken.
♡ Also bist du nicht deine Gefühle.
♡ Also *bist* du auch nicht überfordert, nur weil du dich überfordert *fühlst.*

Es tut gut, sich das einmal bewusst zu machen. Dabei handelt es sich übrigens um eine alte buddhistische Weisheit, und ganz oft sind es ja die alten Weisheiten, die noch heute Relevanz haben.

Bitte versuche in Zukunft, deine Gedanken zu überprüfen beziehungsweise dein Gefühl, das aus ihnen erwächst: Ist es wahr, bin ich wirklich hässlich? Oder: Schläft mein Baby wirklich nie oder ganz objektiv betrachtet doch ab und zu?

Mir ist bewusst, dass das alles viel und auch überhaupt nicht leicht in die Tat umzusetzen ist. Aber wie schon mal gesagt: Übung macht die Meisterin. Und je häufiger du versuchst, negative Formulierungen oder schlechte Gedanken wegzuwischen und auf andere zu kommen, umso leichter wird es dir fallen. Wenn dir das aufs Handgelenk gemalte Herz nicht reicht, um dich auf die schönen Sachen im Alltag zu konzentrieren, achtsam zu sein und Dankbarkeit zu erleben, und du eine weitere Unterstützung benötigst: Lachen hilft. Auch (oder gerade) wenn dir vielleicht gar nicht zum Lachen zumute ist. Besonders herzhaftes, ehrliches und spontanes Lachen hat einen positiven Effekt auf den Körper, auf unser Immunsystem und unser Wohlbefinden, weil der Körper beim Lachen dazu angeregt wird, schmerzhemmende Stoffe auszuschütten, womit wir wieder bei unseren Glückshormonen wären. Darum hilft Lachen eben auch gegen Stress. Denn durch die Prozesse, die beim Lachen in Gang gesetzt werden, wird Cortisol abgebaut. Ob du dich nun traust zu lächeln oder wirklich laut zu lachen, bleibt natürlich dir überlassen. Denn auch ein gezwungenes, also künstliches Lachen oder sogar Lächeln hilft schon. Dann machen wir nicht nur äußerlich gute Miene zum bösen Spiel, sondern bauen wirklich innerlich Stress ab. Außerdem heißen Lachmuskeln ja nicht umsonst »Muskeln«. Die müssen trainiert werden. Kann ich nur empfehlen.

Im Folgenden habe ich noch einmal die wichtigsten Übungen zusammengefasst, mit denen du deine innere Haltung ändern kannst. Ich wünsche mir für die Dauer der Arbeit an diesem Buch, dass du diese Übungen immer dann machst, wenn du in der entsprechenden Situation bist: ob du nun negative Gedanken hast, gestresst, genervt oder belastet bist von schlechter Stimmung, ob du schimpfen oder meckern willst, du dir Sorgen machst und Ängste hast oder vor lauter Grübelei nicht schlafen kannst. Bevor du mit dem nächsten Kapitel weitermachst, mache auf jeden Fall die erste Übung.

✖ Deine Übungen

✖ Sammle deine negativen Glaubenssätze – für dich, für deine Situation, für andere – und streiche sie. Ersetze jeden negativen Glaubenssatz durch einen positiven.

✖ Schreibe jeden Abend ganz hinten in dein Notizbuch mindestens drei Dinge, für die du heute dankbar bist. Das ist dein starker Motor, weitere schöne Dinge in deinem Alltag zu erkennen.

✖ Trainiere dich darin, Negatives in deinen Gedanken wegzuschieben, mit dem Grübeln aufzuhören, bei Stress nicht mehr aus der Haut zu fahren, nicht mehr neidisch zu sein und zu lästern, nicht mehr zu meckern, deine Aussagen nicht mehr negativ zu formulieren. Bringe dich dazu auf andere Gedanken, indem du etwas tust, was dich ablenkt: Bewege dich, rufe laut (oder in Gedanken) »Stopp!« und klatsche dabei in die Hände, atme dreimal tief ein und aus oder lass dir kaltes Wasser über das Handgelenk laufen.

✖ Male dir, wann immer du es für nötig erachtest, ein kleines, hübsches Herz auf dein Handgelenk, das dich daran erinnert, das Gute und Positive in deinem Leben zu sehen und dankbar dafür zu sein.

✖ Lache, wann immer du kannst.

❧ Verurteile dich nicht, wenn es nicht sofort klappt, denn es ist ein langer Weg, und wir sind ja noch am Anfang des Buches, das heißt, du bist erst seit ein paar Tagen dabei. Es dauert einfach, seine Gedanken, Glaubenssätze und alles, was daraus erwächst, zu verändern. Ich möchte dich aber einladen, dir an dieser Stelle des Buches eine kleine Markierung zu setzen und gelegentlich in den nächsten Tagen oder Wochen zu diesem Kapitel zurückzublättern und diese Dinge noch mal nachzulesen, um dir das hier Erfahrene erneut ins Gedächtnis zu rufen.

KAPITEL 4

Dein Auftreten

Nach jeder Babypause habe ich mich immer wieder von Neuem unsicher in meinem Körper und nicht mehr up to date bei Mode, Musik und allem anderen gefühlt, was die Außenwelt angeht. Ist ja auch logisch, immerhin war ich mehrere Monate in der wunderschönen Mama-Baby-Blase eingeschlossen. Sobald ich aber anfing, diese Bubble Stück für Stück zu verlassen und wieder in Kontakt mit der Welt da draußen zu treten, spürte ich den Abstand, die Fremdheit, die entstanden war. Und darunter hat dann natürlich auch mein Selbstbewusstsein gelitten, was mein Auftreten nach außen anging. Lasst mich euch dazu eine Geschichte aus meinem Leben erzählen.

Wenige Monate nach der Entbindung meines ersten Kindes wurde ich zu einem Casting für Yogurette eingeladen. Ihr müsst wissen, ich war damals als Schauspielerin in einer Werbeagentur, wurde häufig auch auf Werbecastings eingeladen und habe auch den einen oder anderen größeren Werbespot gedreht. Ganz selbstverständlich, ihr wisst ja, mit wie viel Inbrunst ich meine Babys immer in meinen Alltag integriert habe (außerdem hatte ich zum damaligen Zeitpunkt auch noch gar niemanden, der auf mein Kind hätte aufpassen können), habe ich mein Kleines mit zum Casting genommen. Ich wusste, es schläft sowieso die ganze Zeit und wird niemanden stören. Und mir hat es ein gutes Gefühl gegeben, weil ich mein Baby sicher an meiner Seite wusste. So der Plan. Und der war gut. Zumindest *der* Punkt meines Plans, dass mein Baby niemanden stören würde. Und doch sah die Realität dann ganz anders aus …

Als ich den Warteraum betrat, saßen und standen und lehnten da lässig eine ganze Menge anderer Frauen, die mir allesamt vom

Typ her ähnelten – nur waren sie alle größer und schöner, akkurater zurechtgemacht und moderner gekleidet. Zumindest habe ich das damals so empfunden. Ich fühlte mich immer unwohler: Da war noch ein Rest Babybauch. Und konnte es sein, dass meine Schultern zu weit nach vorne fielen? Eigentlich war ich auch überhaupt nicht cool gekleidet und kam mir noch kleiner vor, als ich sowieso schon bin. Ihr müsst wissen, ich bin zehn Zentimeter zu klein für ein »echtes« Model.

Und dann kam es, wie es kommen musste: Als ich vorsprechen durfte, sah die Casterin – ein unsympathischer Knochen, sage ich euch (ich nenne hier ihren Namen nicht, obwohl sie es verdient hätte, denn schon so manche Kollegin hat sich mit hängendem Kopf und völlig traumatisiert aus einem ihrer Castings hinausgeschlichen) – mein Baby sofort als Schwachstelle, was mich völlig aus der Bahn warf.

»Das Kleine fängt doch bestimmt gleich an zu schreien und ruiniert uns die ganze Arbeitsatmosphäre«, sagte sie zu mir.

Mit meinem unbeholfenen After-Baby-Body und meinem nicht vorhandenen Selbstbewusstsein war ich einfach nicht gewappnet gegen so viel Voreingenommenheit, Ignoranz und fehlende Empathie.

Ich sollte dann in einen Schokoriegel reinbeißen, das gehörte zum Casting dazu. Ich wählte, ohne besonders darüber nachzudenken, den Zartbitterriegel. Da kommentierte der Knochen höhnisch: »Klar, wer auf Diät muss, darf nur Zartbitter essen.«

Als ich nach dem Casting – das ich tatsächlich bis zum Ende absolvierte – aus der Tür trat, atmete ich erst mal tief ein und aus. Und noch mal tief ein und aus. Und noch mal. Mir war klar, dass das Ganze nicht gut gelaufen war und dass es nicht an meinem Baby – das hatte wirklich die ganze Zeit geschlafen – oder mir gelegen hatte, denn ich hatte meine Sache gut gemacht. Aber leider wusste ich nicht, woran es dann gelegen hatte und was genau da eigentlich passiert war. Und so konnte ich auch gar keine Lösung haben, um mich in Zukunft zu wappnen gegen solch einen Angriff gegen mich, mein Baby, mein ganzes Sein und Leben. Vier Jahre später sollte ich es aber lernen …

Ich bin auf so vielen unterschiedlichen Castings gewesen und habe so viel verschiedene Caster und Casterinnen kennengelernt, diesem harten Knochen stand ich allerdings gleich zweimal in meinem Leben gegenüber. Und ob ihr's glaubt oder nicht: Das zweite Mal nach ziemlich genau vier Jahren und damit direkt nach meiner nächsten Babypause! Es ging um einen Werbespot für Audi, und diesmal war ich mit einem anderen Baby da. Noch weniger selbstbewusst, da alleinerziehend, noch mehr angewiesen auf das Geld, da – erraten – alleinerziehend.

Ich stand also wieder vor dieser Casterin und ließ mich tatsächlich ein zweites Mal von ihr runtermachen. Und während sie auch jetzt über mein friedlich schlummerndes Baby herzog und mich zurechtwies für Dinge, für die man erwachsene Frauen eigentlich nicht zurechtzuweisen hat, fiel es mir auf einmal wie Schuppen von den Augen. Plötzlich wusste ich, warum das gerade so lief und warum es vor vier Jahren genauso gelaufen war. Ich strahlte einfach kein Selbstbewusstsein aus. Ich hatte keine Haltung, die anderen verbot, so mit mir umzugehen.

Heute, wo ich nicht mehr als Werbemodel von Casting zu Casting hetze und viele Geschichten von Kolleginnen gehört habe, weiß ich, dass der harte Knochen nur die starken Frauen akzeptiert, alle anderen werden von ihr schlicht zerfleischt. Tja, und zu diesen anderen gehörte damals eben auch ich.

Nun gut, ich mache einen Fehler einmal, vielleicht ein zweites Mal, aber ganz sicher kein drittes Mal. Und darum habe ich etwas an meinem Auftreten verändert. Und genau das, ihr lieben Mamas, möchte ich jetzt mit euch gemeinsam üben! Beim Auftreten geht es darum, das Beste aus uns herauszuholen – auch äußerlich. Seid euch das wert!

Denn ihr braucht ein sicheres Auftreten. Für euren Selbstwert. Für euch. Für eure Kinder.

DIE RICHTIGE KÖRPERHALTUNG

Unser Auftreten wird durch unsere Körperhaltung beeinflusst. Dazu ist vorweg ganz wichtig zu wissen: Unsere Körperhaltung ist sehr eng mit unseren Gefühlen verbunden und andersherum. Das heißt, wenn es uns schlecht geht, ist unsere Körperhaltung anders, als wenn es uns gut geht. Wenn wir den Kopf gesenkt halten, die Schultern nach vorn fallen lassen und unser Rücken etwas gebeugt ist, signalisieren wir unserem Körper: Es geht mir nicht gut. Wenn wir aber aufrecht stehen oder gehen, die Schultern nach hinten nehmen und unser Blick offen und geradeaus geht, dann vermittelt uns das auch ein gutes Gefühl, weil unser Körper merkt: Mir geht es gut.

Unser Körper verbindet also bestimmte Gefühle mit der entsprechenden Körperhaltung. Während bei einer aufrechten Haltung Hormone ausgeschüttet werden, die sich positiv auf unsere Stimmung auswirken, führt eine gebeugte Haltung zur Ausschüttung von Hormonen, die uns eher verzagt und pessimistisch stimmen.

Unsere Körperhaltung ist außerdem das Erste, was Menschen von uns wahrnehmen. Es braucht nicht mal drei Sekunden, da hat sich jemand ein Urteil über uns gebildet, meist ganz unbewusst. Allein durch unser Auftreten. So, wie du also einen Raum betrittst, wirst du wahrgenommen und höchstwahrscheinlich auch behandelt werden. Ob du einen verhaltenen, schüchternen, sogar ängstlichen Eindruck machst oder ob du selbstbewusst, offen und freudig wirkst, liegt ganz allein in deiner Hand.

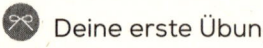 Deine erste Übung

Weil man das am besten gleich ausprobiert, kommt hier meine erste Übung für dich: **Stelle dich aufrecht hin, Kopf hoch, Schultern nach hinten unten und Bauch rein.** Selbstverständlich nicht so, dass dir die Luft wegbleibt, aber du solltest schon eine angenehme Festigkeit in deiner Körpermitte spüren.

Idealerweise wiederholst du die Übung am Tag, sooft du kannst. Denn eine aufrechte Haltung ist, auch unabhängig davon, ob andere deine Körpersprache wahrnehmen und dich bewerten, gut für dich. Und du wirst sehen, je öfter du diese stolze, aufrechte Haltung einnimmst, umso stärker wirkt sie sich auch positiv auf deinen Selbstrespekt aus.

Schau dir dazu am besten mal deine Kinder an: Wie aufrecht gehen sie durch den Alltag? Ich verrate es dir schon: Ihre Haltung ist natürlich gerade, aufrecht. Denn das, was ein Baby will, ist doch, sich so rasch wie möglich aufzurichten. Und wie bewegen sich unsere Kinder? Sie laufen, nein, sie hüpfen und springen sogar! Sie gehen also aufrecht und beschwingt durchs Leben. Das ist so klug. Und auf dieselbe Art kannst auch du Freude und Energie in deinen Alltag bringen.

Im Laufe des Heranwachsens gucken sich deine Kinder ihre Haltung übrigens bei dir ab. Also überlege dir gut, was sie als Teenager von dir lernen und übernehmen sollen. Schenke ihnen die Möglichkeit, mit einer aufrechten Haltung Freude und Energie in ihr Leben zu bringen.

Für diese starke Haltung empfehle ich dir neben Schulterkreisen (bitte nur nach hinten) eine **starke Körpermitte.** Die Körpermitte, also unser Rumpf, ist so wichtig, weil sie die Verbindung zwischen unserer oberen und unteren Körperhälfte darstellt, sie ist dafür verantwortlich, dass unsere Wirbelsäule und das Becken stabil sind und bleiben.

Die Muskeln, die das schaffen, sind einmal die geraden Bauch-muskeln, die inneren und äußeren schrägen Bauchmuskeln, der Rückenstrecker (das sind die Muskeln am unteren Rücken) und die Beckenbodenmuskulatur. Der Beckenboden ist besonders für uns Mütter unglaublich wichtig im Blick zu behalten, denn durch die Schwangerschaft und das viele Tragen unserer Kinder ist er oft ganz schön stark beansprucht. Nach der Geburt meines drit-ten Kindes hatte ich große Probleme mit meinem Beckenboden und konnte beispielsweise nicht mehr Trampolin springen, weil ich dabei Urin verloren habe. Ein Beckenboden, der schlapp-macht, kann tatsächlich zu Inkontinenz im Alter führen, und das will ja wohl keine von uns. Nach der Entbindung meines vierten Kindes war der schwache Beckenboden, wie ihr euch vorstellen könnt, nicht besser geworden, im Gegenteil. Also habe ich mich in professionelle Hände begeben und ein Beckenbodenzentrum aufgesucht. Dort wurde meine Beckenbodenmuskulatur mithilfe von Elektroden (und bezahlt von der Krankenkasse) trainiert. Dadurch habe ich meinen Beckenboden glücklicherweise wieder stabilisieren können. Und so kann er mir nun wieder die innere Kraft, Stärke und Festigkeit geben, die wir Mamas für unseren Alltag so dringend benötigen, gerade wenn wir unser Baby tra-gen oder Kleinkinder hin und her wuchten wollen. Mal ehrlich: Das ist ja bei Dreijährigen nicht plötzlich vorbei.

Ein starker Beckenboden hält uns außerdem aufrecht, denn wenn seine Muskulatur kräftig und aktiv ist, baut sich im ganzen Körper eine gesunde Grundspannung auf.

Und jetzt für alle Leserinnen, die mehr als eine Geburt hinter sich und, was den Beckenboden betrifft, vielleicht auch keine gute Veranlagung haben: Ab jetzt integrieren wir regelmäßiges Beckenbodentraining in unseren Alltag!

Übrigens: Eine Haltung mit starker Körpermitte strahlt nicht nur Stärke und Schönheit aus, sie führt insgesamt zu einem verbesserten körperlichen Wohlbefinden, einem guten Körper- und Gleichgewichtsempfinden und beugt Rückenschmerzen vor.

Trainieren wir nun also unsere Körpermitte, damit sie uns schön stark durch den Alltag trägt. Das schaffst du mit Sit-ups, Rückenstrecker und Beckenbodentraining.

✂ Deine Übungen

✂ **Bauchmuskeln:** Ab sofort möchte ich, dass du dir einmal am Tag Zeit nimmst, um zwei bis drei Minuten deine Bauchmuskeln mit Sit-ups zu trainieren. Du kannst das gern gleich morgens mitmachen, wenn du sowieso dabei bist, dich zu dehnen und zu strecken.

✂ Ebenso trainierst du ab sofort einmal am Tag deinen **Beckenboden:**

✂ Setze dich dazu bequem und aufrecht hin, das kann auf einem Stuhl mit den Beinen auf dem Boden sein oder auch im Schneidersitz auf dem Boden.

✂ Mit dem Ausatmen ziehst du nun den Beckenboden zusammen. Dies wird oft »Fahrstuhl fahren« genannt, weil man den Beckenboden tatsächlich nach oben zieht. Halte das 10 Sekunden. Bitte wirklich nur die Beckenbodenmuskulatur anspannen, nicht die Bauch- oder Gesäßmuskeln, damit du auch die richtigen Muskeln trainierst.

✂ Mit dem übernächsten Einatmen löst du den Beckenboden wieder und entspannst. Mache das Ganze ruhig 20-mal hintereinander.

✂ Das ist eine ganz kleine Übung, die du überall machen kannst, ob im Restaurant oder beim Fernsehgucken.

✂ Und zu guter Letzt folgt noch eine Übung von ebenfalls zwei bis drei Minuten für den **Rückenstrecker:** Lege dich dazu mit nach oben ausgestreckten Armen und ausgestreckten Beinen auf den Bauch.

⚮ Hebe nun mit dem Einatmen mit der Kraft aus den Muskeln aus deinem unteren Rücken die Arme und Beine ohne Schwung an. Lege beim Ausatmen Arme und Beine wieder ab. Wiederhole diese Bewegung ein paarmal.

Du wirst sehen, dass dein Körper mit diesen regelmäßigen Übungen ganz schnell Fortschritte machen wird. Und mit einer so gestärkten Körpermitte wirst du in Zukunft automatisch viel sicherer und selbstbewusster auftreten.

Wir wissen nun, dass unser Äußeres auf unser Inneres wirkt. Lasst uns im nächsten Schritt zur Unterstützung mit unserem Inneren unsere äußere Haltung noch zusätzlich positiv beeinflussen! Dafür sprechen wir jetzt über Affirmationen. Um **Affirmationen** ging es schon, als wir uns am Anfang des Buches mit Glaubenssätzen beschäftigt haben, darum nur ganz kurz an dieser Stelle: Affirmationen sind positive Sätze, die wir uns immer wieder selbst vorsagen und die so in unser Unterbewusstsein gelangen, von wo aus sie unsere Gedanken umprogrammieren und negative Glaubenssätze ausschalten oder ins Positive verkehren können. Vom Unterbewusstsein über die Gedanken gelangen Affirmationen so über unsere Gefühle in unseren Körper und spiegeln sich auch in unserer Haltung – jetzt der inneren *und* äußeren – wider.

Ich arbeite liebend gern mit Affirmationen und habe hier gleich mal eine erste schöne Affirmation für dich: **Ich bin eine starke und wundervolle Frau.**
    Probiere diese Affirmation doch einfach bei deinem nächsten Gang durch den Supermarkt oder auf dem Weg zur Arbeit aus und bemerke, wie sich dein Gang und deine Haltung allein dadurch verändern, dass du diesen Satz mehrmals wiederholst.

Ein wichtiger weiterer Baustein für unser Auftreten ist unsere Stimmlage. Viele Frauen reden permanent zu hoch und zu leise. Das will ich natürlich nicht per se kritisieren, aber doch den Gedanken in euch wecken, dass frau sich mit einer sehr hellen, hohen Stimmlage selbst die Kraft nimmt. Denn mit einer solchen Stimme laut zu sprechen, kostet eine Menge Kraft, was viele Frauen nicht einmal bemerken.

Deswegen möchte ich euch dazu einladen, euch selbst zuzuhören und auf die Suche zu gehen, ob die Stimmlage, mit der ihr aktuell sprecht, die wirklich beste für euch ist. Ist es die Stimmlage, mit der du dich wohlfühlst, kannst du entspannt damit sprechen, erinnert sie dich daran, wo deine Kraft sitzt? Und damit meine ich jetzt nicht, dass du mit einem Baby nicht eine Tonlage höher sprechen kannst. Es geht eher darum, wie du im Alltag sprichst, wenn du »gehört« werden willst.

Wenn wir tief(er) und ruhig sprechen, verschafft uns das im Job und auch vor unseren Kindern (oder wem auch immer wir etwas zu sagen haben) das nötige ernsthafte Gehör, wir werden eher für voll genommen. Gerade auf die Kommunikation mit unseren Kindern gehen wir später noch mehr ein.

 Deine Übung

Um deine Stimmlage zu finden, kannst du **mehrmals laut und tief und voller Inbrunst »Ha!« rufen.** Du kannst zur Unterstützung deine Hand auf deinen Bauch legen. Dann wirst du merken, dass er sich automatisch anspannt – und du wirst das richtig stark im Zwerchfell spüren. Diese Übung habe ich auf der Schauspielschule gelernt und ich wende sie noch heute vor jedem wichtigen Dreh oder jeder Bühnenpräsentation an: Ich suche meine »echte« Stimme, lege meine Hand auf meinen Bauch und rufe laut »Ha!«.

Kleider machen Leute, egal, welcher Typ Mensch du bist, ob du lieber im Jogger oder im Anzug unterwegs bist, dich eher verspielt oder locker in Jeans kleidest: Dein Stil ist frei und darf deine Persönlichkeit in allen Facetten unterstützen – sowohl ins Extrovertierte als auch ins Introvertierte. Aber eines ist dabei für deinen Selbstwert und den Respekt vor dir selbst ganz wichtig: Lass deine Kleidung **sauber und gepflegt** sein. Ich sehe zum Beispiel immer wieder Mütter, die für ihre Babys und größeren Kinder Wechselkleidung in allen Varianten dabeihaben. Sie selbst aber laufen befleckt und ungebügelt durch den Tag, weil sie für sich selbst keine Zeit mehr finden und auch keinen Sinn mehr haben.

Warum steckst du nicht ab sofort auch ein Wechseloberteil für dich ein, wenn du ohnehin schon so eine große Tasche für alles dabeihast, was deine Kinder vielleicht benötigen werden? Gerade, wenn es ins Restaurant geht und die Kinder Spaghetti mit Tomatensoße essen. Wenn das nicht geht, dann steck dir zumindest ein Reinigungstuch ein. Nicht zu verwechseln mit einem Feuchttuch, denn damit bekommt man keine Flecken weggerubbelt. Das war vor fünfzehn Jahren übrigens noch anders, da steckte in den Babyfeuchttüchern tatsächlich noch die eine oder andere Chemikalie mehr drin …

Kleidung darf qualitativ hochwertig sein. Es muss kein Designername darauf stehen, aber sie sollte sich gut anfühlen und gut sitzen. Denn ich möchte dir jetzt einmal mit allem der Situation geschuldeten Ernst sagen: Du bist zu wertvoll und wahrscheinlich auch zu alt für **schlecht sitzende Kleidung**. Wo man sich als Teenager noch in enge, schlecht sitzende und unbequeme Kleidung reinquetscht, um cool zu sein, machen wir das als Mütter bitte nicht mehr. Unsere Kleidung muss unserem Alltag und unseren Anforderungen entsprechen, und das ist ganz oft eben nicht das schräg sitzende

Top aus ungünstigen Materialien, das nach drei Monaten sowieso wieder in den Mülleimer wandert, sondern das sind gute Stoffe, die uns kleiden und das Beste aus uns herausholen, und das im besten Falle für mehrere Jahre. Funfact: Ganz oft werde ich in meinen Insta-Storys danach gefragt, woher ich meine Kleidung habe. Und selbst wenn ich den Hersteller nenne, können die Teile in vielen Fällen nicht nachgekauft werden, weil sie schon mehrere Jahre alt sind, aber immer noch toll aussehen. Kleidung kleidet einen und ist bequem, wenn sie gut sitzt, das bedeutet, sie sollte deiner aktuellen Körpergröße entsprechen. Also quetsch dich bitte nicht in zu enge Kleidung hinein. Das sieht auch in den allerwenigsten Fällen gut aus. Außerdem dünnt eine unbequeme Naht, die dich den ganzen Tag über kratzt, dein Nervenkostüm aus. Du hast weniger Kraft und weniger Gelassenheit. Ein Tag mit weniger Gelassenheit ist jedoch ein weniger schöner Tag. Darum: Deine Kleidung darf nicht kratzen, dich nicht einschnüren und nicht rutschen. Basta. Wir leben jetzt. Heute. Und hier. Also fühle dich bitte *jetzt* wohl, auch in deiner Kleidung.

 Deine Übung

Geh an deinen Kleiderschrank und **lege die Sachen, die dir aktuell nicht passen oder unbequem sind, egal, wie schön sie aussehen, beiseite,** packe sie in einen Karton und verfrachte diesen auf den Dachboden oder in den Keller. Diese Kleidung sollte auf jeden Fall nicht mehr in deinem Blickfeld sein und dir vor allem auch keinen großen Teil deines wertvollen Platzes im Kleiderschrank wegnehmen.

Es könnte sein, dass, wenn du diese Übung gewissenhaft ausführst, nur noch wenig Kleidung übrig bleibt, die tatsächlich in deinen Alltag passt. Vielleicht hast du ja die Möglichkeit, deinen Kleiderschrank demnächst etwas zu ergänzen. Dann achte beim Kauf bitte darauf, dass du nicht eine Kleidergröße kaufst, die du erst noch erreichen musst. Außerdem: Nicht jede traut sich, Farben zu tragen, obwohl sie Farben mag. Solltest du zu den Frauen gehören, die liebend gern Farben tragen würden, aber fürchten, es würde ihnen nicht stehen, dann sage ich dir: Du darfst leuchten, du darfst strahlen, du bist die Hauptdarstellerin in deinem Leben!

Ihr wisst bestimmt, wie sehr ich Mode und Farbe liebe! Und *ich* weiß, wie groß der Effekt auf unser Wohlbefinden ist, wenn man sich wohlfühlt in dem, was man anhat. Und deshalb möchte ich euch bitten, euch ganz in Ruhe eurem Kleiderschrank zu widmen, idealerweise, bevor ihr weiterlest. Nehmt euch dafür wirklich ein bisschen Zeit, und vor allen Dingen: Macht es mit Freude!

DIE RICHTIGE KÖRPERPFLEGE

Mindestens genauso wichtig wie deine Kleidung ist das, was unter ihr steckt – nämlich du. Und damit kommen wir zu einem wunderschönen Punkt: zur eigenen Körperpflege. Denn es gibt nichts Schöneres, als sich in seiner Haut rundum wohlzufühlen. Sei es, weil wir uns gesund ernähren, wir uns ausreichend bewegen oder uns rundum schön und gepflegt und sauber fühlen. Auch bei der Körperpflege geht es wieder darum, mit wie viel Respekt ihr euch selbst behandelt.

Nun hat jede von uns sicherlich ganz persönliche Vorlieben, was die Körperpflege angeht, von Ganzkörperenthaarung und täglichem Peeling bis hin zu »Katzenwäsche muss reichen«. Da möchte ich auch niemandem reinreden – solange eure Vorliebe nichts damit zu tun hat, dass ihr verpasst, euch Zeit für euch selbst zu nehmen.

Ich kann euch nur von mir erzählen: Ich fühle mich besonders wohl in meiner Haut, wenn ich frisch geduscht bin und meinen ganzen Körper eingecremt habe. Das tägliche Eincremen ist wie Streicheleinheiten für die Haut und für die Seele, die wir als

Menschen so dringend benötigen, um uns wohlzufühlen. Und ist es nicht großartig, dass wir uns die selbst geben können?

Außerdem liebe ich das Gefühl von frisch gewaschenen Haaren. Selbstverständlich wasche ich meine Haare nicht jeden Tag, alternativ benutze ich aber gern Trockenshampoo. An den Tagen, an denen ich zwar gern Haare waschen würde, es aber nicht schaffe, zwirbele ich meine fettigen Haare zu einem ordentlichen, strengen Dutt. Dann hängen mir wenigstens keine strähnigen Zotteln ins Gesicht, die mich und auch andere daran erinnern, dass ich es heute nicht geschafft habe, mir Zeit für mich zu nehmen.

Ebenso wichtig für ein gepflegtes Äußeres und damit gleichzeitig unser Auftreten sind unsere Hände und Füße. Sowohl die Füße – vor allem im Sommer, wenn sie so viel sichtbar sind, aber auch im Winter für uns selbst – als auch die Hände sind ein Teil unserer persönlichen Visitenkarte. Ich möchte euch deshalb dazu ermuntern, auch auf ihre Pflege zu achten.

Ebenso finde ich es total schön, wenn ich es morgens schaffe, mich zu schminken. Aber das ist meine ganz persönliche Vorliebe, und die möchte ich nicht auf jede von euch übertragen. Wie gesagt, die Körperpflege ist eine sehr persönliche Sache, und jede von euch hat sicher ihre eigenen Vorlieben. Mir ist nur wichtig, dass ihr sie auch auslebt.

Einige Bereiche der Körperpflege aber sind wichtig für unsere Gesundheit, wie die Zahnreinigung, Fuß- und Nagelpflege, das Vorbeugen von Krampfadern … Meine Kinderärztin schüttelt übrigens regelmäßig den Kopf über die vielen sich aufopfernden Mamas, die wegen jedes Wehwehchens ihrer Engelchen in die Praxen kommen, aber selbst an einer unbehandelten Neurodermitis, an Karies oder einer Nagelbettentzündung leiden.

Weißt du noch, wie du (gefühlt oder in echt) bis vor Kurzem dein Baby gehegt und gepflegt hast? Stell dir vor, das bist jetzt du. Sorge doch ab jetzt genauso gut für dich, wie du es für deine Kinder tust.

Und wenn du jetzt aufgebracht fragst: »Wann soll ich neben dem Haushalt, den Kindern, dem Job denn bitte schön Sport treiben, mich gesund ernähren und *auch noch* Zeit zum Schminken finden?«, dann antworte ich dir: Keine Sorge, ich sage euch, wann ihr Zeit dafür findet – im zweiten Teil des Buches (ganz konkret: bei der Morgenroutine). Wir werden gemeinsam ein Zeitmanagement für dich entwickeln, bei dem du alles unter einen Hut bekommst. Denn für sich selbst zu sorgen heißt mitnichten, seine Kinder zu vernachlässigen. Eher im Gegenteil. Aber dazu später mehr.

Hier noch eine Übung, wie du es schaffst, deine Körperpflege wieder mehr in den Vordergrund zu rücken.

 Deine Übung

Schreibe eine Liste in dein Notizbuch von all den Dingen, die du gern regelmäßig tun würdest, um dich wohl in deiner Haut zu fühlen. Sei da gern ganz ausführlich und schreibe jede einzelne Sache auf. Bei der einen ist das Augenbrauen zupfen alle zwei Tage, bei der anderen tägliches Eincremen, bei der nächsten alle vier Wochen zur Mani- und Pediküre gehen. Diese Liste kann ganz individuell sein. Mache dir, während du deine ganz persönliche Liste anlegst, keine Sorgen darüber, dass du für die Dinge darauf keine Zeit finden wirst. Dazu kommen wir noch.

SELBSTBEWUSSTSEIN
ALS MAMA

Abschließend zum ersten Drittel dieses Buches möchte ich mich mit euch gemeinsam eurem Selbstverständnis euch selbst gegenüber widmen.

Ganz oft erlebe ich Frauen, die das Gefühl haben, als Mutter nicht zu genügen. Nicht in dem Sinne, dass sie sich selbst als schlechte Mutter sehen, sondern weil sie denken, von der Gesellschaft nicht als gute Mutter anerkannt zu werden.

Dazu möchte ich zuallererst sagen: Es gibt keine Schublade »gute Mutter«. Wir sind alle ganz unterschiedliche Frauen mit eigenen Vorlieben und Gewohnheiten, und das hört ja nicht auf, wenn wir Mutter werden. Leider wird aber genau das oft angenommen, und wir werden danach beurteilt, was eine gute Mutter gemeinhin zu tun und vor allem zu lassen hat. Und das machen Mütter ja leider sogar untereinander. Es geht also auch ganz stark um das Thema »Mom Shaming«. Und zwar bezogen auf dich als Person und nicht darauf, wie du mit deinem Kind umgehst. Denn genau aufgrund solcher kritisierenden, bewertenden Reaktionen von außen – verbalen wie nonverbalen – sind Teeniemütter unsicher, weil sie sich kritisiert fühlen, zu jung für ein Baby zu sein, Spätgebärende denken hingegen, sie seien zu alt für ein Baby.

Aus ebensolchen Gründen habe ich beispielsweise eine Nachricht von einer Schwangeren bekommen, die in Erwägung gezogen hat, ihre Gesichtstätowierungen entfernen zu lassen, obwohl sie sie liebt. Sie hatte einfach Angst, sie könne dadurch später im Kindergarten dem Ansehen ihres Kindes schaden. Oder die Nachricht von einer Mutter, die einem großen Konzern vorsteht und die Kinderpflege und -erziehung komplett ihrem Mann überlässt. Sie muss sich mit der Frage von anderen herumschlagen: »Was machen eigentlich deine Kinder? Wer passt denn auf die auf, wenn du so viel arbeitest?« Solcherlei Fragen ärgern mich wirklich sehr. Ich lebe ja das traditionelle Rollenbild und bin diejenige, die zu Hause für die Kinder da ist. Ich habe aber noch nie mitbekommen, dass, wenn mein Mann mal wieder viel arbeitet – und er ist dabei oft tagelang weg –, er jemals von irgendwem gefragt wurde, wer sich in der Zeit eigentlich um die Kinder kümmert. Allen berufstätigen Frauen, die ich kenne, wird diese Frage dagegen von ihrem Umfeld gestellt – und zwar immer vorwurfsvoll. Das darf doch nicht sein!

Außerdem habe ich in meiner Laufbahn als YouTuberin immer wieder große Unsicherheiten bei homosexuellen Müttern erlebt. Das war vor vier Jahren, als ich mit meinem Kanal angefangen habe und noch eine viel kleinere Followergemeinde hatte, noch recht häufig. Im Verlauf der letzten Jahre, in denen mein Kanal auf viel mehr FollowerInnen angewachsen ist, sind diese Nachrichten im Verhältnis viel weniger geworden. Das zeigt mir, dass in Richtung Akzeptanz von homosexuellen Eltern in der Gesellschaft glücklicherweise schon viel Aufklärungsarbeit geleistet worden ist. In vielen anderen Bereichen, die vor allem uns Mütter betreffen, besonders bei der Vereinbarkeit von Mutterschaft und Berufstätigkeit und der dazugehörigen gesellschaftlichen Akzeptanz, ist das aber leider noch nicht der Fall.

Und obwohl wir in einer freiheitsliebenden Gesellschaft leben, in der es doch eigentlich selbstverständlich ist, dass wir nicht alle gleich sind, scheint es im Punkt »Muttersein« offenbar nur diesen einen gültigen, akzeptierten Weg zu geben. Und sobald man von dem abweicht, wird man schräg angeguckt, verurteilt und für nicht voll genommen. Und während sich die eine oder andere Frau mit ihrer Andersartigkeit oder ihrem nicht Null-acht-fünf-zehn-Sein bisher stolz durch die Gesellschaft bewegt hat und gegen den Mainstream, wird das anders, wenn sie Mutter ist. Denn durch das Muttersein empfinden die meisten von uns Bewertungen von außen plötzlich als viel verletzender, wir nehmen sie uns sehr zu Herzen und beginnen, an uns zu zweifeln. Weil jede Mutter immer die Sorge im Kopf hat, für ihr Kind nicht gut genug zu sein. Und so kann auch eine eigentlich stolze Frau der Bewertung ihrer Mutterrolle durch andere oft nicht standhalten. Darum möchte ich jeder Einzelnen von euch am liebsten ganz laut sagen: Seid (weiter) stolz auf euch!

Und sollten wir an einigen Punkten unseres Lebens tatsächlich mal Dinge tun, die objektiv nicht gut sind oder auf die wir nicht stolz sind, hat das zum einen nichts mit unserer Rolle als Mutter zu tun, und zum anderen darf das von niemandem von außen bewertet und damit unser Selbstwert herabgesetzt werden. So wenden sich beispielsweise häufig Raucherinnen an mich, die sich vor lauter Ausgrenzung und Mom Shaming kaum noch unter die Leute trauen, weil sie dieser Flut an Bevormundung einfach nicht gewachsen sind. Darum liegt mir am Herzen, allen, denen das auch so geht, zu sagen: Du bist genau so richtig, wie du bist, und du bist die beste Mama für dein Kind.

Übrigens, falls dich interessiert, woher dieses Schubladendenken kommt, das dazu führt, dass wir in die Schublade »Mutter« gesteckt werden: Dem liegt ein sehr »klassisches« Mutterbild zugrunde, das tatsächlich schon mehrere Jahrhunderte alt ist, das sich aber immer noch hartnäckig in der Gesellschaft hält. Darin kümmert sich die Frau (ausschließlich, auf jeden Fall hauptverantwortlich) um die Kinder, den Haushalt, erfüllt die sogenannten häuslichen Pflichten, ganz selbstverständlich und natürlich, ohne sich zu beklagen. Dieses Mutterbild hat sich gerade über die letzten Jahrzehnte natürlich immer mal wieder verändert und sich entwickelt, bis hin zu verschiedenen Modellen der Vereinbarkeit von Mutterschaft und Berufstätigkeit.

Wir wissen und verstehen nun also, woher dieses Gedankengut in anderer Leute Köpfen kommt – aber wir dürfen uns davon ganz frei machen. Und einfach im Kopf behalten, dass die Zeit, in der wir leben, schon mal eine ganz gute ist. Wenn man mal darüber nachdenkt, dass Frauen erst seit 1962 ein eigenes Konto eröffnen dürfen und sogar noch bis in die 70er-Jahre hinein keine größeren Anschaffungen ohne das Einverständnis ihres Ehemannes tätigen konnten. Wir haben heute alle Freiheiten, wir nehmen uns alle Freiheiten, und jetzt lasst uns bitte dabei auch ein gutes Gewissen haben! Denn schließlich haben wir auch so schon genug damit zu tun, alles unter einen Hut zu bekommen: Kinder, Haushalt, Job, Partnerschaft und Freizeit, ohne dass wir unter permanentem Dauerstress in irgendeine Richtung stehen – und vor allem auch, ohne dass wir uns selbst dabei vergessen. Da brauchen wir nicht noch zusätzlich die wertende Meinung von außen.

Und deswegen lass dir gesagt sein: Du darfst dazu stehen, was du machst und wie du bist. Du darfst mutig und groß und stark sein. Du bist eine erwachsene Frau, die im Leben steht. Wahrscheinlich hast du schon Kinder geboren und sorgst für sie. Wahrscheinlich leistest du unglaublich viel an jedem einzelnen Tag. Viel mehr, als du geglaubt hast, je leisten zu können. Du bist eine Super-Frau. Wonder Woman. Und genau so darfst du auch auftreten!

Hier gleich noch die passende Affirmation dazu: **Ich bin Wonder Woman.**

 Deine Übung

Nachdem du jetzt ganz oft gesagt hast, dass du Wonder Woman bist, möchte ich, dass du dir nun einen Moment Zeit nimmst und **ein Bild von dir malst.** Male ein Selbstbild aus dem Bauch heraus, mit Farben oder in Schwarz-Weiß. Nimm dir viel Zeit oder wenig, aber male. Male dich.

Und nun – die eine oder andere von euch wird es schon erahnen – hole dein Bild vom Anfang des Buches wieder hervor und halte die Selbstbildnisse nebeneinander.

Sieh dir die beiden Bilder an. Und klopf dir einmal auf die Schulter: Schau mal, das hast du geschafft! Du, die auf sich geachtet hat. Ich bin stolz auf dich und ich hoffe, du bist es auch.

Und jetzt mache eine Pause, leg das Buch für heute zur Seite und lass erst mal sacken, was du bis hierher geschafft hast.

TEIL 2

Alltag managen – alles managen

Wenn wir das Wort »Alltag« sagen und hören, schwingt oft etwas Negatives mit. Denn wir meinen damit die Tage außerhalb des Wochenendes, der Feiertage, der Ferien und des Urlaubs, die für die allermeisten ja bedeuten, sich in einem wiederkehrenden Ablauf häufig auch eintöniger Verpflichtungen zu befinden. Nun ist es aber so, dass wir als Mütter streng genommen gar kein wirkliches Wochenende haben und auch keinen Urlaub, zumindest nicht so, wie du es vor der Familiengründung gewohnt warst. Denn unsere Verpflichtungen gehen ja auch am Wochenende oder im Urlaub weiter, und so haben wir eigentlich einen 365-Tage-im-Jahr-Alltag.

Genau darum ist es für uns Mütter (und/oder die eine oder andere Unternehmerin, die ja am Wochenende auch keine Pause macht) aber so besonders wichtig, dass unser Alltag *gut* ist. Weil der bei uns eben nicht am Freitag aufhört. Und wir sollten dabei nie vergessen: Unser Alltag ist die Kindheit unserer Kinder. Und die soll selbstverständlich schön sein. Außerdem ist es *unser Leben*. Und das soll bitte auch unbedingt schön sein. Zum Glück weiß ich das heute und lebe meinen Alltag voller Freude. Aber das war nicht immer so, und ich habe mit viel Erfindungsgeist daran gearbeitet, dass es heute anders ist.

Als ich damals Mutter geworden bin, war ich die Erste in meinem Freundes- und sogar weiteren Bekanntenkreis, die ein Kind bekommen hat. Ich war überhaupt die Erste, die geheiratet und einen eigenen Haushalt so richtig mit Familie gegründet hat. Und ich steckte auch gleich in einem klassischen Rollenmodell: Ich war zuständig für das Kind und den Haushalt. Und obwohl ich das mit dem eigenen Haushalt schon kannte, weil ich ja bereits allein gewohnt hatte, und wusste, dass das schon anstrengend genug ist, einen Haushalt allein zu führen, zu jobben und zu studieren, hatte ich doch irgendwie nicht damit gerechnet, dass ich jetzt, mit Ehemann und Kind als Anhängsel, auch in meiner Freizeit weiterarbeiten musste. Ich möchte an dieser Stelle wirklich kein Fass über Gleichberechtigung aufmachen. Es kamen für mich einfach neue Aufgaben hinzu, und das hatte mir niemand gesagt. Es hat auch eine ganze Weile gedauert, bis ich es begriffen habe. Ich habe einfach unter der Woche immer mehr und mehr gegeben und habe mich stets so sehr auf das nächste Wochenende gefreut, das aber nie so richtig kam. Denn auch am Wochenende konnte ich ja keine Pause machen. Dann habe ich angefangen, mich auf den nächsten Urlaub zu freuen, und habe gemerkt: Auch im Urlaub konnte ich keine Pause machen. Einmal sind wir nach Ägypten gereist. Ich war so aufgeregt und sehnte diese freie Zeit so sehr herbei. Und was ist passiert? Ich habe den ganzen Urlaub über das Kind geschleppt, gefüttert, gewickelt, mit Sonnencreme eingecremt, ihm das Sonnenhütchen aufgesetzt, tausend Sachen gepackt, um zum Strand zu kommen, Sachen gepackt, um zurückzukommen, Sand ausgeschüttelt, Flecken rausgewaschen – was im Urlaub bedeutet, die Sachen unterm Wasserhahn mit Rei aus der Tube zu schrubben und dann die Krise zu bekommen, weil die Klamotten, die du über Stühle und Balkonbalustraden gehängt hast, durcheinanderfliegen. War das der Urlaub, auf den ich mich so gefreut hatte? Sicher nicht.

Irgendwann habe ich dann verstanden, dass ich niemals an dem Punkt ankommen werde, wo der Feierabend eintritt. Ich habe aber nichts an der Situation ändern können, weil ich damals einfach noch nicht wusste, wie. Als ich dann alleinerziehend mit zwei Kindern wurde, hatte ich das Stadium des Latent-mehr-machen-Müssens-statt-Wollens überschritten und war in einer Art »Alltagsüberforderung einhundert« angelangt. Wie ihr ja bereits wisst, liebe ich Ratgeber, und ich bin fest davon überzeugt: Wenn man einen Rat sucht, kommt der passende Ratgeber in unsere Hände – so war es zumindest bisher immer in meinem Leben. Darum bin ich auch so glücklich, dass mein Buch gerade in deinen Händen ist, auf dass wir vieles miteinander erreichen. Aber zum damaligen Zeitpunkt gab es mein Buch ja noch nicht. Doch, und jetzt mal Spaß beiseite, es gab den Ratgeber »Simplify your life« von Werner Tiki Küstenmacher und Lothar J. Seiwert. Mein aufrichtiges Dankeschön an dieser Stelle an diese großen Autoren. Dank eures Wegweisers bin ich in dieser Zeit nicht gescheitert, sondern sogar daran gewachsen.

Ich habe das Buch durchgearbeitet, mir und meiner Lebenssituation angepasst und umgesetzt. Im Laufe der zehn folgenden Jahre habe ich diese Dinge perfektioniert, auf vier Kinder umgemünzt, auf eine größere Wohnfläche, auf einen Spagat zwischen Familie und Beruf und auf einen noch größeren Spagat zwischen noch mehr Familie und noch mehr Beruf … Und ich kann euch sagen, ich lebe einen Alltag, der mich rundherum glücklich macht und der mich nicht überfordert. Und das ist ganz wichtig, denn dein Alltag darf dich nicht überfordern, weil er dein Leben ist.

Wir wollen in diesem Kapitel gemeinsam schaffen, dass auch du dich auf einen schönen Alltag freuen kannst. Einen Alltag, den du dir so gestaltest, dass du ihn liebst und du nie mehr auf dein Wochenende oder deinen Urlaub warten musst (denn der kommt sowieso nicht so, wie man es vielleicht aus kinderlosen Zeiten gewohnt ist)!

Und da die Summe aller Tage dein Alltag ist und jeder Tag mit einem Morgen beginnt, brauchen wir zuallererst eine Morgenroutine, die uns auf schönste und produktivste Weise in den Tag starten lässt.

KAPITEL 1

Morgenroutine ist Trumpf

Das Wichtigste an einem strukturierten Alltag ist also eine gute Morgenroutine. Dazu ist erst mal wichtig zu verstehen, dass wir Gewohnheitstiere sind, das heißt, die meisten von uns leben in wiederkehrenden Abläufen. Und das hat auch seinen Grund: Unser Gehirn ist seit Urzeiten darauf bedacht (und das hat sich wieder mal bis heute nicht verändert), möglichst wenig Energie zu verschwenden, und das ist am leichtesten in einem Alltag, der nichts Überraschendes bereithält. Wir wissen nämlich nie, ob etwas Neues, ob eine Veränderung uns womöglich gefährlich werden und uns bedrohen könnte, sodass wir uns darauf dann voll fokussieren müssten. Hätten wir keine Routinen, müssten wir uns die ganze Zeit damit beschäftigen, alle Abläufe jeden Tag neu zu erfinden, und das wäre extrem hinderlich, um nicht zu sagen unmöglich.

Lasst uns dieses Wissen und den Fakt, dass unser Gehirn Routinen mag und braucht, nun für uns nutzen! Wir wissen schon, dass wir es mit etwas Disziplin schaffen können, uns anders zu konditionieren, denn schon nach 21 Tagen übernimmt unser Gehirn eine neue Gewohnheit, ohne lange darüber nachzudenken.

Das heißt, wir können alles, was wir gern schaffen wollen, ab jetzt mit ein klein wenig Disziplin und Durchhaltevermögen in unseren Morgen integrieren, und bereits nach drei Wochen ist es zu unserer automatischen Routine geworden.

Sicherlich hat jede von euch schon eine Art Morgenroutine. Aber allen, die das bisher nur nebenbei gemacht haben, möchte ich an dieser Stelle einmal erklären, was für einen hohen Stellenwert der Morgen für uns und unseren Alltag haben kann. Denn der Morgen ist verantwortlich für unseren ganzen Tag. Man sagt ja nicht umsonst, dass jemand »mit dem falschen Bein aufgestanden ist«. Darum fangen wir ab jetzt immer mit dem richtigen Bein an. Am Morgen können wir alles schaffen, was wir wollen, wenn es nur gut getimt und strukturiert ist.

Ich teile meine Morgenroutine auf in einen Teil, der nur für mich ist, und erst danach beginnt die Zeit, in der ich für meine Familie da bin. In meiner reinen Me-Time kümmere ich mich ausschließlich um mich, weil meine Kinder noch schlafen. Sobald ich alles gemacht habe, was ich machen wollte, und meine Bedürfnisse befriedigt sind, habe ich dann genug Kraft, Motivation und Inspiration für den zweiten Teil der Morgenroutine, in dem ich meinen Alltag angehe.

Jede gute Morgenroutine basiert übrigens darauf, dass du **ausgeschlafen** bist, und darum startet sie genau genommen bereits am Abend vorher. Wie du schon eingangs in deinem Vertrag unterschrieben hast, sollst du ausreichend schlafen. Deine Morgenroutine sieht jetzt also vor, dass du **acht Stunden vorher ins Bett** gehst. Denn egal, wann du aufstehen musst, du solltest dann ausgeschlafen sein.

Unser tiefster und erholsamster Schlaf findet erwiesenermaßen übrigens im ersten Drittel der Nacht statt, und zwar in den ersten zwei bis vier Stunden nach dem Einschlafen. Dieser **Tiefschlaf** ist entscheidend dafür, wie stark sich unser Körper erholt, denn in dieser Phase fährt unser Körper herunter, Puls, Atemfrequenz und Blutdruck sinken deutlich ab. Jetzt haben unsere Zellen und unsere Organe Zeit, Kraft zu tanken und sich zu »reparieren«. Ihr habt bestimmt schon mal gehört, dass der Schlaf vor Mitternacht der erholsamste sei. Das stimmt insofern, als dass du, wenn du erst um ein Uhr nachts ins Bett gehst, aber um sechs Uhr schon wieder aufstehen musst, schlicht nicht genug Zeit für die dringend benötigte Tiefschlafphase hast. Wenn du aber lange genug schlafen kannst, spielt die Uhrzeit, zu der du ins Bett gehst, keine so große Rolle. Da ich jedoch davon ausgehe, dass du als Mama nicht entspannt bis neun Uhr ausschlafen kannst, empfehle ich dir: Versuche, vor Mitternacht einzuschlafen.

Und wer jetzt denkt: »Wie soll ich denn das bloß schaffen? Ich müsste ja wahnsinnig früh aufstehen und dazu auch sehr früh ins Bett gehen, um ausgeschlafen zu sein. Das geht doch gar nicht!«, den möchte ich an dieser Stelle erst einmal beruhigen. Erstens: Wir finden deine individuelle Aufstehzeit, und es ist gar nicht gesagt, dass die sehr, sehr früh sein muss. Und zweitens: Sollte das mit dem Ganz-früh-ins-Bett-Gehen nicht zu schaffen sein, ist es auch möglich, den nächtlichen Schlaf etwas zu verkürzen und sich dafür tagsüber ein kurzes Nickerchen zu gönnen, da reichen zehn Minuten. Dazu aber in einem anderen Kapitel noch mehr.

Mein Morgen beginnt übrigens um fünf Uhr, und das ist keineswegs das Früheste, was geht. Lasst mich dazu eine kleine Geschichte erzählen: Ich war fünfzehn Jahre alt, als ich ein Schülerpraktikum bei einem Berliner Radiosender gemacht habe, das später zu einem Ferienpraktikum erweitert wurde. Ihr müsst wissen: Ich wollte als junges Mädchen unbedingt zum Radio. Darum hat mir dieses Praktikum auch unglaublich viel Spaß gemacht. Ich durfte dort in der Morgensendung von fünf bis zehn Uhr das Wetter und den Verkehr ansagen. Um fünf Uhr morgens da zu sein, bedeutete für mich, die ich damals noch ganz am Stadtrand von Berlin lebte, dass ich um drei Uhr aufstehen und um vier Uhr aus dem Haus gehen musste. Ganz nebenbei bemerkt: Um diese Uhrzeit fuhren noch keine U-Bahnen, und darum musste ich mit dem Nachtbus dort hinfahren. Das war ein riesengroßes Abenteuer für mich, wie ihr euch vielleicht vorstellen könnt. Als junger Mensch denkt man noch nicht so viel darüber nach, wenn man morgens früh aufstehen muss, man macht es einfach. Und so habe ich mich eben daran gewöhnt, dass mein Wecker so früh geklingelt hat. Entsprechend war ich am Abend auch zeitig müde und bin zwischen 18 und 19 Uhr ins Bett gegangen. Und damit war ich dann nach relativ kurzer Zeit um drei Uhr morgens tatsächlich immer schon ausgeschlafen.

Lasst uns diese Geschichte im Hinterkopf behalten, um nicht zu vergessen: Wir können uns rein theoretisch offenbar so umpolen, dass wir auch um drei Uhr morgens schon ausgeschlafen sind.

Natürlich können wir als Mütter nicht um 18 Uhr schlafen gehen. Ich will euch mit dieser Geschichte nur zeigen: Wir können unseren Körper an alles gewöhnen. Wie gesagt, vielleicht brauchst du dafür drei Wochen Disziplin, aber lass dich nicht abschrecken von der Uhrzeit, die du vielleicht ab jetzt auf deinem Wecker siehst. Lass mich dich vielmehr ermutigen: Sei genau mit dem, was du für deine Morgenroutine möchtest, plane die Zeit entsprechend ein und stehe so früh auf, wie es dazu sein muss. Nimm dir keine Zeit von deiner eigenen Morgenroutine weg, das bringt dir am Ende gar nichts.

Finden wir nun also eine Morgenroutine für dich, die dich fit, aktiv, sportlich, produktiv, effektiv, zufrieden und optimistisch in den Tag gehen lässt! Eine Morgenroutine, die zu deinem Leben passt und die im Einklang mit deiner Familie und deinen Aufgaben steht.

MEINE GOLDENEN REGELN DER MORGENROUTINE

Ich habe schon erwähnt, dass die Morgenroutine bei jeder von uns eine ganz eigene sein kann und wird. Zur Inspiration verrate ich euch hier aber ein paar wirklich gute Tipps:

✂ Dein **Weckton** darf dich ruhig happy machen. Vielleicht vermeidest du die »Kriegsbunker«-Sirene, die dich mit Herzklopfen aus dem Schlaf aufschrecken lässt. Mein Weckton ist im Moment zum Beispiel »Happy« von Pharrell Williams. Mit dem bin ich gleich gut drauf, egal, um welche Uhrzeit der Wecker klingelt.

✄ Übrigens wünsche ich mir schon seit ewigen Zeiten einen **Tageslichtwecker,** weil ich sicher bin, dass das ein wunderbares Erwachen ist. Da ich aber sehr oft mindestens ein Kind bei mir im Bett habe am Morgen, will ich keines damit wach machen. Denn dann kommt meine ganze Morgenroutine durcheinander. Aber vielleicht passt ein solcher Wecker ja genau jetzt schon zu eurem Leben.

✄ Stell dir einfach vor, ab jetzt gibt es **keine Snoozetaste** mehr. Wir benutzen sie nicht mehr. Wir stehen einfach auf.

✄ Mache stattdessen lieber die ersten **Reck- und Streckübungen** im Liegen im Bett. Und dann noch ein paar **Dehnübungen** im Stehen vor dem Bett und/oder eine Faszien-Rollmassage.

✄ Trinke gleich morgens mindestens ein **großes Glas Wasser,** denn das bringt deinen Stoffwechsel in Schwung. Ich habe beispielsweise immer eine Flasche Wasser neben meinem Bett stehen, damit ich sowohl nachts bei Durst einen Schluck trinken kann, aber vor allem auch, um morgens einmal meinen Stoffwechsel in Gang zu bringen.

✄ Ich mag **frische Luft,** um richtig wach zu werden und mich gut zu fühlen, daher reiße ich im Bad einmal kurz das Fenster auf und atme tief ein. Das ist wunderschön am Morgen: atmen, einfach nur atmen.

✄ Dann geht es zumindest für mich an die **Körperpflege:** duschen, Haare waschen, eincremen, Zähne putzen …

⚮ Vielleicht bist du ein Morgenmuffel. Kann sein. Versuche ab jetzt, diesen Glaubenssatz (»Ich bin nun mal ein Morgenmuffel«) umzukehren. Du entscheidest schließlich selbst, was du dir sagst, das wissen wir schon (Thema »Affirmationen«, ihr erinnert euch sicher). Denke diesen Gedanken ab jetzt nicht mehr, sondern **schenke dir ein Lächeln im Spiegel.** Meinetwegen auch ein Fake Smile. Wir wissen, dass Lächeln (auch ein »unechtes«) und Lachen sehr wirksam ist, weil es dem Gehirn signalisiert, dass es uns gut geht, wir schütten dann Glückshormone aus. Und weißt du, was dann passiert: Wer morgens pünktlich aufsteht und sich anlächelt, der ist schon gar kein Morgenmuffel mehr. Oder hast du schon mal einen lächelnden Morgenmuffel gesehen? Schließlich geht es immer darum, was du tust, nicht darum, was du denkst oder sagst.

⚮ Suche dir in Ruhe dein **Outfit für den Tag** aus und denke daran: Du sollst dich in deiner Kleidung rundum wohlfühlen. Stell dir vor, sie ist wie eine Umarmung – so sollte es sich anfühlen, wenn du sie trägst, und du solltest dich schön darin fühlen.

⚮ Nimm dir Zeit für einen **Moment der inneren Einkehr.** Das kann eine kurze Meditation, ein Gebet oder ein Morgengruß an dich selbst sein. Bei mir gibt es Phasen, in denen ich kurz meditiere, da reichen mir drei bis fünfzehn Minuten. Dafür setze ich mich in den Schneidersitz, konzentriere mich erst auf meinen Atem und versuche so gut wie möglich an nichts zu denken. Und dann gibt es Phasen, da starte ich meinen Tag mit einem Morgengruß. Dazu habe ich einen ganz persönlichen, auf mich zugeschnittenen Gruß entworfen, den ich gern mit euch teile, damit ihr ein Beispiel habt:

Guten Morgen, Leben.
Ein wunderschöner Tag liegt vor mir. Ich bin ausgeruht und
voller Energie. Alles, was ich heute anpacke, gelingt mir. Alles,
was ich heute tue, fällt mir leicht. Auch bei anstrengenden
Herausforderungen bleibe ich beschwingt und gelassen. Denn
ich liebe, was ich tue. Ich liebe meine Familie, ich liebe meine
Arbeit, ich liebe meinen Alltag. Alles, was noch nicht optimal
läuft, wird sich zum Guten wenden. Heute ist ein Tag, an dem
ich viel Unterstützung von anderen erhalte, so wird mein
Alltag leicht und geschmeidig verlaufen. Ich danke dafür.
Heute ist ein Tag, an dem ich anderen weiterhelfe, denn ich
helfe gern. Miteinander ist das Leben wundervoll. Alle
Menschen lieben mich, und ich liebe alle Menschen.

Das ist mein ganz persönlicher Morgengruß, wie gesagt, aber vielleicht magst du diesen als Inspiration nehmen, um dir deinen eigenen Gruß zu schreiben, der genau auf dich passt. Nimm dazu dein Notizbuch und schreibe in Schönschrift den liebevollsten Gruß an dich und deinen Alltag, der dir in den Sinn kommt. Selbstverständlich kannst du auch meinen mit benutzen. Es würde mich freuen, wenn wir so verbunden sind. Sage dir deinen Morgengruß ab jetzt, zumindest für die Dauer, die du dich intensiv mit dem Buch beschäftigst, jeden Morgen vor. Du wirst merken, wie gut das tut, denn damit programmieren wir uns positiv auf den Tag und können ihn voller Vorfreude und Glück starten.

✄ Verlasse dein Schlafzimmer ordentlich. Das schafft auch **Ordnung** im Kopf. Und darum ist Ordnung ganz, ganz wichtig, aber dazu kommen wir später noch mal ausführlich.

✂ **Vorsicht mit dem Handy** am Morgen, bitte, es ist ein wahrer Zeitfresser, und es kann dich runterziehen, was du erfährst. Du brauchst diese Informationen jetzt, in den heiligen Morgenminuten, noch nicht. Du kannst sie dir immer noch später holen, wenn du willst.

✂ Nachdem du gelesen hast, was ich in meiner heiligen Me-Time-Stunde mache (ich brauche dafür so lange, wenn du weniger unterzubringen hast, brauchst du vielleicht weniger Zeit, wenn du mehr machen möchtest, vielleicht etwas mehr), wird sich die eine oder andere von euch fragen: Moment mal, wo war denn da das Frühstück? Damit warte ich tatsächlich immer mindestens eine, meist zwei Stunden am Morgen. **Der Körper braucht gleich nach dem Aufstehen noch gar nichts.** Sonst bist du gerade wach und beschäftigst deinen Kreislauf sofort mit dem Verdauen. Mit Koffein sollte man nach dem Aufstehen auch vorsichtig sein, denn unser Körper startet von Natur aus erst mal mit einer hohen Cortisolproduktion, damit wir gut auf den Tag vorbereitet sind. Wenn wir jetzt Kaffee trinken, befeuern wir diese Aufregung in unserem Körper nur.

Während ich dann mein Frühstück esse oder meinen schwarzen Tee trinke, gehe ich **die wichtigsten Punkte des Tages** durch und plane sie. Dazu fokussiere ich mich darauf, was ich schaffen möchte, und ich möchte dich an dieser Stelle einladen, dass auch du dir dafür ein paar Minuten am Morgen Zeit nimmst. Du musst nicht nach den Sternen greifen, es geht um ganz normale Dinge wie zur Post, zum Friseur, einkaufen gehen ... Die Liste muss auch nicht vollständig sein. Es geht darum, den Tag einmal zu strukturieren und dich so darauf vorzubereiten, was kommt.

✂ Bevor ich meine Morgenroutine beende, mache ich noch eine ganz wichtige Sache: **Ich lobe mich.** Ich lobe mich für alles, was ich am Tag vorher richtig gut gemacht habe. Dieses Gefühl der

Anerkennung für das, was ich alles schaffe, und die Dankbarkeit, die ich dabei empfinde, motiviert mich jeden Tag aufs Neue, es heute genauso gut zu machen wie gestern oder sogar besser. Ich versuche übrigens immer, mindestens drei Dinge zu finden, auch wenn ein Tag mal nicht gut lief, wenn ich vielleicht an dem einen oder anderen Punkt versagt oder etwas falsch gemacht habe. Aber ich weiß ganz sicher: Drei Dinge habe ich auf jeden Fall trotzdem gut gemacht.

Während der Monate des Schreibens an diesem Buch arbeite ich ja zum Beispiel bereits parallel für die Firma HSE und kreiere Mode, Kosmetik und andere Produkte für Frauen. Und da liebe ich es ganz besonders, mich am nächsten Morgen dafür zu loben, wenn mich am Tag vorher über viele Stunden eine schier unlösbare Aufgabe beschäftigt hat. Denn ihr müsst wissen, vieles ist neu für mich, und gleichzeitig habe ich einen extrem hohen Anspruch an die Qualität und Wertigkeit der Produkte. Darum heißt es für mich an vielen Punkten, eine Extraportion Fleiß und Ehrgeiz hineinzustecken, um die Aufgaben trotzdem lösen zu können. Und deshalb ist das Loben für mich auch so wichtig, denn es motiviert mich, auch bei den Herausforderungen des folgenden Tages mit Enthusiasmus dranzubleiben.

Jede von uns steht Tag für Tag vor Herausforderungen, und man neigt am Ende des Tages dazu, genervt zu sein aufgrund der Extraportion Arbeit, die man in etwas stecken musste. Doch anstatt nur das Negative zu betrachten, sollten wir uns am nächsten Tag lieber dafür loben, wie wir es geschafft haben, mit den Widrigkeiten umzugehen. Denn das ist ungemein motivierend. Wir haben im Buch bereits darüber gesprochen: Die Aufgaben werden nicht weniger, wenn wir schlechter Stimmung sind. Aber sie werden leichter, wenn wir sie motiviert und mit Stolz auf uns selbst angehen.

Und an Tagen, an denen es mal nicht so gut läuft, freuen wir uns halt darüber, dass wir es geschafft haben, unsere Kinder pünktlich und gesund in die Schule zu bringen und wieder abzuholen. Oder wir sind stolz auf uns, weil wir dem Autofahrer, der uns blöd angehupt hat, nicht den Mittelfinger gezeigt haben. Wichtig ist nur: Lasst uns stolz auf uns sein!

Ihr schreibt ja ohnehin hinten in eurem Notizbuch eure Dankbarkeitsliste auf. Wie findet ihr die Idee, wenn ihr dazu nun jeden Morgen drei Dinge schreibt, für die ihr euch lobt? Das sind tatsächlich zwei unterschiedliche Sachen: Du kannst dankbar sein, dass die Sonne so schön geschienen hat, aber dafür kannst du dich nicht loben. Finde Taten, für die du dich selbst loben kannst.

Die Art der Morgenroutine, von der wir hier sprechen, richtet sich übrigens vor allem an die unter euch, auf die ein dicht getakteter Alltag mit wenig Zeitinseln für euch selbst wartet, der einem eine Menge abverlangt und in dem man vielen Dingen gleichzeitig gerecht werden muss. Aber natürlich spricht auch gar nichts dagegen, ungeduscht im Jogginganzug die Kinder in die Schule zu bringen und sich danach eine ausgedehnte Morgenroutine zu gönnen beziehungsweise zwischen Schule und Arbeit ins Fitnessstudio zu gehen, wenn ihr die Möglichkeit dazu habt. Und für Mamas mit kleinen Babys ist die vorher beschriebene Art der Morgenroutine wahrscheinlich nicht ganz so praktikabel. Denn teilweise wachen Babys und Kleinkinder extrem früh auf. Mein Kleiner hatte zum Beispiel mal eine Phase von einigen Wochen, in der er immer um 4:30 Uhr wach geworden ist. Da habe ich mir dann natürlich *nicht* um 3:30 Uhr den Wecker gestellt. Warum auch? Er hat dafür ab sieben Uhr wieder geschlafen, und ich habe mir dann meine Zeit genommen.

Denjenigen unter euch, die nun eigentlich gern voller Eifer in ihre Morgenroutine starten wollen, aber vielleicht ein klein wenig Respekt vor all den Punkten haben, die sie darin unterbringen wollen, möchte ich an dieser Stelle sagen: Keine Angst, denn sobald eine Handlung routiniert ist, geht sie schnell, das heißt, ihr werdet dafür nicht mehr viel Zeit brauchen, wenn jeder Handgriff erst mal sitzt. Und wenn ich bemerke, dass ich mal ins Schleudern komme, etwas länger dauert, weil ich getrödelt habe oder weil doch mal ein Kind früher vor mir steht als geplant, dann mache ich ein paar Dinge einfach zu einem späteren Zeitpunkt. Zum Beispiel verlege ich sehr häufig meinen Morgengruß und meine Meditation an den Punkt meines Frühstücks oder ersten Tees. Übrigens, ich frühstücke oder trinke meinen Tee ja nur unter der Woche allein, weil die Kinder dann aus dem Haus sind. Am Wochenende aber, wenn wir gemeinsam frühstücken, beziehe ich sie oft in diesen Punkt meiner Morgenroutine mit ein: Ich frage meine Kinder dann, worauf sie in dieser Woche besonders stolz sind, was sie geschafft und was sie gelernt haben.

Und wenn ihr keine Zeit habt, euch im Laufe des Vormittags hinzusetzen und euch für euren Tee, euren Morgengruß etc. zu entspannen, dann gibt es immer noch die Variante: Sprecht den Morgengruß auf euer Handy und hört ihn euch an, während ihr mit einem Coffee- oder Tee-to-go auf dem Weg zur Arbeit seid.

✖ Deine Übungen

✖ Schreibe dir alle Dinge, die du in deiner Morgenroutine unterbringen möchtest, in dein Notizbuch. Sei dabei so genau wie möglich, zähle alles auf: strecken, dehnen, Zähne putzen, Haare waschen, Outfit raussuchen …

✖ Überlege dir, wie lange du ungefähr brauchst, um das alles zu schaffen, bevor deine Kinder aufwachen (bei mir sind das im Moment anderthalb Stunden).

✖ Überlege dann, wann du aufstehen musst, und stelle deinen Wecker entsprechend ein. Vergiss nicht, dir einen schönen Weckton auszusuchen.

✖ Finde deine abendliche Zubettgehzeit.

✖ Schreibe dir deinen eigenen Morgengruß in dein Notizbuch. Schreibe dabei in Schönschrift. Solange du dieses Buch liest, gehört es ab sofort dazu, dich jeden Morgen damit zu begrüßen.

- ☙ Lächle dich ab jetzt jeden Morgen an. Oder lächle vor dich hin (wenn du zum Beispiel duschst).
- ☙ Lobe dich für drei Dinge, die du am Tag vorher gut gemacht hast.
- ☙ Hinterlasse dein Zimmer ab sofort ordentlich.

Und zu guter Letzt: Solltest du dich bei den Muttertypen eher bei der »Gehetzten« einsortiert haben, dann überlege jetzt mal, mit wie viel Ruhe und Stärke du nun durch deinen Alltag kommen wirst und wie geerdet du deinen Tag beginnen wirst. Fühlt sich das nicht unglaublich gut an?

KAPITEL 2

Happiness wohnt da,
wo Ordnung ist

Lasst uns gleich zu Beginn über den Begriff »Ordnung« sprechen, damit es nicht zu Missverständnissen kommt. Wenn ich hier von Ordnung spreche, dann meine ich damit drei Dinge: freie Flächen (auch Fußböden), einen Überblick über alle Gegenstände, die sich in meinem Haushalt befinden, und dass diese ihren festen Platz haben.

Ordnung in unseren eigenen vier Wänden ist ein wichtiger Baustein für Ruhe und Gelassenheit, denn Ordnung im Außen schafft Ordnung im Innen.

Das Gegenteil ist schnell der Fall, wenn um uns herum Chaos herrscht, also wir in Unordnung leben. Und damit meine ich konkret: Jeder freie Platz ist vollgestellt, wir haben den Überblick über die Gegenstände in unserem Haushalt verloren, und alles fliegt da herum, wo es eben gerade landet. Das vermittelt uns ein Gefühl von Überforderung und macht uns unruhig, weil wir ständig das Gefühl haben, noch etwas erledigen zu müssen (nämlich »echte« Ordnung schaffen). Außerdem müssen wir in einem unordentlichen Zuhause jedes Mal sehr viel Zeit und Energie fürs Aufräumen aufwenden (und wenn Besuch kommt, geschieht das noch dazu sehr hektisch). Diese Energie fehlt uns dringend an anderer Stelle.

Um den Unterschied noch mal zu verdeutlichen, will ich euch an dieser Stelle eine kleine Geschichte erzählen: Ich bin in einem eher unordentlichen Haushalt aufgewachsen, obwohl meine Mutter, wenn sie spätabends von der Arbeit nach Hause kam, immerwährend versucht hat, gegen das Haushaltschaos anzukämpfen. Je älter meine Schwester und ich wurden, umso stärker wurden auch wir in die häuslichen Tätigkeiten einbezogen. Trotzdem sind wir nie fertig geworden, haben nie einen Zustand erreicht, bei dem alles aufgeräumt und gemütlich war.

Bei meiner Oma hingegen habe ich einen ganz anderen Haushalt kennengelernt, einen Haushalt, in dem alles seinen Platz hatte. Sie hat zwar ebenso täglich darin gewerkelt, allerdings nicht gegen das Chaos an, sondern in die Ordnung hinein. Als Kind habe ich das Thema »Haushalt erledigen« bei meiner Oma nicht als stressig empfunden, im Gegenteil: Sie hat alle diese Tätigkeiten mit fröhlicher Leichtigkeit verrichtet.

Zur Verteidigung meiner Mutter und aller Frauen, die einen Vier-Personen-Haushalt managen und zusätzlich berufstätig sind, will ich aber sagen: Das ist natürlich alles andere als leicht. Darum liegt mir dieses Kapitel auch so sehr am Herzen.

Auch wenn ich als Kind noch nicht wirklich verstanden habe, was der Unterschied war, habe ich doch deutlich gespürt: Die eine ist von ihrem Haushalt gestresst und hat keine Chance, ihn je in den Griff zu bekommen, während die andere mit Leichtigkeit auf der Ordnungswelle mitgesurft ist.

In der Grundtendenz bin ich von Haus aus auch eher ein unordentlicher Mensch, und darum verstehe ich wirklich, was es bedeutet, in dieser Hinsicht eine Veränderung zu durchlaufen. Als ich von zu Hause ausgezogen war und allein gewohnt habe und später auch zusammen mit meiner eigenen kleinen Familie, hat mich diese Unordentlichkeit begleitet. Klar, wenn Besuch kam, habe ich mehr aufgeräumt, als wenn keiner kam. Unangekündigt hätte aber besser niemand bei mir klingeln sollen. Und wie jede, bei der zu viel rumfliegt und die das Prinzip »Ordnung« nicht tief in sich verankert hat, musste ich immer ein Auge darauf haben, dass das Chaos bei mir zu Hause nicht überhandnahm. Denn wenn ich an einem Tag mal nichts in der Wohnung gemacht hatte, sah es gleich sehr schlimm aus.

Als ich dann das Buch »Simplify your life« in die Hände bekam, habe ich es intensiv und ernsthaft durchgearbeitet und dadurch verstanden und gelernt: Ordnung halten ist leichter als Ordnung machen. Und Ordnung halten geht leichter in einem übersichtlichen Haushalt. Und ein übersichtlicher Haushalt ist ein *entrümpelter* Haushalt. Als ich diesen Grundzustand von Ordnung erreicht hatte, konnte ich ihn, auch wenn ich mal faul war, jederzeit schnell wiederherstellen und hatte so, zumindest was diesen Punkt anbelangt, immer eine gewisse Grundentspanntheit. Funfact am Rand: So konnte ich auch immer unangekündigt guten Gewissens Besuch empfangen.

Unser Startpunkt ist also dieser Status quo, von dem aus es auch euch mühelos gelingen wird, euren Haushalt mit minimaler Anstrengung aufgeräumt zu halten. Nennen wir diesen Status die »**Grundordnung**«. Herrscht die nicht bei uns zu Hause, so fressen das Aufräumen und das Ordnunghalten viel zu viel Zeit unseres vollen und *wert*vollen Alltags.

Außerdem haben wir als hehres Ziel im Hinterkopf: **Wir wollen einen Überblick über unsere Sachen und viel Raum haben.**

Und das schaffen wir jetzt gemeinsam! Übrigens: Alle, für die der Haushalt überhaupt kein Thema ist und bei denen man womöglich vom Boden essen kann, können sich das Folgende gern entspannt durchlesen und vielleicht den einen oder anderen Tipp mitnehmen oder diese Absätze einfach überblättern. Für alle anderen, bei denen das nicht so ist, gilt jetzt: Bitte die Ärmel hochkrempeln!

ENTRÜMPELN

Der erste Schritt auf unserem Weg zur Grundordnung ist das **Entrümpeln und Aussortieren:** Wir befreien uns von allen Gegenständen, die wir nicht (mehr) brauchen. Denn das Anhäufen von Gegenständen vermittelt uns schnell das Gefühl von Schwäche, weil wir uns mit mehr Dingen umgeben, als wir bewältigen und kontrollieren können. Dieses Gefühl prägt sich in uns ein und überträgt sich leider auf andere Bereiche in unserem Leben. Aber ein Gefühl von Schwäche können wir in unserem Alltag nun mal überhaupt nicht gebrauchen. Wenn wir aber Dinge und damit Ballast loswerden, verschwinden sie auch aus unserem Kopf, und das befreit unglaublich!

Und darum gehen wir einmal durch all unsere Räume und nehmen im Prinzip jeden Gegenstand darin einmal in die Hand und wägen ab: Wollen wir ihn behalten oder können wir ihn aussortieren? Dabei fragen wir uns jedes Mal: Haben wir den Gegenstand die letzten zwei Jahre benutzt? Wenn die Frage mit »Nein« beantwortet wird, wandert er in eine Kiste. Später schauen wir uns alles an und überlegen: Was davon wollen wir verschenken, was wollen wir verkaufen, was wandert direkt in den Müll, und was bleibt in der Kiste? Dazu gleich mehr.

Fangen wir der Einfachheit halber beim Kleiderschrank an, denn an dem waren wir im Kapitel »Dein Auftreten« bereits dran. Lasst uns also dort direkt weitermachen. Stelle dich vor deinen Kleiderschrank und hole jedes einzelne Stück heraus, jedes Shirt, jede Socke, jede Unterhose. Prüfe sie auf die Frage hin: Hatte ich das in den letzten zwei Jahren an? Wenn nicht, packe die Sachen in die Kiste. Nimm dir in einem nächsten Schritt deinen Make-up-Koffer (oder -Regal, -Korb, -Schrank) vor: Welches Make-up ist abgelaufen, welches benutzt du gar nicht? Welche Düfte riechen nicht mehr gut? Dann vielleicht den Vorratsschrank: Welche Nahrungsmittel sind abgelaufen und können entsorgt werden? Dasselbe gilt für den Medizinschrank. Als Nächstes kommt das Kinderzimmer: Zwei Drittel aller Spielsachen sind in der Regel unbenutzt – ihr könnt sie doch vielleicht verschenken oder zumindest hübsch verstauen, damit sie nicht im Raum herumfliegen oder wertvollen Platz wegnehmen, ohne dass wirklich damit gespielt wird.

Ich habe damals wirklich jede einzelne Schublade in meiner Wohnung aufgemacht und jedes Regal ausgeräumt, ausgewischt und die Dinge darin sortiert in »Behalten« und »Nicht behalten«. Für meine Zweieinhalbzimmerwohnung habe ich einen Monat gebraucht. Für diese Aktion dürfen wir uns also **Zeit lassen,** wir müssen nichts überstürzen, sondern machen es Stück für Stück. Nehmt euch am besten jeden Tag eine Kleinigkeit vor, dann wird es nicht zu viel, und ihr kommt trotzdem stetig zum Ziel. Das kann an einem Tag der Besteckkasten sein, am nächsten die Werkzeugschublade. Wichtig ist nur: Fangt nicht an, den Allzweckschrank unterm Waschbecken auszuräumen, und hört dann mittendrin damit auf und lasst alles liegen. Dann entsteht ein noch viel größeres Chaos. Führt also bitte zu Ende, was ihr anfangt. Und vergesst nicht, den Schrank oder das Regal oder die Schublade einmal auszuwischen, wenn alles draußen ist.

Lasst uns nun über die **Kiste** sprechen, in der sich am Ende nur noch Dinge befinden, die weder weggeschmissen noch verschenkt noch verkauft werden. Eigentlich sind es wahrscheinlich mehrere Kisten. Alles, was darin gelandet ist, sind offensichtlich Gegenstände, die ihr gern behalten wollt, die ihr aber zurzeit nicht nutzt. Deswegen verschließt die Kisten ordentlich, malt einen großen schlafenden Mond darauf und verstaut sie trocken im Keller oder auf dem Dachboden. Stellt euch dann eine Erinnerung im Handy für denselben Tag in zwölf Monaten.

Selbstverständlich könnt ihr jederzeit alles, was ihr in den Kisten verstaut habt, auch wieder herausholen, wenn ihr es vermisst. Bei mir war es aber tatsächlich so, dass ich ein Jahr lang nicht an diese Dinge gedacht habe. Wenn es euch genauso geht, dann werdet ihr ein Jahr später, wenn eure Erinnerung bimmelt, staunen! Denn glaubt mir, es macht wirklich viel Freude, von dem Termin überrascht zu werden und dann in die Kisten zu schauen. Ich habe darin Sachen wiederentdeckt, deren Wert ich erst dann wirklich zu schätzen gelernt habe und über die ich mich wirklich, wirklich richtig doll gefreut habe, sodass ich sie liebend gern wieder in meinen Haushalt integriert und ihnen einen (natürlich festen) Ehrenplatz darin zugewiesen habe. Und solltet ihr Dinge nicht wieder einsortieren wollen, dann ist jetzt endlich die Zeit gekommen, anderen als Geschenk verpackt damit eine Freude zu machen. Übrigens, Dinge loszuwerden, gerade indem man sie an jemanden verschenkt, der sie gut gebrauchen kann, ist ungemein befreiend.

Jetzt haben wir also im Idealfall nur noch die Gegenstände im Haus, die wir auch benötigen und benutzen. Von diesen Gegenständen bekommt nun jeder seinen **festen Platz und wird verstaut,** in Schubladen, hinter Schranktüren, in Regalen. Gleiches zu Gleichem. Und für das, wofür kein Platz mehr ist, rate ich dringend dazu, euch ein Aufbewahrungssystem anzuschaffen, vielleicht hübsch anzusehende Kartons (die gibt es im Internet zu kaufen). Dann habt ihr eben unter oder neben dem Schreibtisch zwei, drei Kisten stehen, aber euer Krimskrams ist aus dem Blick. Und ich empfehle euch ebenso dringend, euch Ordner anzuschaffen. Einen für Versicherungen, einen für Gebrauchsanweisungen und Garantien, einen für Kaufbelege, für jedes Kind eine Postmappe und eine Mappe, in die ihr die schönsten gemalten Bilder einsortiert …

Zu diesem Punkt gehört auch: Wenn du etwas herausgenommen hast, lege oder stelle es danach wieder an seinen Platz zurück. Wenn du etwas öffnest, schließe es wieder. Weiterführend gilt dann natürlich auch: Wenn dir etwas herunterfällt, hebe es wieder auf.

Jede Fläche sollte frei sein, auf keiner steht etwas, es sei denn, es ist hübsche Dekoration, die dem Auge schmeichelt. Dient der Gegenstand einem Zweck, dann sollte er aber so ansehnlich sein, dass er auch als Deko durchgehen könnte. Eine Fensterbank ist eine freie Fläche, ein Tisch ist eine freie Fläche, auf der vielleicht eine Blumenvase und Pfeffer und Salz stehen können. Auf einer Anrichte kann eine Flasche Wasser stehen, eine Schale Nüsse oder Obst oder eine dekorative Kerze. Die Küchenarbeitsplatte ist eine Arbeitsplatte, kein Regal.

Auch der Fußboden gilt als Fläche und sollte frei sein. Dann bist du viel schneller dabei, mal eben durchzusaugen oder zu wischen, weil du nicht erst alles mühevoll hochstellen musst oder kompliziert drum herum saugen.

Wenn deine Flächen überall so frei sind, ist es kein Problem mehr und kostet minimalen Zeitaufwand, sie regelmäßig zu säubern. Ich habe zum Beispiel überall leicht zugänglich eine Sprühflasche mit Haushaltsreiniger-Wasser-Gemisch und ein Mikrofasertuch liegen. So kann ich immer mal über die freien Flächen drüberwischen, und es sammelt sich gar nicht erst Staub an.

Vielleicht wird dir, nachdem du alle Flächen freigeräumt hast, auch bewusst, dass du einen neuen Schrank brauchst oder ein weiteres Regal, weil du zu viele Dinge hast, die verstaut werden müssen. Das ist dann eine gute Investition.

Ach ja, und Stühle sind keine Jackenständer.

Am Ende des Durch-den-Haushalt-Gehens hat man in der Regel viel weggegeben oder weggeschmissen, zum Beispiel die »Herzlichen Glückwunsch zum 30.!«-Tasse. Denn du bist schon vierzig und hast sie in den letzten zwei Jahren kein einziges Mal benutzt (oder überhaupt schon mal?). Wenn wir so gründlich aussortiert und ausgemistet haben, ist natürlich unser Bestreben, auch in Zukunft weniger unnötigen Krimskrams anzuhäufen. Aber alles, *was* wir uns anschaffen, hat dafür eine gute Qualität und ist herzlich willkommen in unserem Happiness-Zuhause.

Deine Übungen

⁂ Gehe Schritt für Schritt durch deine Wohnung, nimm jeden Gegenstand einmal in die Hand und frage dich: Habe ich ihn die letzten zwei Jahre benutzt? Wenn nicht, packe ihn in eine Kiste (oder verschenke ihn sofort oder schmeiß ihn weg, je nachdem).

⁂ Stelle dir auf dem Handy eine Erinnerung in zwölf Monaten: Was du dann aus den Kisten nicht vermisst hast, kannst du getrost spenden, verschenken oder wegschmeißen.

⁂ Schaffe überall in deinen vier Wänden freie Flächen. Dinge, die herumstehen, dürfen nur Dekoration sein.

⁂ Schaffe überall freie Böden.

⁂ Nimm dir dafür Zeit. Vielleicht schaffst du es auch nur jeden Sonntag, dich ums Ausmisten zu kümmern. Das macht nichts. Du musst nicht zum Ende des Buches mit dem Entrümpeln fertig sein.

Wenn wir schon dabei sind, unsere Grundordnung anzulegen, könnten wir doch auch gleich darüber nachdenken, eine **Umgebung zu schaffen, die das Beste aus uns herausholt.** Ich möchte mich jetzt gar nicht einmischen, wer wie seinen Wohnbereich eingerichtet hat. Ich möchte euch eher dazu einladen, über eine Umgebung nachzudenken, die es euch leicht macht, eure guten Gewohnheiten zu pflegen. Beispiel gefällig? Wenn du gerade dabei bist, alles neu zu sortieren, wie findest du die Idee, deine Faszienrolle oder dein Springseil gleich neben den Handtüchern im Bad einzusortieren? Denn bevor du morgens duschen gehst, springst du fünf Minuten Springseil oder machst deine Faszien-Rollmassage. Oder verlege die gut zu erreichende Süßigkeitenschublade an einen Ort ganz weit nach oben, wo du erst auf einen Stuhl steigen musst, um an den Naschkram zu kommen (das ist übrigens noch mal doppelt praktisch, weil die Süßigkeiten so auch aus dem Blickfeld der Kinder geraten). Stattdessen könnte ab jetzt das Obst gut sichtbar in einer Schale auf dem Esszimmer- oder Küchentisch oder der Anrichte stehen. Und auch Fernsehschauen vor dem Schlafengehen zählt wohl eher zu den schlechten Angewohnheiten. Deshalb würde ich persönlich auch gern den Fernseher aus dem Schlafzimmer verbannen, darf ich aber nicht, mein Mann liebt ihn nämlich.

Nun gut, die Wohnung zu strukturieren ist eben Teamsache. Aber richtet euch euer Heim möglichst so ein, dass eure guten Gewohnheiten gestärkt werden und ihr eure schlechten Gewohnheiten erst gar nicht ausleben könnt.

 Deine Übung

Wenn du das nächste Mal eine ruhige Minute hast, überlege dir wenigstens einen Punkt, den du in deinem Zuhause umstrukturieren könntest, um deine Gewohnheiten zum Besseren zu wenden.

ORDNUNG HALTEN

Auf der eben beschriebenen Grundlage von Tiefenordnung kriegt ihr, und ich sage das jetzt bewusst provokant, jeden Haushalt hin. Wobei ich euch ab einer gewissen Größe dringend dazu rate, euch Hilfe zu holen. Dazu kommen wir gleich.

Es sollte uns jetzt darum gehen, unsere erschaffene Ordnung unbedingt beizubehalten. Lasst uns darum auf ihrer Grundlage eine **Putzroutine** finden, die euch nicht zu viel abverlangt, mit deren Hilfe ihr aber trotzdem immer alles ordentlich halten könnt. Dazu gehört zuallererst auch die Frage: Wer hilft im Haushalt alles mit?

Viele machen den Fehler, in eine größere Wohnung oder ein Haus zu ziehen und dabei den Punkt zu verpassen, sich Unterstützung im Haushalt zu organisieren. Wenn einem der dann über den Kopf wächst, fühlt man sich schnell als Versager. Ich würde immer vorschlagen, bei der höheren Miete für eine größere Wohnfläche das Honorar der entsprechenden Reinigungskraft oder Haushaltshilfe gleich reinzurechnen. Wenn ihr jetzt schluckt und sagt: »Wie soll ich mir das denn leisten?«, dann antworte ich euch: In den allermeisten Fällen ist einem mit einer wöchentlichen Unterstützung von drei bis fünf Stunden schon ganz viel geholfen. Das kann eine klassische Haushaltshilfe erledigen, aber ihr könnt es auch mal wagen, über den Tellerrand hinauszuschauen und das Thema »Haushaltshilfe« in allen Varianten in Erwägung zu ziehen. So habe ich in meiner ersten Ehe meinen Haushalt zum Beispiel gern gemeinsam mit einer Freundin gewuppt. Dadurch hat die Arbeit gleich viel mehr Spaß gemacht. Das kann auch die Mama, die Schwiegermama, die Schwester sein … Und auch über ein Au-pair kann man in dem Zusammenhang nachdenken, denn ein Au-pair hilft einem nicht nur mit den Kindern, sondern geht einem auch bei Kleinigkeiten im Haushalt zur Hand. Es scheint nur leider irgendwie ein deutsches Prinzip zu sein, dass man alles immer allein schaffen muss, das ist in anderen Nationen nicht so. Da wird ganz selbstverständlich gemeinsam geputzt und der Haushalt geschmissen.

Ich weiß seit vielen Jahren die Unterstützung einer Haushaltshilfe zu schätzen, weil mein aktueller Haushalt größer ist, als ich ihn allein bewältigen könnte. Wobei, stopp: In der Corona-Zeit war mehrere Monate keine Haushaltshilfe bei uns, denn zu Beginn der Pandemie durften ja gar keine »haushaltsfremden« Leute mehr in den eigenen vier Wänden sein. Da habe ich dann erfahren, dass ich mit meinem langjährigen und hier geschilderten Ordnungssystem sogar einen viel zu großen Haushalt sauber halten, nebenbei noch vier Kinder bekochen und beim Homeschooling unterstützen und dabei noch bei klarem Verstand bleiben kann. Und ihr müsst wissen, dass meine vier Kinder relativ lebhaft sind und Homeschooling in diesen unterschiedlichen

Jahrgängen relativ aufwendig ist. So könnte ich zwar nicht langfristig leben, denn es war tatsächlich sehr kräftezehrend, alles unter einen Hut zu bekommen, und ich muss auch gestehen, dass ich in dieser Zeit nicht dazu gekommen bin, regelmäßig Videos für YouTube zu drehen. Aber ich habe tatsächlich das ganze Thema »Haushalt und Kinder« geschafft und ich bin mir sicher, dass ich vieles meinem Ordnungssystem zu verdanken habe, ohne das ich verzweifelt wäre.

Das Beispiel zeigt übrigens auch noch mal recht deutlich, dass man seinen Beruf nicht voll ausüben kann, wenn der Fokus zu sehr auf dem Haushalt liegt beziehungsweise wenn man damit ganz allein ist. Na klar ist das eine Zeit lang und zur Überbrückung mal akzeptabel, weil eben Lockdown ist oder was auch immer. Aber die Regel sollte es zumindest für berufstätige und karriereorientierte Frauen nicht sein, denn schließlich geht es da zum einen um deine Zukunft und dein Glück, zum anderen aber auch um deine Work-Life-Balance. Du kannst nicht erledigt von der Arbeit nach Hause kommen, um dann noch den ganzen Haushalt allein wuppen zu müssen. Und was für mich nur den Ausfall einiger YouTube-Videos bedeutet hat, heißt bei der einen oder anderen von euch vielleicht einen Schritt weniger auf der Karriereleiter. Darum plädiere ich noch mal an euch: Wäre es nicht schön und auch wichtig, euch Hilfe zu holen? Und bitte habt deswegen kein schlechtes Gewissen. Um das Thema »schlechtes Gewissen« kümmern wir uns zu einem späteren Zeitpunkt in diesem Buch noch mal ausführlicher.

Unabhängig vom Thema »Haushaltshilfe« möchte ich allen, bei denen der Haushalt nicht sowieso schon zwischen mehreren (mindestens zwei) Personen aufgeteilt ist, einmal ans Herz legen, herauszufinden, inwiefern euer/eure Partner/-in und die Kinder einbezogen werden können.

Da ich selbst, wie ihr nun wisst, als Kind und Jugendliche im

Haushalt mitgeholfen habe, gehe ich damit eigentlich schon immer recht selbstverständlich um. Das heißt, ich lasse meine Kinder bei Kleinigkeiten im Haushalt mithelfen. Wenn ihr kleine Kinder habt, dann ist euch vielleicht schon mal aufgefallen, dass sie das in den ersten Lebensjahren von sich aus sowieso gern wollen, weil sie uns ja alles nachmachen, egal, was wir tun. Stört sie dann möglichst nicht und lasst sie einfach machen. Klar macht es uns am Anfang vielleicht sogar mehr Arbeit, wenn ein Zweijähriger den Tisch wischt, als wenn man es selbst schnell macht, aber ihr wisst auch: Er wird sich darüber so sehr freuen, und es macht ihn stolz. Und glaubt mir, im Laufe des Älterwerdens wird die Hilfe der Kinder dann sogar nützlich. Natürlich geht es nicht darum, ein Kind zu überfordern, und die Tätigkeiten sollten seinem Alter entsprechen und nicht unter Druck geschehen oder mit einem Perfektionsgedanken im Hinterkopf. Aber es hilft nicht nur punktuell, wenn Kinder mit anpacken, sondern es steigert auch deren Wertschätzung gegenüber der entsprechenden Tätigkeit und ihre Sensibilität für einen aufgeräumten Haushalt, was wiederum dazu führt, dass sie den Wohnraum aus eigenem Interesse heraus (zumindest einigermaßen) sauber und ordentlich halten und keiner mehr dem anderen etwas hinterhertragen muss. Kinder können beim Tischdecken und -abdecken helfen, beim Ein- und Ausräumen der Geschirrspülmaschine, beim Staubsaugen oder Wischen. Und dass die Kinder ihre Zimmer aufräumen, finde ich auch selbstverständlich.

Wenn ihr nun also klar habt, wer welche Tätigkeiten im Haushalt übernehmen und überhaupt mithelfen kann, empfehle ich, einen **Putzplan** zu erstellen, auf dem ihr vermerkt, wer wann was sauber macht. Auf dieser Basis erschafft ihr eine Putzroutine, die euch dabei helfen wird, eure so sorgsam geschaffene Ordnung auch zu halten. Da wird dann zum Beispiel montags immer das Schlafzimmer gesaugt und gewischt, dienstags die Küche, mitt-

wochs werden die Betten abgezogen und neu bezogen, donnerstags das Badezimmer geputzt und so weiter. Es gibt da ganz
unterschiedliche und sehr individuelle Putzpläne, wichtig ist nur,
dass sich alle Beteiligten auch wirklich daran halten.

Im Laufe meiner unterschiedlichen Wohnsituationen und auch
Familienkonstellationen hatte ich verschiedene Ansprüche, hatte
mal wenig Hilfe, mal viel. Dementsprechend habe ich auch ganz
unterschiedliche Putzroutinen entwickelt. Eine Putzroutine, die
mich gerade in der Corona-Zeit gerettet hat, beschreibe ich gleich
im Anschluss. Ganz wichtig ist mir aber, sie an dieser Stelle nur
als Beispiel zu nennen, denn jede Familie hat ihre ganz eigenen
Anforderungen.

EINE BEISPIELHAFTE PUTZROUTINE

Bevor ich irgendwas anderes mache, sammle ich einmal überall
im Haus die Wäsche ein und stelle schon mal eine Maschine an.
Dann ist die Zeit, in der ich putze, super genutzt, und im Anschluss kann ich gleich die Wäsche aufhängen.

Und dann arbeite ich mich von Zimmer zu Zimmer vor und
veranstalte kein Chaos an verschiedenen Ecken im Haus.

Ich räume in jedem Zimmer erst einmal auf, stelle alles dorthin, wo es hingehört, räume die Flächen und den Boden frei.

Dann sauge ich (alle zwei Tage wische ich auch einmal mit
Wasser durch).

Und dann wische ich mit einem Tuch und einer Glasreiniger-
Wasser-Mischung über alle freien Flächen. Wenn man das übri-
gens alle ein bis zwei Tage macht, entsteht gar kein wirklicher
Schmutz oder Staub, und es geht superschnell.

Generell geht es bei dieser Putzroutine aber auch gar nicht um

Perfektionismus, sondern darum, dass wir unsere Grundordnung beibehalten, es sauber und aufgeräumt aussieht und wir uns zu Hause einfach wohlfühlen und keiner Hausarbeit hinterherrennen müssen.

Wenn wir beim Putzen und Reinigen übrigens auf Tempo gehen, ist das ein bisschen wie Sport und bringt uns zum Schwitzen. Und auch wenn ich Hausarbeit eigentlich so gar nicht lustig finde, macht mir das dann sogar zumindest minimal Spaß.

Am Ende sammle ich im ganzen Haus noch den Müll ein und bringe ihn raus.

Deine Übungen

- Überlege dir, wer bei euch im Haushalt welche Arbeiten übernehmen kann.
- Wenn du zu viel allein bewältigen musst, ziehe einmal in Erwägung, ob du eine Haushaltshilfe zur Unterstützung nehmen könntest.
- Erstelle einen Putzplan.

KAPITEL 3

Wenn du beim Kochen
nicht tanzen kannst,
ist das Rezept zu kompliziert

Jeder, der mich kennt, weiß es, und wahrscheinlich wisst ihr es also auch: Ich hasse es, in der Küche zu stehen. Da ich aber niemand bin, der die Dinge verdrängt, lasst uns dieses Thema jetzt angehen und es von seiner Komplexität befreien.

Im letzten Kapitel haben wir schon euren Vorratsschrank ausgemistet, und jetzt setzen wir genau an dem Punkt wieder an, gehen ins Detail und machen daraus einen ordentlichen und **gut ausgestatteten Vorratsschrank**, der gerade in einem vollgepackten Alltag so wichtig ist.

Lasst uns mit einem Vergleich anfangen: Als ich Kind war, musste meine Mutter jeden Tag nach der Arbeit noch in den Supermarkt hetzen, um alles fürs Abendessen oder Frühstück am nächsten Tag zu besorgen. Wir lebten ja am Stadtrand von Berlin, hatten kein Auto, es gab damals noch keine Lieferdienste, und mein Vater kam noch später von der Arbeit nach Hause als meine Mutter. Ich habe das Thema also schon in meiner Kindheit als etwas erlebt, das mit Anstrengung verbunden ist, aber es gab ja leider keinen Plan B. Und so war es für meine Eltern übrigens auch nicht ohne Weiteres möglich, sich mal einen ordentlichen Vorrat anzulegen. Darum war der bei uns zu Hause auch eher dürftig bestückt, etwas zum Snacken für zwischendurch gab es für uns Kinder eigentlich nicht, wenn die Cornflakes alle waren, waren die Cornflakes eben alle. Umso toller fand ich immer den gut gefüllten Kühlschrank voller leckerer Sachen bei meiner Oma, und darüber hinaus habe ich ihr Lebensmittelvorratslager im Keller sehr bewundert, wo es eine Bandbreite an verschiedensten Leckereien in mehrfacher Ausführung gab. Immer wenn meine Schwester und ich in den Ferien da waren und unsere Oma etwas zum Kochen brauchte, wurden wir in den Keller geschickt und nahmen die entsprechenden Lebensmittel vorn aus dem Regal (das war wichtig, denn hinten standen die, die länger haltbar waren). Die wurden dann gleich auf die Einkaufsliste geschrieben, um sie nachzukaufen und wieder nach hinten in die Reihe zu stellen. An meiner Oma ist eine Logistikerin verloren gegangen, ich sage es euch. Man darf aber auch nicht vergessen, dass sie in den 1930er-Jahren geboren ist, ihre Kindheit daher im Zweiten Weltkrieg verbracht und Hunger und Lebensmittelknappheit kennengelernt hat. Eventuell hat sie deshalb so einen großen Wert auf ihren Vorratsschrank gelegt, obwohl sie ja mit meinem Opa allein gelebt hat, nachdem ihre Tochter (meine Mutter) ausgezogen war. Außerhalb der Ferienzeiten, in denen meine Schwester und ich da waren, gab es also gar niemanden außer den beiden zum Bekochen und Versorgen.

Wir können wohl davon ausgehen, dass wir wahrscheinlich nie wieder einen Versorgungsengpass erleben müssen (dreimal auf Holz geklopft). Und doch: Einen winzig kleinen Eindruck davon haben wir alle am Anfang der Corona-Zeit bekommen, als plötzlich die Nachricht herumspukte, die Lebensmittelläden könnten vielleicht geschlossen werden. Zwar ist das nie eingetreten und die Versorgung auch nicht wirklich eng geworden, aber während die Jüngeren ein wenig in Panik verfielen, sind gut strukturierte Omas wie die meine tiefenentspannt geblieben. Und soll ich euch was sagen: *Ich* bin in der Zeit auch entspannt geblieben. Um zu erklären, wie es dazu gekommen ist, muss ich etwas ausholen: Ohne darüber nachzudenken, hatte ich beim Älterwerden nämlich erst mal das System meines Elternhauses aus meiner Kindheit übernommen und habe jeden Tag sporadisch und gehetzt, auf jeden Fall eher ungern eingekauft. Meine Oma habe ich für ihre gründliche Vorratshaltung im Hinterkopf zwar nach wie vor bewundert, aber adaptiert hatte ich ihr Verhalten nicht. Und so unausgestattet und unvorbereitet hat es mich dann in meinem ersten Wochenbett ganz schön aus der Bahn geworfen, weil ich da ja erst mal nicht einkaufen gehen konnte. Spätestens nach meinem zweiten Wochenbett, das richtig gründlich in die Hose gegangen ist (wer sich dafür interessiert, kann mal nachblättern in meinem Buch »Du bist die beste Mama für dein Baby«, darin berichte ich davon), habe ich mich dann meinem Vorratsschrank gewidmet und mir das System meiner Oma zum Vorbild genommen: konservierte Lebensmittel ins Regal, frische Lebensmittel, die recht lange haltbar sind (Kartoffeln, Zwiebeln etc.) dunkel, kühl und trocken lagern und eine gut ausgestattete Tiefkühltruhe. Und dabei geht es nicht darum, Lebensmittel für die Ewigkeit zu bunkern, sondern darum, dass man seine Familie entspannt versorgen kann. Das kann ich übrigens seitdem eine Zeit lang zu jeder Tages- und Nachtzeit machen. Und das ist ein ungemein wichtiges Gefühl: Je besser wir uns und unsere Familie versorgt wissen, umso sicherer fühlen wir uns und umso entspannter können wir sein.

Und deshalb möchte ich euch einladen, euren eigenen Vorratsschrank mit ausreichend sinnvollen Reserven aufzufüllen, solltet ihr diesen noch nicht auf Vordermann gebracht haben.

Vielleicht gebe ich euch an dieser Stelle einfach mal ein Beispiel von meinem Vorratsschrank, der Inhalt ist aber natürlich, je nach Vorlieben, ganz individuell: verschiedene Sorten Nudeln, Reis (auch Milchreis), Haferflocken, Cornflakes, Zwieback, Knäckebrot, Pumpernickel, Salzstangen, Mehl, Zucker, Puderzucker, Salz, verschiedene Gewürze, Kartoffelbrei, Thunfisch in der Dose, Schmelzkäse, Oliven, saure Gurken, Sauerkraut, Rotkohl, Rote Bete, Bohnen, Erbsen und viel Mais im Glas, Kichererbsen, Tomatenmark, Tomatensoße (Dosentomaten), Sauce hollandaise, Ketchup, Senf, Mayonnaise, verschiedene Sorten Öl und Essig, Backpulver, Vanillezucker, Trockenhefe, haltbare Milch, Kokosmilch, Erdnüsse, Walnüsse, Mandeln, Cashewkerne, Kirschen im Glas, Pfirsiche in der Dose, Rosinen und Trockenfrüchte, Apfelmus, Nussmus, Puddingpulver, Marmelade, Honig, Kakaopulver. Auch Kartoffeln, Süßkartoffeln, Zwiebeln und Knoblauch sind eine ganze Weile haltbar, wenn man sie trocken und dunkel lagert.

Dazu gehört für mich auch noch **eine Tiefkühltruhe, die gut bestückt ist** mit Tiefkühlgemüse und -obst in verschiedensten Varianten. Tiefkühlgemüse und -obst enthält übrigens noch alle seine Vitamine, weil es direkt nach der Ernte eingefroren wird und so sehr gesund ist. Auch Fisch (bei uns am liebsten Lachs), Fischstäbchen, Gemüsestäbchen, Tiefkühlpizza, -pommes, aber auch Fertiggerichte wie Hühnerfrikassee oder Nasi Goreng gehören für mich in die Tiefkühltruhe – solche Gerichte können einem echt mal den Hintern retten.

Dieser Grundvorrat erlaubt es mir, tiefenentspannt zu sein in unvorhergesehenen Situationen wie bei einer Erkältung, wenn der Gang in den Supermarkt eben nicht möglich ist oder der Lieferservice mal nicht kommen kann. Ich kann euch versichern, dass das sogar in Berlin, wo es ein Überangebot an Lieferdiensten gibt, manchmal der Fall ist. Ich will gar nicht wissen, wie das auf dem Land ist. Zum Glück gerate ich dann aber, wie gesagt, nicht in Panik, denn ich kann in einer Viertelstunde für die gesamte Familie mindestens Spaghetti mit Tomatensoße kochen. Außerdem muss ich nicht immer *alles* einkaufen, sondern nur ein paar frische Sachen zu meinem vorhandenen Grundstock dazubesorgen. Darum kann ich mir meine Mini-Supermarkteinkäufe, die ich mittlerweile sogar schätze, gönnen, und sie überfordern mich weder logistisch noch kräftetechnisch.

Das Allerwichtigste, was mir mein Vorratsschrank erlaubt, ist und bleibt aber diese tiefe innere Entspanntheit, und darum geht es uns schließlich. Denn mir ist ja nicht wirklich wichtig, wie dein Vorratsschrank bestückt ist oder ob deine Wohnung sauber ist.

Mir geht es darum, dass du entspannt bist, und zwar ganz tief in dir drin. Und das alles hier sind Bausteine auf dem Weg dorthin. Sie tragen zu deiner Entspannung bei.

Nun haben wir also unsere Lebensmittelvorräte auf Vordermann gebracht. Jetzt eignen wir uns Gerichte an, die sich **leicht kochen und zubereiten** lassen. Dieser Teil ist nichts für Leute, die gern kochen, ich richte mich eher an Mütter wie mich, die sich freuen, wenn sie mit so wenig Aufwand wie möglich die höchstmögliche Zufriedenheit am Esstisch erreichen. Klar habe ich den Anspruch, dass es allen schmeckt und außerdem gesund ist. Es soll aber eben auch leicht herzustellen sein, noch dazu in großen Mengen (bei uns immerhin für sechs Personen), und aus Zutaten bestehen, die möglichst immer überall verfügbar sind. Darum bin ich eben so ein großer Fan von Tiefkühlgemüse, denn es hat all seine wertvollen Vitamine und ist wunderbar schnell zubereitet. Für Rezepte, bei denen ihr während der Zubereitung die Musik aufdrehen und tanzen könnt, schaut doch gern mal auf meinem YouTube-Kochkanal vorbei: *Laila kocht einfach*.

Zum leichten Kochen gehört auch eine entsprechende **Ausstattung**, denn wenn man erst mal lange suchen oder improvisieren muss, kostet das Zeit und Energie. Ich finde, Folgendes gehört in eine Küche: scharfe Messer (man merkt erst, was es einen vorher für Kraft gekostet hat, wenn man endlich mit scharfen Messern schneiden kann), Töpfe und Pfannen in verschiedenen Größen, ein Sieb, mindestens ein Backblech, ein Mixer, ein Pürierstab, ein Sparschäler. Teure Küchengeräte müssen nicht sein, ihre Anschaffung erfolgt auf freiwilliger Basis. Ich möchte an dieser Stelle nur einmal darauf hinweisen, dass die Anschaffung jedes Küchengeräts gut überlegt sein sollte, denn jedes nimmt Platz weg und kann uns mitunter stressen, wenn wir es dann gar nicht benutzen, es uns aber so viel Geld gekostet hat.

Wenn wir nun also gut ausgestattet sind mit Lebens- und Hilfsmitteln, ist mein nächster Tipp, sich auch beim Lebensmitteleinkauf und der Zubereitung zu **strukturieren**. Als Grundlage dafür solltet ihr euch zunächst darüber klar werden, welcher Typ ihr seid: Erstellt ihr lieber einen Wochenplan und es steht für jeden Tag fest, welches Gericht es gibt? Oder entscheidet ihr täglich neu, worauf ihr Lust habt? Daran hängt dann natürlich auch das Einkaufsverhalten: Wird das Auto einmal in der Woche, wahrscheinlich am Samstagmittag, mit dem Wocheneinkauf vollgeladen, oder kauft ihr für jeden Tag die benötigten Kleinigkeiten ein?

Ich persönlich bin nicht der Typ für den Großeinkauf, mir bereitet das eher Stress, darum überlege ich mir lieber spontan, worauf ich und meine Kinder Lust haben. Entsprechend kaufe ich dann ein. Mein beinahe täglicher Gang in den Supermarkt entspannt mich merkwürdigerweise, und das, obwohl ich der Typ Frau bin, der Kochen alles andere als Freude bereitet. Ihr seht: Jedem Tierchen sein Pläsierchen. Denn selbst wenn ich erst um 19 Uhr aus München lande (im Moment muss ich ja ein- bis zweimal die Woche in die HSE-Studios fliegen), gehe ich noch rasch einkaufen. Das ist für mich eine Art An- und Runterkommen, ich bin nur zwanzig Minuten später zu Hause und habe all meine frischen Lebensmittel parat. Diese Variante funktioniert allerdings wirklich nur mit einem gut ausgestatteten Vorratsschrank, weil man dann Entscheidungsmöglichkeiten hat und nicht so viel einkaufen muss. Übrigens, die meisten Lebensmittel des Vorratsschranks sind ja haltbar und schwer. Die lasse ich mir in regelmäßigen Abständen von einem Lebensmittelbringservice liefern (wie Mehl, Zucker, Dosen in allen Varianten).

Findet auch ihr heraus, welche **Unterstützung** ihr in Sachen »Lebensmitteleinkauf« haben könnt. Kann euer/eure Partner/-in nach der Arbeit noch etwas mitbringen? Oder jemand anderes aus der weiteren Familie? Mein Papa liebt es zum Beispiel, mich mit Lebensmitteln zu versorgen. Wenn man so etwas weiß, ist das Gold wert. Und hey, wenn es schon Getränke- und Lebensmittellieferanten gibt, warum diese praktische und lebenserleichternde Möglichkeit nicht nutzen?!

Dann ist noch wichtig, was für ein **Kochtyp** ihr seid beziehungsweise was eure Tagesplanung zulässt. Manche kochen ganz entspannt mitten im Kindergewusel, andere legen sich die Zubereitung eines Ofengerichts vielleicht lieber auf den Vormittag, wenn die Kinder aus dem Haus sind und die Tagesplanung es zulässt. Das kommt dann später nur noch mal schnell in den Ofen und fertig. Es gibt auch die, die eine große Menge von etwas kochen und eine Hälfte einfrieren, sodass sie immer etwas in petto haben und nicht jeden Tag kochen müssen. Ich mache es mal so, mal so. Und wenn ich weder Zeit noch Lust noch Sinn fürs Kochen habe, dann bestelle ich auch sehr gern mal Pizza/Asiatisch/etwas anderes beim Bringdienst.

Übrigens, was ich ganz oft tue, während ich allein zu Hause bin und bevor ich die Kinder von der Schule abhole: Ich decke schon mal den Tisch für das Abendessen. Ich empfinde das irgendwie immer als total erleichternd, vielleicht ist das ja auch ein schöner Tipp für die eine oder andere von euch.

 Deine Übungen

⁊ Bring deinen Vorratsschrank auf Vordermann.
⁊ Ergänze deine Küchenutensilien.
⁊ Finde das optimale Lebensmittelbeschaffungssystem für dich.
⁊ Stelle dir eine Liste an einfachen Blitzrezepten zusammen, die zu dir und deiner Familie passen. Du kannst dir dafür Inspiration von meinem Kochkanal holen (*Laila kocht einfach*).

Was auf jeden Fall auch in dieses Kapitel gehört und einen gesonderten Platz verdient, ist das Thema »**Kochen für Kinder**«, finde ich. Wir haben ja bereits ausführlich über Ernährung gesprochen. Da entsteht aber noch mal ein ganz anderer Druck, wenn es um unsere Kinder geht. Denn wir wollen schließlich alle, dass sie sich gesund ernähren. Und dafür sind nun mal wir zuständig.

Einer der wichtigsten Punkte dabei ist mal wieder das **Vorleben.** Wenn wir selbst uns gesund, abwechslungsreich und hochwertig ernähren, haben wir die entsprechenden Lebensmittel im Haus und essen sie auch. Unsere Kinder machen uns das nach.

Ebenso wichtig ist das **gemeinsame Essen,** denn das vermittelt Geborgenheit und Familiensinn.

Und dann ist natürlich wichtig, dass Gesundes auf den Tisch kommt. Ich vertrete, wie ihr ja schon wisst, die Meinung, dass **gesundes Kochen** weder kompliziert noch teuer sein muss. Wenn ihr Inspiration braucht, wie gesagt, schaut mal bei meinem Kochkanal rein, denn um hier Rezepte aufzuführen, fehlt uns leider der Platz. Selbstverständlich darf es auch mal eine Tiefkühlpizza sein oder Würstchen mit Kartoffelsalat. Natürlich lieben solche Ausnahmen vor allem die Kinder. Sobald es bei uns Gerichte gibt ohne nennenswerten Gemüseanteil, sorge ich aber für den gesunden Ausgleich mit Möhren-, Gurken- und Paprikasticks oder einem kleinen Salat für jeden.

Und ja, **Kinder und Gemüse,** das ist so eine Sache … Manche Kinder essen von sich aus gern und viel Gemüse, manche weniger, einige sind bei jedem Gemüse ganz mäkelig und lehnen eigentlich alles ab. So essen zwei meiner Kinder zum Beispiel nicht jedes Gemüse, die zwei anderen fast alles. Aber auf jeden Fall kenne ich es, wenn ein Kind eine absolute Abneigung gegen ein bestimmtes Gemüse hat, und ich habe mir angewöhnt, diese **Ablehnung zu akzeptieren.** Trotzdem frage ich immer mal wieder nach, ob sie ihr ungeliebtes Gemüse nicht doch einmal probieren wollen. Aber ich setze mich da nicht unter Druck und auch meine Kinder nicht, denn es gibt dafür andere Gemüsesorten, die sie gern essen. Ich nehme auch nicht extrem Rücksicht darauf, versuche aber natürlich, häufig das Gemüse beim Kochen zu verwenden, das alle von uns mögen, oder eben Alternativen anzubieten.

Wenn du jetzt ein Kind zu Hause hast, das sich mit vielen Gemüsesorten schwertut, dann kannst du versuchen, auf die **Konsistenz** zu achten – einige Kinder mögen sehr gern püriertes oder weich gekochtes Gemüse, andere essen es lieber als knackige Rohkost. Dann gibt es noch gedämpft, gebraten … Es lohnt sich hier, ein bisschen herumzuprobieren. Gekochte Paprika ist für manche Kinder beispielsweise einfach zu wabbelig, während sie als Rohkost frisch und knackig daherkommt, die Möhre hingegen entfaltet ihre Süße erst beim Kochen und ist in Rohkostform für einige geschmacklich weniger ansprechend.

Dann kannst du auch versuchen, **Gemüse in Gerichte hineinzumogeln.** Das mache ich auch sehr gern, zum Beispiel in meine so beliebten Buletten mit Hälfte Hackfleisch, Hälfte Möhren. Den Kuchenteig rühre ich aus einer Hälfte Mehl und Co. und der anderen Hälfte geriebenem Apfel, und mein Waffelteig besteht aus einer Hälfte Mehl und der anderen Hälfte Bananen. Na ja, und einen Trick kennen wir alle: Wie viel Gemüse bekommst du heimlich in eine Nudelsoße reinpüriert?

Wenn meine Kinder zwischendurch hungrig sind, stelle ich ihnen **gesunde Snacks** bereit, Cherrytomaten, Gemüsesticks, Nüsse, Obst. Nur nicht zu kurz vorm Essen, dann haben sie natürlich später keinen Hunger mehr.

Was übrigens ganz gut funktioniert, habe ich festgestellt, ist, wenn man seine Kinder auch **beim Kochen mithelfen** lässt. Das wollen sie sowieso gern, wie wir schon wissen. Das Schöne ist, dass die Kinder dann Freude am Zubereiten des Essens haben, zudem noch wissen, welche Mühe dahintersteckt, und stolz darauf sind, mitgeholfen zu haben. Es schmeckt ihnen dann ganz besonders gut, und sie sind auch eher bereit, etwas zu probieren.

Zu guter Letzt möchte ich euch noch um etwas bitten, und zwar von ganzem Herzen: **Kritisiert eure Kinder nicht,** vor allem nicht vor anderen, und damit meine ich Sätze wie: »*Nie* isst mein Kind Gemüse« oder »*Immer* willst du nur naschen«. Denn wir wissen schon: Sätze, die wir immer wieder hören, brennen sich ins Unterbewusstsein ein, sie entmutigen uns, und wir werden mit ihnen groß, sie prägen uns und werden letztendlich zur Realität. Und übrigens: Kein Kind isst *nie* Gemüse, selbst auf Pizza ist Gemüse und in Tomatensoße sowieso.

KAPITEL 4

Das liebe Geld ...

Lasst uns nun über Geld sprechen, denn um leicht und entspannt durchs Leben zu gehen, braucht es einen sorgenfreien Umgang damit. Wenn du bereits ein sorgenfreies und gut situiertes Leben führst, brauchst du zumindest den Anfang dieses Kapitels nicht zu lesen, denn dann hast du deine Finanzen wahrscheinlich im Griff und ein gutes Verhältnis zu ihnen. Ich richte mich hier vielmehr an diejenigen unter euch, deren Gedanken sich permanent bewusst oder unbewusst ums Geld drehen, weil es nicht gerade üppig vorhanden ist oder aber sie gar keinen richtigen Überblick (mehr) über ihre Einnahmen und Ausgaben haben, was sie unterschwellig verrückt macht. Und die eine oder andere von euch macht womöglich gerade finanziell sogar eine richtig harte Zeit durch oder steckt mitten in einem Neuanfang, ist noch in der Berufsausbildung oder im Studium ...

Lasst mich euch dazu sagen, dass ich das Thema »Geldsorgen« nur allzu gut aus eigener Erfahrung kenne, einmal aus meiner Kindheit und dann auch aus meiner Zeit als Alleinerziehende. Fangen wir mit einem Rückblick in meine Kindheit an: Als mein Papa nach Deutschland kam und meine Mutter gemeinsam mit ihm in Berlin neu und ganz von unten angefangen hat, waren beide sehr jung und noch in der Ausbildung. Zumindest in den ersten Jahren meiner Kindheit mussten wir darum mit extrem wenig Geld auskommen. Wie schon erwähnt, bin ich in einem sozialen Brennpunkt Berlins groß geworden, da hatten alle wenig – aber wir hatten noch mal ein bisschen weniger als die anderen. Und dennoch war das für mich als Kind gar nicht so ausschlaggebend. Mir ist zwar aufgefallen, dass ich meine Stifte immer ganz bis zum Ende benutzt habe und meine Federtasche nicht immer ganz vollständig war, beziehungsweise habe ich die Glitzer-Radiergummis und -Anspitzer meiner Klassenkameradinnen mitunter sehr bewundert, und selbstverständlich habe ich gemerkt, dass ich keinen Klavierunterricht nehmen konnte, den ich mir so sehr gewünscht habe, und auch Reiten gehen durfte ich nicht. Allerdings habe ich das nie im Zusammenhang damit gesehen, dass wir kein Geld hatten. Es war einfach so. Ganz häufig habe ich von meinen Eltern den Satz gehört: »Das brauchen wir nicht.« Sie haben nie gesagt: »Das können wir uns nicht leisten.« So habe ich meine Mutter als jemanden erlebt, der Bewegung an der frischen Luft schätzt und deswegen morgens eine Stunde zur Arbeit läuft, und nicht als eine Frau, die das Geld des Monatstickets für die öffentlichen Verkehrsmittel einspart. Ich wurde also von meinen Eltern nicht damit konfrontiert, dass wir kein Geld hatten. Aber ich habe in meinem Umkreis Kinder erlebt, die in die Geldsorgen ihrer Eltern einbezogen wurden und extrem darunter gelitten haben – und das, obwohl die Familie sichtbar mehr Geld hatte als wir und zum Beispiel ein Auto besaß. Erst im Nachhinein ist mir bewusst geworden, dass wir viele Jahre lang tatsächlich unter dem Existenzminimum gelebt haben.

Da ich hier mit Frauen spreche, die mit großer Wahrscheinlichkeit auch Mütter sind, lasst mich euch diesen, wie ich finde, wirklich wichtigen Tipp mit auf den Weg geben: **Übertragt eure Geldsorgen (das gilt für alle »erwachsenen« Sorgen) nicht auf eure Kinder,** bezieht sie nicht mit ein in eure Grübeleien und Ängste, denn sie sind nicht unsere Gesprächspartner auf Augenhöhe, sondern unsere Schutzbefohlenen. Und es ist für Kinder unerträglich, die Sorgen der Eltern teilen zu müssen. Solange ihr euren Druck nicht auf sie übertragt, wird es sie viel weniger belasten, als ihr glaubt, dass ihr nicht so viel Geld habt wie vielleicht andere. Natürlich maulen Kinder, wenn sie etwas haben wollen. Auch ich habe meine Eltern häufig zugenölt, gerade wenn es um das Thema Klavier- oder Reitunterricht ging. Aber meine Eltern haben nie die Geduld verloren, ich habe nie den Satz gehört: »Jetzt reiß dich aber mal zusammen, wir können uns das einfach nicht leisten!« Sie sind bei ihrer Grundeinstellung geblieben, dass ich das nicht brauche, dass ich meine eigene Fantasie habe und rausgehen und spielen kann oder dass ich länger in der Schule bleiben kann, um dort am Klavier zu üben. Ich habe sogar versucht, mir mit einem aus der Bücherei geliehenen Buch selbst Klavierspielen beizubringen. Das hat leider nicht geklappt, aber ich habe dadurch durchaus gelernt, kreativ zu werden und meinen eigenen Weg zu finden. Ich habe schon erzählt, dass wir am Stadtrand gewohnt haben, und da gab es einen Bauernhof mit Pferdekoppel. Ab und zu habe ich mich auf diese Koppel geschlichen und versucht, mich an die Pferde heranzupirschen, um auf ihnen zu reiten. Aber kein Pferd ist je stehen geblieben. Dafür hatten die Kühe auf der angrenzenden Weide die Ruhe weg und ließen mich aufsitzen. Fast so elegant wie auf einem Pferd ... Ich klopfe nachträglich auf Holz, dass mir damals nichts passiert ist, denn eine Kuh zu reiten ist ja nicht ganz ohne – und auch nicht ganz erlaubt, nehme ich an. Jedenfalls ist dieses Schöpfen aus der eigenen Kreativität ein Geschenk, von dem ich noch heute profitiere. So würde ich mich als pragmatischen und unkonventionellen Menschen bezeichnen, der oft über den eigenen Tellerrand schaut und mit spielerischer Kreativität durch seinen Alltag geht. Und diese Art, durchs Leben zu gehen, kann man seinen Kindern eben mit auf den Weg geben.

Dank dieser Grundeinstellung meiner Eltern wurde ich zu meinen Gunsten gefördert und hatte zumindest beim Thema »Geld« eine sorgenfreie Kindheit – Mama, Papa, ich danke euch von Herzen dafür!

Gründe für Geldsorgen kann es natürlich ganz unterschiedliche geben. Aber die allermeisten von euch sind sicherlich in einem Alter, in dem man noch vieles ändern kann im Leben. Deswegen möchte ich an dieser Stelle einmal das Thema »Bildung« beziehungsweise »Ausbildung« ansprechen. Um wieder in meine Kindheit zu gehen: Mein Vater war ja damals neu in Deutschland, er hat also in meiner Kindheit erst Deutsch gelernt, dann eine Ausbildung zum Schlosser gemacht und sich hochgearbeitet. Gegen Ende meiner Kindheit hat er dann sogar den Meister gemacht und seine eigene Schlosserei eröffnet, in der er seitdem Angestellte beschäftigt und so auf seine Weise ein Vorbild für junge Schlosser ist. Ich habe meinem Vater sozusagen dabei zugesehen und gelernt, was es bedeutet, von ganz unten und ganz fremd irgendwo anzufangen, unterm Existenzminimum zu leben und es da herauszuschaffen. Und ich muss sagen, ich bin wahnsinnig stolz auf meine Eltern. Das haben sie noch dazu in Zeiten geschafft, als es noch nicht mal Hartz IV gab, aber das nur am Rande.

Wenn du in einer ähnlichen Situation bist, also irgendwie neu anfangen musst oder möchtest oder einen Abschluss an irgendeiner Stelle abgebrochen hast und damit unzufrieden bist, möchte ich dir ans Herz legen: Versuche in **deine Bildung und Ausbildung zu investieren,** auch wenn das nicht immer der leichte Weg ist. Es gibt verschiedene Anlaufstellen, man kann sich gut beim Arbeitsamt beraten lassen, wo man sich weiterbilden, wie man das finanzieren kann und auch, was sich vielleicht mit Baby oder Kind vereinen lässt. Da gibt es einiges zu entdecken. Außerdem gibt dieser erste Schritt einem schon mal das Gefühl, in einer aktiven Position zu sein, handeln zu können, anstatt passiv alles auf sich zukommen lassen zu müssen und machtlos zu sein, was die eigene »Karriere« anbelangt. Auch wenn deine finanzielle Situation gerade nicht so ist, dass du ein Leben lang damit zurechtkommen kannst oder möchtest, ist es heilsam und motivierend, sich anzuschauen: Was kann *ich* machen, um meine Situation in Zukunft zu verändern?

Auch ich habe mich damals, als ich alleinerziehend war, beim Arbeitsamt schlaugemacht, denn ich hatte meine Schauspielausbildung vor Ende abgebrochen. Ich habe dann noch mal eine Weiterbildung gemacht und Schauspielcoaching genommen, außerdem habe ich auch Kurse an der Volkshochschule besucht. Es lohnt sich, sich bei Interesse oder Bedarf einmal in einer Volkshochschule in der Gegend umzusehen, da gibt es alle möglichen Kurse, und die Kosten sind wirklich überschaubar.

Und wenn du auf der Suche nach einem Job bist, strahle das Selbstbewusstsein aus: Du bist Mutter. Dadurch hast du gelernt, dich zu organisieren und zu strukturieren. Du bist jemand, der Verantwortung übernehmen kann, der multitaskingfähig ist. All das können Mütter. Kehre diese Vorteile in deinem nächsten Bewerbungsgespräch heraus. Und bitte verhandele dein Gehalt nicht niedrig, sondern so, dass du davon leben kannst. Stehe dazu und versuche, voller Enthusiasmus zu sein.

Und darüber hinaus habe ich ein Haushaltsbuch geführt und gespart. Fangen wir mit dem **Haushaltsbuch** an: Bis dahin hatte ich keinen Schimmer, was ich wirklich tagtäglich ausgab (obwohl ich dachte, ich wüsste es). Auf einmal aber lernte ich die (Geld-)Sorge von der anderen Seite kennen: als Mutter. Wenn man erst mal Kinder hat, macht man sich nun mal Sorgen darum, wie sie groß werden und ob man sie gut versorgen kann. Als Alleinerziehende noch mal mehr, denn da lastet ja alles allein auf deinen Schultern. Darum müssen auch viele alleinerziehende Mütter besonders aufs Geld achten. Das war auch bei mir so. Die oberste Regel dabei ist: **Deine Ausgaben dürfen nicht höher sein als deine Einnahmen.** Dazu empfehle ich jeder von euch, die sich jetzt angesprochen fühlt, ganz unbedingt das Führen eines Haushaltsbuches. Und zwar jeden Tag. Wenn man alles aufschreibt, was man täglich, wöchentlich und monatlich ausgibt, staunt man nicht schlecht, was da alles zusammenkommt. Und es lassen sich auch Ausgaben aufdecken, die gar nicht nötig sind. Außerdem befreit es irgendwie, weil man einen klaren Überblick über seine

Finanzen hat – und was man auf den ersten Blick erkennt, kann man auch anpacken, das ist ein bisschen so wie beim Entrümpeln des Haushalts. Das kann dann einen Wechsel des Stromanbieters zur Folge haben, die Neuverhandlung des Handyvertrags, die Kündigung der Fitnessstudiomitgliedschaft, die man sowieso kaum nutzt, die Kündigung von unnötigen Apps (Spotify gibt's auch gratis mit Werbung) oder Abonnements, und muss es immer die spontan gekaufte Schokolade im Kiosk sein? Im Supermarkt gibt's die viel günstiger … Bei mir war das damals zum Beispiel der Tea-to-go. Den habe ich mir noch jeden Tag völlig überteuert bei einem Coffeeshop gegönnt. Was habe ich also gemacht, als ich die Kosten im Haushaltsbuch schwarz auf weiß vor Augen hatte? Mir im Supermarkt zwanzig Teebeutel für zwei Euro gekauft und mir jeden Tag eine Thermoskanne mit Tee mit um den Block genommen.

Eventuell fallen dir einige Geld-aus-der-Tasche-zieh-Posten spontan nicht ein, weil du sie nicht überblickst. Darum rate ich dir: Schnapp dir deinen Kontoauszug der letzten drei Monate und studiere ihn eingehend. Dabei wirst du vielleicht die eine oder andere Abbuchung im eher kleinen Rahmen (bei den großen wissen wir meist, worum es sich handelt) finden, die dir Rätsel aufgibt. Hinterfrage diese Abbuchungen und erkenne darin womöglich die kleinen monatlichen Verpflichtungen, die wir vielleicht einfach vergessen haben zu kündigen, die aber gar nicht notwendig sind.

Und noch ein ganz wichtiger Tipp: Stell dir grundsätzlich vor, du hättest keinen Dispo. Versuche, niemals in den Dispo zu kommen, denn sonst kann man in einen Teufelskreis geraten: Man hat sowieso schon wenig Geld und muss das von der Bank geliehene dann noch mit hohen Zinsen zurückzahlen. So hat man im Folgemonat noch weniger Geld auf dem Konto. Da kann die Schuldenfalle schon mal recht schnell zuschnappen.

Weiter geht's mit dem **Sparen.** Gerade für die, die vielleicht wenig Geld haben, klingt das jetzt möglicherweise erst mal wie ein Widerspruch: Man hat wenig Geld und soll nun noch sparen. Aber gerade dann ist es wirklich wichtig, einen Puffer zu haben. Wir reden hier nicht über die Summe, die gespart wird, sondern über den Fakt, *dass* gespart wird. Und das bedeutet auch nicht, dass du, wenn du dich jetzt angesprochen fühlst, jeden Monat einen großen Betrag beiseitelegen musst, es können auch kleine Summen sein. Denn auch die summieren sich im Laufe der Zeit. Also, wann immer du auf eine Kleinigkeit verzichtest, und sei sie noch so winzig, packe das Geld in ein Sparschwein. Vergrößere diesen Puffer jeden Monat, dann bist du auch für den Notfall gewappnet.

Ich habe als Alleinerziehende übrigens einen ungeheuren Ehrgeiz entwickelt, einen Puffer anzusparen, und so habe ich mir über mehrere Monate nichts gekauft und nichts gegönnt, wirklich *gar nichts* – keine Cola Light, kein belegtes Sandwich beim Bäcker, nicht mal Kaugummis, im Sommer habe ich das Fahrrad genommen oder bin zu Fuß gegangen, anstatt eine Busfahrkarte zu lösen … Auch wenn es manchmal nur um ganz kleine Beträge ging, habe ich das gesparte Geld zur Seite gelegt. Zumindest so lange, bis ich einen kleinen Puffer angespart hatte und dann auch wieder etwas lockerer sein konnte. Weil ich so groß geworden war und es aus meiner Kindheit kannte, fiel mir das auch gar nicht so schwer, teilweise hat es mir sogar richtig Spaß gemacht, zu sehen, wie sich die Euros Tag für Tag, Woche für Woche summierten. Als ich dann meinen Mann kennenlernte, hatte ich mir gerade ein richtig schönes Polster angespart und war stolz darauf. Darum war ich auch wahnsinnig selbstbewusst zu dieser Zeit und muss eine unglaubliche Unabhängigkeit ausgestrahlt haben. Dabei waren das dann doch ganz andere Dimensionen als die, in die ich reinheiraten sollte. Aber das zeigt so schön: Du hast als Mensch ein anderes Selbstbewusstsein, wenn du stabil aufgestellt bist und eine gesunde Haltung zu Geld hast. Das macht es dir erst möglich, aus deiner Kraft heraus unabhängig zu wirken und es auch zu sein.

✻ Deine Übungen

- ✻ Gehe deinen Kontoauszug nach unnötigen Ausgaben durch, decke Abofallen auf und kündige sie.
- ✻ Fange in dieser Sekunde an, ein Haushaltsbuch zu führen: Schreibe dir einen Monat lang genau auf, was du ausgibst (ja, auch online und bar bezahlte Dinge, alles!).
- ✻ Schau dir an, was du davon in Zukunft einsparen kannst.
- ✻ Überlege, wo du in deiner Ausbildung (egal ob Schule, Beruf, Studium) stehst. Und wenn du noch nicht da angekommen bist, wo du gern hinwillst, denke darüber nach, welchen nächsten Abschluss du machen möchtest.

Wenn wir nun etwas Geld gespart haben oder aber ohnehin Geld haben, ist die Frage, was wir damit anstellen können. Denn es heißt ja immer, auf einem einfachen Sparkonto vermehrt es sich nicht, Geld sollte aber »arbeiten«. Wenn du finanziell gut aufgestellt bist, kennst du dich mit **Geldanlagen** sicherlich bereits gut aus. Wenn Sparen für dich Neuland ist, möchte ich dir sehr ans Herz legen, dich professionell bei einer Bank deines Vertrauens beraten zu lassen, gern auch bei zwei oder drei verschiedenen. Wie findet ihr die Idee, euch beraten zu lassen, euch aber beim ersten Gespräch noch nicht zu entscheiden? Stattdessen lest ihr euch anschließend noch mal genau ein und geht dann gut informiert und mit den für euch noch offenen Fragen ins zweite Beratungsgespräch, um zu einer guten, überlegten und zu euch und eurem Leben passenden Entscheidung zu gelangen.

Übrigens ist es auch schön, sich bewusst zu machen, welcher Typ man ist: eher der vorsichtige, der auf Nummer sicher gehen

möchte, lieber hat, was er hat, und dafür weniger Rendite bekommt, oder aber der risikofreudige, der dafür, wenn alles gut
läuft, auf eine (zum Teil viel) höhere Rendite hoffen kann. Es gibt
da die unterschiedlichsten Möglichkeiten der Geldanlage, und
diese ändern sich auch immer wieder. Darum ist es gut, sich von
Zeit zu Zeit beraten zu lassen, um auf dem neuesten Stand zu sein.

Die sicherste Form der Geldanlage sind meiner Meinung nach
übrigens unsere Kinder. Denn wir wissen nicht, welches Renten-
system uns in fünfzig Jahren erwartet, wir wissen nicht, in welche
Zeiten wir in Zukunft hineingeraten. Wovon wir aber ausgehen
können, ist, dass unsere Kinder im Alter für uns da sein werden,
wenn wir sie heute so begleiten und groß werden lassen, dass sie
mit guter Bildung ausgestattet sind und eine harmonische Bindung zu uns und zueinander herstellen können. Das ist meiner
Meinung nach der sicherste Weg für unsere Zukunft. Und genau
darum gehört für mich auch dieser Gedanke hierher.

Ein weiteres Thema, das ich in diesem Kapitel mit euch besprechen möchte, ist, **Geld zu spenden.** Denn mit Geld lässt sich
viel Gutes tun, und wenn man Gutes tut, bekommt man auch
Gutes an dieser oder an anderer Stelle zurück. Das ist Karma.
Passend dazu haben wir zu Beginn des Kapitels über die Haltung
zum Thema »Geld« gesprochen. Es ist nicht ganz uninteressant
zu erkennen, dass das Spenden, egal, ob es um einen kleinen oder
einen großen Betrag geht, mental von dem Gefühl, abhängig zu
sein, befreit, das ersetzt wird durch das Gefühl, durchaus macht-
voll und wohlhabend zu sein. Somit gibt Geld spenden einem
nicht nur die Möglichkeit, aktiv etwas Kleines und Gutes in der
Welt zu verändern, sondern eben auch, bei Geldangelegenheiten
in die selbstbestimmte, eigene Kraft zu gelangen. Womit wir ja
eigentlich wieder beim Stichpunkt »Affirmation« sind. Ich habe
bereits in jungen Jahren angefangen zu spenden mit damals zehn
Euro im Monat für die »Aktion Mensch«, da hatte man dann
sogar selbst noch eine Gewinnchance. Heute unterstütze ich ver-

schiedene Organisationen in meinem Umfeld. Vielleicht habt ja auch ihr Freude daran, euch eine oder mehrere Organisationen zu suchen, die ihr unterstützen wollt. Zum einen, um anderen zu helfen, zum anderen aber auch, um sich selbstbewusst und selbstwirksam zu empfinden und mit einem Gefühl der Stärke durchs Leben gehen zu können.

Ich möchte nun, dass du dir mindestens einen Tag Zeit nimmst, alles sacken zu lassen, was wir bis hierhin behandelt haben. Wir sind deine Bewegung und deine Ernährung angegangen, haben deine Wohnung auf Vordermann gebracht, angefangen, dein Leben zu strukturieren sowie deine Finanzen genau unter die Lupe zu nehmen.

Lies dir den Vertrag ganz vom Anfang des Buches noch mal durch, den du mit dir selbst geschlossen hast: Schläfst du genug, achtest du auf dich? Denn das gilt nach wie vor: dein Versprechen an dich selbst.

Frage dich auch einmal: Ist deine Morgenroutine da angekommen, wo sie dir nützlich ist, dir guttut? Bemerkst du dadurch eine Veränderung, ermöglicht dir dieser positive Start in den Tag einen schöneren, entspannteren Alltag?

Hast du einen Morgengruß für dich entdeckt? Hast du ihn schon auf dein Handy gesprochen oder denkst du jeden Morgen daran?

Wie läuft es mit deiner Dankbarkeitsliste? Füllt sie sich, macht sie dich glücklich? Und ist es schön, mit anzusehen, wie sich die Dinge, auf die du stolz sein kannst, mehren?

Vielleicht ist das auch eine kleine Erinnerung daran, dich ab und zu bei deinem Essen zu bedanken.

Blättere gern noch einmal durch die letzten Kapitel, schaue dir die Übungen an — wo stehst du in deiner Wohnung beim Aufräumen und Entrümpeln, sind vielleicht schon die ersten Kisten mit schlafendem Mond auf dem Dachboden?

Ich weiß, wenn man die Dinge nicht nacheinander angeht, sondern geballt auf einmal, und sich nicht genügend Zeit dafür lässt, dann kann es einem unglaublich viel vorkommen, und man neigt dazu, zu schnell wieder aufzugeben. Du hast dir dieses Buch aber nicht gekauft, um aufzugeben. Wenn du hinterherhängst, mache lieber den einen oder anderen Tag Pause und hole die Dinge dann entspannt mit deiner Lieblingsmusik auf den Ohren nach. Auf dass wir deinen Alltag strukturieren und ihn so zum schönsten Alltag machen, den du dir vorstellen kannst. All die Tipps und Übungen in diesem Buch nur zu lesen reicht nicht. Ihr wisst ja, was meine Oma jetzt sagen würde: Es zu wissen und nicht zu tun, ist, wie es nicht zu wissen.

TEIL 3

Mit Kindern
leicht durch den Alltag

Dieses Buch ist kein Erziehungsratgeber, und es liegt mir auch fern, euch zu erzählen, wie ihr eure Kinder zu erziehen habt. Das macht ihr für eure Kleinen und Großen besser, als ich es je vorschlagen könnte, denn ihr seid die besten Mamas für eure Kinder. Aber nichtsdestotrotz möchte ich euch ein paar Tipps im Umgang mit euren Kindern mit auf den Weg geben, die euch im Alltag unterstützen können. Denn der Alltag mit Kindern lässt sich an vielen Stellen vereinfachen. Wir wollen es uns also auch an diesem Punkt leicht machen, und »leicht« bedeutet in diesem Fall auch »wirklich schön«. In meinem zweiten Buch »Du bist die beste Mama für dein Baby« zeige ich einen Weg auf, der es dir möglich macht, im Einklang mit den Bedürfnissen deines Babys und deinen eigenen Bedürfnissen zu leben. Und wenn du ein kleines Baby zu Hause hast, würde ich dir empfehlen, da mal reinzuschauen. In dem Buch erkläre ich zum Beispiel, dass kleine Kinder automatisch zu selbstständigen größeren Kindern werden, wenn sie geborgen aufwachsen dürfen und so genug Urvertrauen mit auf den Weg bekommen. Denn das stärkt auch ihr Selbstvertrauen enorm und lässt sie mutig auf Neues zugehen. Kinder, die so aufwachsen, haben von sich aus den Drang, Verantwortung zu übernehmen, wenn sie in ihrer Entwicklung so weit sind, und das entlastet wiederum uns Eltern. Mit älteren Kindern kann man diesen angefangenen Weg weiterverfolgen.

KAPITEL 1

Erziehung bedeutet, den Kindern Wurzeln und gleichzeitig Flügel zu geben

Es ist ja ein sehr persönliches Thema, wie man seine Kinder erzieht. Und das ist auch gut so. Nun bin ich weder Kinderpsychologin noch Pädagogin, aber Mama von vier Kindern, und das seit sechzehn Jahren, wie ihr wisst. Weil mich darüber hinaus sehr viele Frauen, nicht zuletzt in der Community, um Rat fragen, möchte ich hier einige grundlegende Einsichten in meinen Erziehungsansatz geben, der vielfach erprobt und angewendet wurde – vielleicht ist die eine oder andere Inspiration für euch dabei.

Ganz wichtig ist mir, gleich zu Anfang zu betonen: Kinder sind soziale Wesen, sie gliedern sich gern in einen harmonischen Familienalltag ein und übernehmen (anfangs mithilfe von Nachahmung) schon recht früh mit Freuden automatisch Verantwortung und damit gewisse Aufgaben. Darüber sprachen wir ja bereits im Kapitel »Ordnung halten«.

Lasst uns, damit wir einen gemeinsamen Nenner haben, vielleicht einmal über den **Begriff** »**Erziehung**« sprechen. Das ist für einige ja doch ein recht negativ behafteter. Für mich bedeutet es aber lediglich das Einflussnehmen auf unsere Kinder beziehungsweise den Umgang mit ihnen. Erziehen ist auch keine Sackgasse: Eltern erziehen nicht einseitig ihre Kinder, sondern es ist ein wechselseitiger Prozess, ein Miteinanderumgehen.

Erziehung ist auch nie das Ziel, sondern sie dient zu etwas. Zum einen dem harmonischen Familienmiteinander, dem friedlichen Leben, zum anderen dem Heranziehen von glücklichen, selbstbewussten, reflektierten Menschen, die sich selbstständig und fair in der Gesellschaft bewegen können, die es leicht haben im Leben, die sich behaupten können. Dazu möchte ich mal wieder eine kleine Geschichte aus meiner Jugend erzählen, die mich sehr geprägt hat.

Meine Eltern haben mir in meiner Jugend eigentlich viel Freiraum gelassen, ich durfte nur bei niemandem übernachten. Das wollte ich aber so gern. Ich muss so dreizehn gewesen sein, als ich auf die glorreiche Idee kam, mir im Baumarkt eine Strickleiter zu besorgen. Über die bin ich dann im Dunkeln aus meinem Fenster im (zugegebenermaßen sehr hohen) ersten Stock geklettert, um mich nachts mit Freunden zu treffen, allerdings war dann keiner da. Wie war ich eigentlich auf die Idee gekommen, dass meine Freunde so spät noch draußen herumlaufen durften? Ich war mir dessen wirklich ganz sicher gewesen. Es war dann also alles andere als spaßig, nachts im Dunkeln allein draußen zu sein. Darum habe ich irgendwann abgebrochen und beschlossen, in mein warmes Bett zurückzuklettern. Nur leider hatte ich die Rechnung ohne meine Schäferhündin Ronja gemacht. Die kannte mich zwar gut, aber nicht nachts auf einer Strickleiter an der dunklen Hauswand emporkletternd. Sie schlug dann mächtig an – guter Wachhund. Meine Schwester, die ich in meinen Plan eingeweiht hatte, versuchte vergeblich, sie zu beruhigen. Natürlich wachten meine Eltern von dem Lärm auf und erwischten mich und – nichts. Meine Eltern haben nicht mit mir geschimpft, und es gab auch keine Konsequenzen. Bis auf die, dass ich einen langen Aufsatz über meine Aktion schreiben sollte, in dem ich sie von allen Seiten beleuchten und darüber reflektieren sollte: warum das, was ich da getan hatte, nicht gut war, was alles hätte passieren können, dass ich meine Schwester, die immerhin dreieinhalb Jahre jünger war als ich, mit hineingezogen hatte, wie sehr ich es wertschätzte, dass sie bereit gewesen war, mir den Rücken freizuhalten … Dieses Reflektieren meines eigenen Fehlverhaltens hat mir sehr viel gebracht, es war einer der ersten Denkanstöße auf meinem Weg hin zu einer reflektierten Erwachsenen. *Einer* der ersten, denn ich habe so einen Aufsatz öfter mal schreiben müssen, immer dann, wenn ich mit einer Aktion total danebenlag. Und das mache ich heute auch mit meinen Kindern so. Zwar kommt es nur sehr selten zu solchen Situationen, aber ab und zu finden sie statt. Und ich bemerke an der Art und Weise, wie meine Kinder dann schreiben, dass es auf fruchtbaren Boden fällt.

Wir können unseren Kindern gar nicht so viel mehr mitgeben in Vorbereitung auf ihr Leben, denn wir wissen heute nicht, wie ihre Zukunft mal sein wird. Darum ist es auch so schwer, unsere Kinder genügend darauf vorzubereiten. Aber eines ist meiner Meinung nach immens wichtig: dass wir ihnen reflektierende Selbstwahrnehmung mitgeben, Empathie und Bildung im Sinne von »die Welt als Ganzes betrachten«. Das gibt ihnen hoffentlich die Möglichkeit, sich in allem, was kommt, zurechtzufinden. Und das ist ja letztendlich das, was wir wollen, wenn wir von Erziehung sprechen. Das wirkt im ersten Moment ein bisschen paradox, weil Erziehung nach Regeln und Grenzen klingt. Dabei beinhaltet Erziehung aber auch den Aspekt der persönlichen Entfaltung und Freiheit unserer Kinder: dass wir sie sich immer wieder selbst suchen und finden lassen, sie eigene Entscheidungen fällen lassen und nicht permanent über ihre Empfindungen und ihr Bauchgefühl hinweggehen.

Erziehung ist also ein weites Feld, Ratgeber und Konzepte gibt es wie Sand am Meer, jedes Jahr kommen neue dazu, lösen alte ab und einige bleiben bestehen. Auch wenn ich persönlich es inspirierend finde, Erziehungsratgeber zu lesen, würde ich nie auf die Idee kommen, alles darin blind umzusetzen. Ich picke mir vielmehr die Rosinen heraus und kombiniere sie mit meinem Bauchgefühl, meiner Intuition, meiner inneren Stimme und meinem Verstand und mit all dem, mit dem ich im Umgang mit meinen Kindern ohnehin schon zufrieden bin. Und genau das möchte ich euch jetzt auch ans Herz legen. Denn jede Frau, jede Mutter, je-

168

des Kind und jede Familie ist anders, und darum *kann* es kein starres Erziehungskonzept geben, das zu *jedem* Familienalltag gleichermaßen passt.

Nichtsdestotrotz folgen jetzt hier …

MEINE LIEBLINGSPRINZIPIEN FÜR EINEN ENTSPANNTEN ALLTAG MIT KINDERN

✂ **Nicht schimpfen:** Es ist sehr anstrengend zu schimpfen, vor allem für einen selbst. Denn unser Körper fährt dann voll hoch mit unserem Stresshormon Cortisol. Ich erlebe Freundinnen, die am Ende des Tages ganz heiser sind vom Schimpfen. Zudem schalten Kinder (und vielleicht auch der/die Partner/-in) bei der gleichbleibenden meckerigen Geräuschkulisse schnell auf Durchzug, sodass sie Ansagen gar nicht mehr aufnehmen. Die Sender-Empfänger-Beziehung ist gestört. Außerdem lässt einen eine Schimpftirade höchstwahrscheinlich selbst ganz unzufrieden, wenn nicht gar unglücklich zurück. Das ist ja alles andere als ein zielführender Kreislauf.

Wenn ich merke, dass ich aus der Ruhe komme, hole ich ein paarmal tief Luft und erinnere mich daran, dass es aller Wahrscheinlichkeit nach um nichts Weltbewegendes geht. Denn ich weiß ganz sicher, mit der nötigen Gelassenheit komme ich meinem Ziel bestimmt bald näher.

 Deine Übung

Wenn du das nächste Mal in einer Schimpftirade drinsteckst, halte bewusst inne, atme dreimal tief ein und aus und fahre runter. Und dann übertrage dir selbst die Verantwortung, dass das, was du sagen willst, auch empfangen wird und ankommt. Gehe zu diesem Zweck auf dein Kind zu, schau ihm in die Augen und sage sachlich, was du möchtest oder was du nicht möchtest. Wenn du magst, kannst du dazu auch noch mal den Abschnitt »Gelassen bleiben bei Stress« im Kapitel »Deine Haltung« nachlesen.

✄ **Das Wörtchen »Nein« vermeiden:** Wie oft hören wir (vielleicht sogar uns selbst) am Tag »Nein« zu unseren Kindern sagen? Oder auch gern die lang gezogene Version, wenn die drei Neins davor nicht gefruchtet haben: »Neieeen!« Ich wage hier jetzt mal die Behauptung aufzustellen, dass ein zu häufig benutztes Nein dazu führt, dass unsere Kinder es gar nicht mehr hören beziehungsweise erst beim zehnten Nein reagieren, weil sie aus Erfahrung wissen: Dann wird's (erst) ernst. Damit untergräbst du sozusagen deinen eigenen Standpunkt und deine natürliche Autorität. Unsere Kinder verstehen sehr wohl, dass wir Eltern etwas nicht möchten, wenn wir es ihnen klar *zeigen*.

🎀 Deine Übung
Überlege dir bei deinem nächsten Nein (oder am besten sogar davor) ein Ersatzwort und benutze es. Wenn du ein Nein benutzen willst, um eine ungewünschte Aktivität deines Kindes zu unterbinden, dann sorge dafür, dass diese gleich nach dem ersten Nein unterbrochen wird.

✄ **Keine Wenn-dann-Sätze:** Wenn-dann-Sätze nutzen sich ab und bringen auch überhaupt nichts, wenn keine Konsequenz folgt. Ich persönlich würde allerdings davon abraten, mit Konsequenzen zu *drohen* und Strafen zu formulieren. Stattdessen empfehle ich, den Kindern die *logischen* Konsequenzen aufzuzeigen, zum Beispiel: »Wenn wir hier beim Zähneputzen jetzt nicht zu Potte kommen, haben wir weniger Zeit zum Vorlesen.«

🎀 Deine Übung
Überlege dir bei deinem nächsten Wenn-dann-Satz eine logische Konsequenz-Alternative.

✄ **Lass dir nicht ins Wort fallen:** Oft erlebe ich Freundinnen, die sich auf ein Gespräch gar nicht richtig konzentrieren können und schon ganz entnervt sind, weil sie alle paar Minuten wegen Kleinigkeiten von ihren Kindern unterbrochen werden. Das ist natürlich nur ein Beispiel für diesen Punkt, der ganz viel mit Respekt und Achtung füreinander zu tun hat. Wenn ich mich beispielsweise unterhalte, dann darf sich mein Kind natürlich bemerkbar machen. Aber es soll mir bitte nicht laut und wiederholt ins Wort fallen. Selbstverständlich lasse ich es nicht lange warten, bis ich ihm ein Ohr schenke, aber ich möchte doch meinen Satz zu Ende sprechen können. Ich erwarte von meinen Kindern an diesem Punkt sehr viel, das hat aber einen tieferen Sinn: Denn zum einen haben es Kinder, die nicht lernen, sich zurückzunehmen, im Leben schwer, zum anderen aber auch die Erwachsenen, wenn sich immer alles um die Kinder drehen muss und sie sich nicht auf das konzentrieren und das zu Ende bringen können, was ihnen im Moment vielleicht gerade wichtig ist.

 Deine Übung

Wenn es dich stört, dass dein Kind dir häufig ins Wort fällt, bücke dich das nächste Mal zu ihm hinunter, sage liebevoll: »Einen Moment, bitte«, und schiebe es dann ein Stück hinter dich, damit die Achse zu deinem Gegenüber frei bleibt. Das ist keine Bestrafung und geschieht nicht grob, im Gegenteil: Es ist eine fließende, liebevolle, aber bestimmte Handlung. Behalte Handkontakt zu deinem Kind, bis du zu Ende gesprochen hast. Widme dich im Anschluss in Ruhe deinem Kind.

✄ **»Gute« Aufmerksamkeit schenken:** Man muss zu diesem Punkt wissen, dass Kinder sich beim Heranwachsen nach Bestätigung und Aufmerksamkeit sehnen und beides brauchen. Ganz oft finden sie eher wenig Beachtung, wenn sie zum Beispiel am Tisch sitzen und vernünftig essen oder ruhig ein Bild malen. Aufmerksamkeit bekommen sie hingegen, wenn sie herumnölen oder Besteck von sich wegpfeffern. Vor allem kleine Kinder unterscheiden jedoch nicht in »gute« und »schlechte« Aufmerksamkeit, sie wollen einfach gesehen werden. Und das werden sie, wenn die Mama entnervt aufsteht, das Besteck aufhebt und dabei schimpft. Ich versuche darum, meinen Kindern über den Tag verteilt immer mal wieder gute Aufmerksamkeit zu schenken bei Dingen, die richtig gut laufen. Im Gegenteil lenke ich meine Aufmerksamkeit eher woandershin, wenn sie etwas machen, was mir nicht gefällt beziehungsweise was mich eigentlich auf die Palme bringen würde. Wenn mein Kleiner beispielsweise das Besteck wegpfeffert, schiebe ich seinen Stuhl wortlos ein Stück nach hinten, hebe das Besteck auf, lege es dahin, wo er nicht drankommt, und unterhalte mich mit den anderen. Nach einer Weile schiebe ich den Stuhl zurück, reiche ihm sein Besteck, und der Kleine isst wunderbar in Ruhe – und dafür gebe ich ihm dann ganz viel gute Aufmerksamkeit. Dieser Umgang mit solcherlei Situationen lässt sich auf sehr viele Momente im Alltag anwenden und führt dazu, dass eure Kinder sich automatisch irgendwann danach ausrichten. Das entspannt einen Familienalltag und damit euer *Leben* ungemein.

🎀 Deine Übung

Schau an Tagen, an denen du dir ein Herz auf dein Handgelenk gemalt hast, doch mal gezielt nach deinem Kind, wenn es sich gerade *nicht* auf irgendeine Art bemerkbar macht. Dein gemaltes Herz dient dir sozusagen auch hier als kleine Erinnerung. Denn man denkt oft nicht an die Kinder, wenn sie sich so schön selbst beschäftigen.

🎀 **Kein Lärm im Haushalt:** Wenn ihr am Ende des Tages Kopfschmerzen habt oder sehr abgespannt seid, weil ihr einer hohen Geräuschkulisse ausgesetzt wart oder sogar noch immer seid, könnte dieser Punkt für euch sehr interessant sein: Ich achte darauf, dass meine Kinder im Haus verhältnismäßig leise sind. Auch das hat irgendwie mit der richtigen Art von Aufmerksamkeit zu tun: Meine Kinder können mich rufen, wenn etwas passiert ist. Ansonsten kommen sie zu mir, wenn sie mich brauchen, und sprechen in normaler Lautstärke mit mir. Es ist übrigens sehr einfach, Kindern das Rufen zu Hause abzugewöhnen. Wenn ihr zu den Mamas gehört, die den ganzen Tag gerufen werden, dann besprecht mit euren Kindern, dass ihr ab jetzt nicht mehr darauf reagiert. Und das macht ihr dann auch nicht. Ihr werdet sehen: Sie gewöhnen sich ganz schnell an diese veränderte Situation und lassen sich darauf ein.

Kleiner Tipp

Wisse: Du bist keine schlechte Mutter, wenn dir Lärm zu viel ist oder du nicht permanent gerufen werden willst. Du darfst für deine Bedürfnisse eintreten, denn dann hast du auch mehr Kraft für euer aller Alltag.

༯ **Harmonisches Miteinander schaffen:** Als unglaublich anstrengend empfinde ich es, wenn um mich herum alle Kinder streiten. Das passiert in der Regel schneller, je länger man aufeinanderhockt und je weniger ausgelastet man ist. Wenn ihr das auch kennt, dann lasst mich euch sagen: In einem entspannten Alltag herrscht Harmonie in der Familie. Und um diese zu erreichen, haben wir ganz viel selbst in der Hand:

༯ **Viel Bewegung** der Kinder an der frischen Luft ist wichtig, um die überschüssige Energie loszuwerden. Auch zu Hause können sich Kinder so viel wie möglich bewegen (dazu eignet sich Springseilspringen zum Beispiel supergut, inklusive Rücksicht auf die Nachbarn natürlich).

✂ Ein wenig **Extra-Aufmerksamkeit** für jedes Kind kann auch Wunder wirken. Kinder suchen nach ihrem **Alleinstellungsmerkmal** in der Familie. Da kann es manchmal helfen, wenn man die Kinder absichtlich unterschiedlich behandelt. So habe ich eine Zeit lang meiner Kleinen beispielsweise abends im Bett eine Gutenachtgeschichte vorgelesen, nur wir zwei, während die Große noch eine halbe Stunde länger mit ihrem großen Bruder und Papa im Wohnzimmer zusammensitzen durfte.

Wichtig ist diese bewusst unterschiedliche Behandlung an ausgewählten Punkten vor allem dann, wenn die Kinder im Alter sehr nah beieinander sind.

✂ Dass Kinder untereinander eine **starke Gemeinschaft** bilden, kann man erreichen, indem man ihnen vermittelt, dass die Jüngeren die Älteren respektieren und die Älteren auf die Jüngeren aufpassen, sie beschützen und nachsichtiger mit ihnen sind. Das ist allerdings mehr eine innere Grundhaltung, die ich eher versuche, über meine Taten und meine Einstellung zu vermitteln, als dass ich sie offen ausspreche.

✂ Zum Abschluss des Tages haben wir in der Familie ein schönes **Ritual** am Abendbrottisch: Da erzählt jeder und jede von uns von seinem schönsten Erlebnis des Tages. Wenn es ein Tag war, an dem vielleicht mehr gestritten wurde als sonst, kommt als Aufgabe noch hinzu, dass jedes Kind **die schönste Eigenschaft jedes seiner Geschwister** aufsagen soll. Und das ist dann keine Bitte.

✂ Der folgende Punkt kann wunderbar Abhilfe schaffen, wenn alle unausgelastet sind und bei jeder Kleinigkeit an die Decke gehen: **Die Musik laut aufdrehen und wild tanzen.** Da reichen manchmal fünf Minuten, die im besten Falle im Lachen enden – denn Humor ist manchmal einfach die beste Antwort auf verfahrene Situationen und Angespanntheit.

GESCHWISTERSTREIT VORBEUGEN

Wenn wir schon dabei sind, komme ich einmal gezielt zum Thema »Geschwisterstreit«: Streit ist per se nichts Schlechtes, denn dabei lernen Kinder, ihre Grenzen zu setzen, mit negativen Gefühlen umzugehen, ihren Standpunkt darzustellen, Ventile zu schaffen, sich selbst zu verteidigen, Strategien zu entwickeln, aber auch sich in andere hineinzuversetzen und zu verzeihen.

Trotzdem ist es in unserem Alltag für uns Mütter besonders anstrengend, wenn unsere Kinder streiten, darum möchte ich euch hier meine Tipps zum Umgang mit Geschwisterstreitigkeiten in aller Kürze aufzählen:

Wenn der Streit *nur ganz klein* ist, *halte ich mich gern einfach raus und lasse es die Kinder unter sich ausmachen.*

Wenn der Streit *sich hochschaukelt und es lauter wird, gehe ich schon dazwischen und bitte in ruhigem und möglichst gelassenem Ton darum, beide Sichtweisen zu erfahren. Ich stelle mich auf keine Seite, sondern nehme beide Kinder gleich ernst. Gemeinsam versuchen wir dann eine Lösung zu finden, die für alle annehmbar ist. So lernen die Kinder auch gleich, sich ineinander hineinzuversetzen.*

Wenn es noch härter wird und womöglich handgreiflich, *schreite ich ebenfalls ein und trenne die Kinder voneinander. Kleine Anekdote an dieser Stelle: Meine Mädchen hatten eine Phase, zum Glück war sie relativ kurz, in der sie sehr viel aufeinander losgegangen sind. Weil ich bemerkt habe, dass sie offenbar Körperkontakt brauchten, habe ich ihnen zur Wahl gestellt, sich entweder sofort beieinander zu entschuldigen oder eine Kissenschlacht mit Abstandsregeln zu machen. Die Kissenschlacht haben sie tatsächlich häufig gewählt, und der Streit war schnell vergessen.*

In dem Moment, in dem es im Streit aber wirklich um etwas Ernsthaftes geht, reicht natürlich kein Kissen. Auch hier gilt es dann, sich unvoreingenommen in beide Seiten hineinzuverset-zen und gemeinsam eine Lösung zu finden. Dazu müssen die Kinder allerdings schon etwas älter sein. Wenn öfter aus densel-ben Gründen gestritten wird, steht womöglich etwas dahinter, was grundsätzlich ist und verändert werden sollte. Vielleicht müssen dafür zusammen neue Regelungen in der Familie ge-funden werden, dazu kommen wir später noch beim Punkt »Gemeinsame Regeln finden und einhalten«.

✎ **Ordnung halten:** Kinder erobern mit ihren Spiel-, Anzieh-, Schul- und Sonst-was-für-Sachen ja gern nach und nach und klammheimlich jeden Winkel des Hauses. Am liebsten noch die Orte, die so gar nichts mit einem Kinderzimmer zu tun haben. Und natürlich tun sie das nicht geordnet. Aber auch Kinder kön-nen ab einem bestimmten Alter Ordnung halten. Wenn du dir auch etwas mehr Ordnung von deinen Kindern wünschst, wie findest du die Idee, es ihnen einmal Schritt für Schritt zu zeigen? Denn wir Erwachsenen vergessen häufig, dass Kinder eben alles noch lernen müssen, zum Beispiel auch, sich die Schuhe zuzubin-den. Auch das müssen sie erst gezeigt bekommen und üben, das können sie nicht einfach so. Darum: Gehe alles, was du dir an Ordnung wünschst, nach und nach an. Beispielsweise kannst du deinen Kindern zeigen, dass sie immer nach dem Reinkommen von draußen ihre Schuhe wegstellen, die Jacken an die Garderobe hängen und dann erst mal ins Bad zum Händewaschen gehen. Du kannst ihnen auch erklären, wie sie in ihrem eigenen Zimmer Ordnung schaffen, oder die Regel einführen, dass nach dem Abendessen jedes Kind seinen Teller und sein Besteck nimmt und beides in die Spüle oder Geschirrspülmaschine räumt, anschließend geht es dann vielleicht zum Zähneputzen. Es lohnt sich, nach Routinen zu suchen und diese mit den Kindern einzuüben. Denn Kinder lieben Routinen, darum funktionieren solche Abläufe ja auch so gut im Kindergarten.

Und was das Ausbreiten der Kinderspielzeuge im gesamten Wohnraum betrifft: Bei uns zu Hause gilt die Regel, dass sich die Kinder an regnerischen Wochenendtagen ruhig auch mal im ganzen Haus ausbreiten dürfen, um ihre Höhlen zu bauen etc. Aber es gibt auch Phasen, in denen dieser Zustand aufgelöst wird und die Alltagsräume wieder freigeräumt werden.

∞ Deine Übung

Wenn es an einem Punkt im tagtäglichen Ablauf hakt, könnte das ein Zeichen dafür sein, dass eine neue Routine helfen würde. Beobachte deinen Alltag achtsam, um Möglichkeiten für neue Familienroutinen zu finden. Übe sie dann geduldig mit deinen Kindern ein. Das ist vielleicht ein Investment von ein paar Tagen, danach ist es in der Regel, ja eben: Routine.

✂ **Genug Zeit einplanen:** Egal, ob eure Kinder zur Schule oder in den Kindergarten müssen, ob ein Arzttermin oder Friseurbesuch ansteht, kurzum, immer dann, wenn ihr für irgendetwas pünktlich aus dem Haus gehen solltet: Kinder brauchen für alles dreimal so lange. Verschiebe daher jeden deiner eigentlichen Aufbruchstermine ab sofort um fünfzehn Minuten nach vorne. Ich habe dazu immer »die goldenen fünfzehn Minuten zu früh« im Hinterkopf. Dadurch lernen Kinder, in einer entspannten Atmosphäre das Haus zu verlassen, selbst wenn – und das ist doch immer der Fall – jedes Kind noch mal schnell irgendwo hinmuss, weil es etwas vergessen hat, noch mal Pipi oder noch mal schnell etwas trinken muss. Mit diesen fünfzehn Minuten plus können wir selbst in solchen Momenten gelassen bleiben, was sich wiederum auf alles, was danach kommt, positiv auswirkt.

Genügend Zeit sollten wir grundsätzlich in unserem Alltag einplanen und uns auch Freiräume schaffen. Wir neigen nämlich dazu, uns eher zu viel vorzunehmen. Da besuchen wir dann zum Beispiel an einem Sonntag erst die eigenen Eltern, dann die Schwiegereltern, die beste Freundin und noch die Tante. Was in der Vorstellung vielleicht noch ganz schön ist, artet in der Realität darin aus, dass ihr völlig erschöpft in die neue Woche startet. Und auch Kinder brauchen ab und zu mal einen Leerlauf. Darum versuche ich, mir nicht mehr als einen Termin auf den Tag zu legen. Ich will hier niemandem von euch in seine Freizeitgestaltung reinreden, aber falls sich eine von euch wiederfinden sollte in dem Modus »Zu viel« und »Nicht Nein sagen können«, kann das vielleicht eine gute Inspiration sein.

 Deine Übung

Halte dich an »die goldenen fünfzehn Minuten zu früh«, wenn ihr das Haus verlassen müsst. Du wirst sehen, manchmal wirst du irgendwo zu früh ankommen, in den allermeisten Fällen pünktlich, aber niemals zu spät. Und für dieses Gefühl der Tiefenentspannung kannst du dir in einer Woche schön auf die Schulter klopfen.

✂ **Fehler begrüßen:** Manche Mütter werden ganz nervös, wenn ihre Kinder Fehler machen. Dabei ist das grundsätzlich etwas Gutes, denn sie lernen dadurch und entwickeln sich weiter. Schließlich sind sie Kinder, müssen noch nicht alles wissen und richtig machen, und irgendwo müssen sie es ja auch lernen dürfen. Schön daran ist doch, alles, was sie in den Kindheitsjahren gelernt haben, machen sie als Erwachsene dann richtig. Das können kleine, aber auch große Dinge sein. So ist es okay, wenn ein Sechsjähriger Süßigkeiten aus dem Vorratsschrank klaut, aber ab dem vollendeten vierzehnten Lebensjahr im Supermarkt wäre er dann ja strafmündig. Sorry für das übertriebene Beispiel, aber so wird es schön deutlich. Und darum: Lasst uns, wann immer unseren Kindern ein Fehler in den eigenen vier Wänden passiert, uns als Mütter ganz besonders freuen, denn dann sind wir dabei, können korrigieren, lenken, es mit unserem Kind besprechen und auf es einwirken.

🎀 Deine Übung

Wenn dein Kind das nächste Mal einen Fehler macht, dann unterstütze es, indem du ihm erklärst, was an seinem Verhalten falsch war, und es anleitest, wie es beim nächsten Mal besser geht. Und innerlich darfst du dich freuen: Diesen Fehler wird es als Erwachsener nicht mehr machen.

🎀 **Keine Kritik an der Persönlichkeit:** Dieser Punkt gehört unmittelbar zum oberen und ist mir persönlich sehr wichtig, da ich in der Kindheit oft unfreiwillig Zeugin von solcher Kritik wurde. Manche Kinder werden nämlich sehr oft von ihren Eltern in ihrer Persönlichkeit kritisiert, sogar vor anderen, und das oft in ironischer oder sarkastischer Form. Dazu muss man wissen, dass Kinder selten vor zehn Jahren Ironie überhaupt verstehen. Deswegen können sie diese Aussagen nicht differenzieren, sodass sie an der eigenen Wahrnehmung zweifeln. Das kann zu mangelndem Selbstvertrauen führen. Wenn ein Kind zum Beispiel ein Glas umwirft und die Mutter es kommentiert mit »Toll gemacht!«, kann das Kind das nicht verstehen. Der reine Inhalt des Satzes ist ein Lob, aber der Ton und die Gestik dazu stimmen nicht. Das wird ein Kind zutiefst verwirren. Auf diese Weise kritisierte Kinder können leicht zu Menschen werden, die selbst andere kritisieren, und das schafft zum Beispiel unter Geschwistern, aber auch zwischen Eltern und Kind ein extrem schlechtes Klima. Und außerdem: Eltern, die ihr Kind in seiner Persönlichkeit kritisieren, kritisieren ja eigentlich sich selbst, weil sie für die Entwicklung ihres Kindes verantwortlich sind und es geprägt haben. Sie tun sich damit also selbst weh.

Zu diesem Punkt gehören für mich auch Verallgemeinerungen wie »**Nie** isst du richtig!« oder »**Immer** musst du so rumhibbeln!«. Solche Aussagen sollten wir gegenüber unseren Kindern vermeiden. Denn das suggeriert ihnen, dass sie sowieso immer alles falsch machen und es sich gar nicht lohnt, sich zu bemühen, es anders zu machen. Außerdem haben sie dann schnell das Gefühl, immer an allem die Schuld zu tragen. Das kann sich bis ins Erwachsenenalter ziehen.

 Deine Übung

Solltest du dich im letzten Punkt möglicherweise ein kleines bisschen wiedergefunden haben, achte doch in Zukunft einfach ein wenig mehr auf deine Wortwahl und Kommunikation gegenüber deinem Kind. Man gewöhnt sich alte Muster nicht von heute auf morgen ab, das ist viel eher ein Prozess. Wenn man es sich aber einmal bewusst gemacht hat und im Hinterkopf behält, dann wird es Stück für Stück immer mehr zu einer Selbstverständlichkeit.

✂ **Persönliche Entfaltung zulassen:** Apropos »Entwicklung«. Euch geht es garantiert immer dann besonders gut, wenn eure Kinder gut drauf sind, oder? Und das sind sie, wenn sie im Einklang mit sich selbst sind. Genau darum ist ihre persönliche Entfaltung auch so wichtig, denn wenn ein Kind sich frei entfalten darf und seine Meinung etwas zählt, ist es im Reinen mit sich selbst und dadurch zufrieden. Ihr wisst ja schon, dass ich als Kind weder musikalisch noch sportlich gefördert wurde (besser gesagt: werden konnte), obwohl ich es mir sehr gewünscht habe. Für mich war darum immer klar: Meine Kinder sollten mal Musik machen und in einem Sportverein aktiv sein. Ich habe das also allen meinen vier Kindern angeboten und es probiert. Und weiß daher genau, wie es sich anfühlt, ein maulendes Kind zum Karate zu fahren und ein Kind mit langem Gesicht beim Gitarrespielen zu beobachten. Das fühlt sich nicht gut an. Weder für uns noch für unser Kind. Ich musste also lernen: Vier Kinder haben vier unterschiedliche Einstellungen. So will eines meiner Kinder zum Beispiel kein Instrument spielen, das andere möchte keinen Sport im Verein machen. Das muss ich gar nicht verstehen, aber akzeptieren. Denn auch das gehört zur persönlichen Entwicklung: dass man selbst entscheiden darf, was einem liegt und einen interessiert und was nicht.

☞ **Selbstdisziplin** ist ein Wert, den ich sehr gern an meine Kinder weitergebe. Er wurde mir in der Kindheit schon von meinen Eltern vermittelt, und ich würde sagen, dass ich darum heute ein disziplinierter Mensch bin. Weil ich es einfach gewohnt bin, fällt es mir oft leichter, Dinge anzugehen, als Menschen, die immerzu gegen ihren inneren Schweinehund ankämpfen müssen. Mit meinen Kindern »übe« ich das bei Kleinigkeiten wie, dass wir beim Abendessen aufeinander warten, auch wenn wir hungrig sind, oder dass, wenn schönes Wetter ist, trotzdem erst die Hausaufgaben gemacht werden müssen, bevor es raus zum Spielen geht. So lernen meine Kinder schon früh, dass sie erst die Sachen machen, die gemacht werden müssen und vielleicht nicht so viel Spaß machen, und danach das, was ihnen mehr Freude bereitet. Dann macht das Spielen doch viel mehr Spaß. Für den Teenager gilt: Muss man bis mittags schlafen, wenn so schönes Wetter ist? Man kann sich doch auch trotz Wochenendes einen Wecker stellen. Wie gesagt, es geht hier um Kleinigkeiten, wir sind weit entfernt von Drill. Aber oft sind es genau diese Kleinigkeiten, die einen formen und einem das Leben als Erwachsener mit all seinen Pflichten und Verantwortlichkeiten später leichter machen.

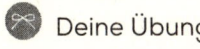 Deine Übung

Deine Kinder spiegeln dich, deswegen ist meine Übung für dich: Gehe ihnen mit gutem Beispiel voran.

✎ **Gemeinsame Regeln finden und einhalten.** Regeln und Grenzen geben Kindern Sicherheit und dir Verlässlichkeit in deinem Alltag. Sie ergeben sich aus dem gemeinsamen Miteinander und dem Individuellen jedes Einzelnen in der Familie. Sie können also miteinander gefunden, besprochen, ausgelotet und festgelegt werden. Zum Beispiel die Länge der Handyzeiten, die Aufgaben, die im Haushalt zu erledigen sind, oder wann ein älteres Kind am Abend zu Hause sein soll. Wichtig ist dann aber auch, dass diese gemeinsam aufgestellten Regeln eingehalten werden.

🎀 Deine Übung

Gibt es noch Punkte in eurem Familienalltag, für die du dir mehr Regeln wünschst? Wenn ja, schreibe sie auf, besprich sie mit deiner Familie und überlegt gemeinsam, welche davon ihr umsetzen könnt und wie.

✎ Ich finde grundsätzlich wichtig, Kindern **auf Augenhöhe** zu begegnen. Das bedeutet, dass wir, wenn sie mit ihren Problemen zu uns kommen, die aus unserer Sicht oft klein erscheinen, für sie aber ihre ganze Welt bedeuten, versuchen sollten, sie ganz ernst zu nehmen. Es wäre schön, wenn wir uns in unser Kind hineinversetzen und es da abholen, wo es gerade steht. Ich denke, das ist ein guter Weg, auf dass auch aus unseren Kindern empathische Menschen werden können, denn das wünschen wir uns doch alle. Wir helfen ihnen damit auch dabei, ihre Gefühle richtig zu erkennen und zu ihnen zu stehen. Dadurch können wir damit rechnen, dass unsere Kinder auch unsere Gefühle, Bedürfnisse, und Grenzen besser verstehen und akzeptieren lernen. Und das wiederum ist entscheidend für einen entspannten Alltag als Mutter, als Familienoberhaupt. Denn auch wir haben Grenzen und Bedürfnisse und es ist schön, wenn unsere Kinder rücksichtsvoll damit umgehen.

 Deine Übung

Wenn dein Kind das nächste Mal zu dir kommt, weil ihm in seinen Augen etwas wirklich Schlimmes passiert ist (eine gepflückte Blume ist zerknickt oder es hat sich leicht gestoßen), dann versuche seinen Schmerz und sein Leid zu verstehen und tröste es einfach. Versuche Sätze wie »Das ist doch gar nicht schlimm« oder »Darum musst du doch nicht weinen« zu vermeiden.

Und zu guter Letzt kommen wir zum **Sich-Entschuldigen,** wenn man einen Fehler gemacht hat. Ich entschuldige mich regelmäßig bei meinen Kindern. Meine Kinder entschuldigen sich bei mir, bei anderen und untereinander. Das gehört für uns einfach zum guten Ton. Und zwar ganz aufrichtig und ernst gemeint. Ich habe damit sehr, sehr gute Erfahrungen gemacht, wenn es darum geht, eine Sache auch wirklich abzuschließen und mit einem reinen Gefühl weitermachen zu können. Man sollte nie aus dem Blick verlieren, dass es sich meist um Kleinigkeiten handelt, die nicht hochgeschaukelt werden sollten.

Deine Übung

Wenn du dich das nächste Mal deinen Kindern gegenüber unschön oder ungerecht verhalten hast – wie findest du die Idee, dich bei ihnen zu entschuldigen? Das gibt einem ein sehr gutes Gefühl.

Zum Abschluss ist vielleicht noch schön zu wissen, dass Erziehung nicht im Streit oder in Ausnahmesituationen passiert, sie passiert im liebevollen Alltag. Ganz easy nebenbei, sozusagen. In Ausnahmesituationen, wo alles drunter und drüber geht, erkennt man dann, was funktioniert und was eben nicht. Aber fangt in so einer Situation nicht an zu erziehen, zu rütteln und zu lenken.

KAPITEL 2

Mehr Me-Time durch
weniger Mamatainment

Lasst uns nun schauen, wie ihr euch mehr Zeit im Familienalltag mit Kindern freischaufeln könnt. Und zwar dann, wenn eure Kinder da sind. Ja, ihr habt richtig gelesen: Wir sprechen jetzt über die Momente, in denen die Kinder zu Hause sind und um euch herumwuseln. Es ist nämlich ganz wichtig, nicht immer auf den Zeitpunkt zu warten, an dem man allein ist, sondern auch Zeitinseln zu haben, wenn die Kinder da sind.

KEIN MAMATAINMENT UND
LANGEWEILE ZULASSEN

Vorneweg ist mir ganz wichtig zu sagen: Wann immer ihr Lust habt, mit eurem Kind zu spielen, spielt mit eurem Kind. Denn das ist etwas Wunderschönes. Aber wenn ihr nicht immer Lust oder Zeit dazu habt, lasst euch gesagt sein: Ihr seid keine schlechte Mutter, wenn ihr eure Kinder nicht bespaßt. Mehr noch, das ist gar nicht unsere Aufgabe als Mutter. Wichtig ist hier vielleicht zu unterscheiden in »Spielen« und »Bespaßen«. Ich zum Beispiel spiele gern mit meinen Kindern, wenn wir alle Zeit und Lust haben, aber ich betreibe kein »Mamatainment« zwischen Tür und Angel. Mamatainment beinhaltet für mich, dass die Mutter, ohne es zu merken, in die Rolle der Entertainerin gedrängt wird, weil sie irgendwo im Hinterkopf hat, dass Mütter immer geduldig mit ihren Kindern spielend auf dem Fußboden sitzen müssen. Daraufhin habe ich vor vielen Jahren begonnen, provokant den Begriff »Mamatainment« für diese Art der Bespaßung zu verwenden, und er wird seitdem von vielen Müttern benutzt. Ich freue mich zu sehen, wie sich der Begriff weiterverbreitet hat, der vielleicht endlich mit dem Klischee aufräumen kann, dass zur perfekten Hausfrau, Ehefrau, Kollegin, Freundin, Essenslieferantin und Hausaufgabenbetreuerin nun auch noch die perfekte, lustigste, kreativste Spielkameradin des Kindes hinzukommen muss.

Warum ist es mir so wichtig, euch das an dieser Stelle mit auf den Weg zu geben? Viel zu häufig erlebe ich Mütter, die mit halber Konzentration und einem Viertel Herzen nur wegen ihres schlechten Gewissens mit ihren Kindern spielen und dann wiederum ein schlechtes Gewissen haben, weil sie ihren anderen Verpflichtungen nicht nachkommen können, oder aber, und das ist noch wichtiger, weil sie aus dem letzten Loch pfeifen und wirklich gar keine Zeit mehr für sich haben, sie viele Dinge spätabends erledigen müssen und dadurch zu spät ins Bett kommen, zu wenig Schlaf haben … Ein Kreislauf, der für niemanden gut ist. Übrigens am allerwenigsten für das Kind. Denn wenn ein Kind halbherzig, unkonzentriert oder gar ungeduldig bespaßt wird, übernimmt es unsere Haltung, sich in schlechter Stimmung und ungewollt mit Dingen abzugeben und keine Rücksicht auf die eigenen Bedürfnisse zu nehmen. Denn genau das leben wir ihm dann vor. Damit werden wir aber nicht nur uns, sondern auch unserem Kind nicht gerecht.

Außerdem nehmen wir unserem Kind damit die Möglichkeit, selbst kreativ zu werden. Denn Kinder sind ganz wunderbar dazu in der Lage, wenn wir ihnen manchmal ein klein bisschen Hilfestellung geben. Natürlich entdeckt ein Kind nicht von heute auf morgen mit einem Fingerschnippen seine Kreativität. Es kann sein, dass einem Kind, das gewohnt ist, bespaßt zu werden, vielleicht erst mal langweilig ist. Das macht aber gar nichts. Das Thema »Langeweile« ist nämlich ein zu Unrecht negativ abgestempelter Begriff, gerade wenn man daran denkt, was für eine wichtige Funktion die Langeweile für das menschliche Gehirn hat.

LANGEWEILE IST DIE KLEINE
SCHWESTER DER KREATIVITÄT

Tatsächlich ist bewiesen, dass Langeweile die Kreativität fördert. Denn ein Kind, dem langweilig ist, hält das selten einfach nur aus. Es wird vielmehr versuchen, aus der Langeweile herauszufinden, und dafür muss es sich etwas ausdenken, kreativ werden. Das formt den Charakter und die eigene Persönlichkeit und macht erfinderisch. Und damit ist die Langeweile sozusagen die Vorstufe zum kreativen Denken, das man im Kindesalter spielerisch erlernen kann – wenn das zugelassen wird. Und genau das ist unsere Aufgabe als Eltern. Zudem ist wissenschaftlich bewiesen, dass es gut für unser Gehirn ist, wenn es mal gar nichts tun muss. Nach einer gewissen Auszeit können wir uns nämlich wieder voll und ganz konzentriert einer Sache widmen. Also ist Langeweile nicht nur für unsere Kinder gut, sondern auch für uns. Nicht umsonst wird sie in Achtsamkeitschallenges geübt und praktiziert.

Genau darum sollte das Mittel gegen Langeweile auch nicht die Vollzeitbeschäftigung des Kindes sein. Denn egal, wie beschäftigt euer Kind ist, es wird immer mal wieder an einen Punkt kommen, an dem sein System runterfährt und sich ein Moment des Nichtstuns auftut, ein Moment, in dem es Langeweile verspüren wird. Kinder, die nicht lernen, damit umzugehen, werden dann, obwohl sie so viel beschäftigt sind, eine starke Unruhe in sich spüren und sich nicht auf den Moment einlassen können. Das kann im Erwachsenenalter dann sehr hinderlich, um nicht zu sagen belastend sein, wenn sich jemand immer ruhelos fühlt und sein Gehirn nie entspannen kann. Das richtige Gegenmittel in der Kindheit ist darum: Lasst eure Kinder einfach mal machen. Hier geht es nicht darum, sie noch zusätzlich zu fördern.

Übrigens, wem ist denn heutzutage überhaupt noch langweilig, mal ehrlich? Wir Erwachsenen kennen doch selbst kaum noch den Wert der Langeweile, weil wir permanent berieselt werden.

Wenn ich zum Beispiel im Supermarkt an der Kasse stehe und warten muss, weil vier Leute vor mir sind, ist mir schon langweilig. Gleich zücke ich mein Handy – und wehe, im Supermarkt ist kein Empfang! Dann fühle ich mich gleich doppelt gelangweilt. Ihr kennt doch sicher das übliche Bild an der Bushaltestelle, wenn alle auf ihre Displays starren – was haben die Leute früher eigentlich gemacht, während sie auf den Bus gewartet haben? Das frage ich mich wirklich manchmal: Was habe ich als Jugendliche gemacht, wenn ich mal allein irgendwo warten musste? Sieben Minuten Wartezeit – laaaangweilig! Aber ist das nicht eigentlich traurig?

Was haltet ihr davon, wenn wir, indem wir unsere Kinder sich bewusst langweilen lassen, wieder lernen, auch selbst Langeweile auszuhalten?

Eigentlich haben wir alle das mal ziemlich gut gekonnt, denn unsere Kindheit, zumindest, wenn du nicht deutlich jünger bist als ich, fand in vielen Familien noch ohne Dauerbespaßung durch die Eltern und Dauerbeschallung durch die Medien statt. Ich bin mir nicht sicher, ob es das »Ideal« der immer mit den Kindern spielenden Super-Mom damals überhaupt schon gegeben hat, war es doch eher der Fall, dass wir Kinder in großen Gruppen draußen gespielt haben. Und auch die Medien waren noch nicht ansatzweise so ausgereift und omnipräsent wie heute. In meiner Kindheit, abgesehen davon, dass wir die ersten Jahre sowieso noch gar keinen Fernseher hatten, gab es nur sonntags ein Kinderprogramm. Auch wir haben uns mal gelangweilt, ich weiß aber ganz sicher, dass das sehr schnell wieder vorüber war und daraus meist ganz tolle Spielideen gewachsen sind, die sich manchmal über Tage hinzogen.

Wenn dich der Punkt interessiert, möchte ich dir eine kleine Anleitung zur Umsetzung geben. Anfangs wird es, wie gesagt, nicht ganz leicht sein, sein Engelchen über eine kurze Langeweile an seine eigene Kreativität heranzuführen, gerade bei nur einem Kind oder einem kleinen Kind. Dabei ist mir wichtig zu betonen, dass sich ein Dreijähriger beispielsweise noch nicht über einen langen Zeitraum allein beschäftigen kann, schon gar nicht allein in seinem Zimmer. Das ist auch gar nicht unser Ziel. Der Zeitpunkt, ab dem das möglich ist, ist viel später, da muss man ein bisschen geduldig sein. Während ich hier am Rechner sitze, flitzt mein Kleiner übrigens mit einem Schal um die Schultern gelegt um den Schreibtisch herum. Ich glaube, er will ein Vampir sein, jedenfalls ruft er die ganze Zeit: »Ich bin ein Vampir, ich bin ein Vampir.« Wahrscheinlich hält er das nicht mehr lange durch, denn er macht das schon seit über einer halben Stunde, was wirklich lange ist für sein zartes Alter von drei Jahren. Wenn er dann quengelig wird und mich braucht, werde ich mich ihm auch widmen. Aber ich bin gerade total froh, dass er die letzte halbe Stunde für sich gespielt hat und ich dieses Kapitel tippen konnte. Und wie passend!

Daran sieht man sehr schön: Kinder haben ganz oft aus sich heraus die Muße, vor sich hin zu spielen, und zwar ganz zufrieden. Achte in diesen Momenten vielleicht eher darauf, dein Kind nicht aus dem Spiel zu reißen, indem du es vielleicht in den Arm nimmst, knuddelst und ihm sagst, wie süüüß es ist. Keine Frage: Kinder, die so schön allein spielen, kommen unglaublich goldig daher (ein bisschen so, wie wenn sie schlafen). Aber damit würdest du es in seinem selbstständigen Spiel unterbrechen, bei dem es ja gerade lernt, sich nach und nach und immer länger selbst zu beschäftigen.

Es geht uns darum, dass wir unseren Kindern zutrauen und sie auch lernen lassen, aus sich heraus Ideen zu entwickeln (gern mit Hilfestellungen unsererseits), wie sie sich selbst beschäftigen können. Dadurch schaffen wir gleichzeitig Zeitinseln innerhalb unseres Alltags mit den Kindern, die wir für uns selbst nutzen können.

Übrigens ist das nichts, was ein Kind einmal lernt und dann für immer kann. Natürlich kommen auch meine Kinder mal angenölt, und ich merke: Jetzt brauchen sie mich. Ich bin als Mama schließlich ihre erste Ansprechperson, genauso möchte ich das auch haben, und deshalb gehört das dazu. Manchmal lasse ich dann auch alles stehen und liegen und puzzele mit meinem Engelchen, das gerade meine Nähe und Aufmerksamkeit braucht.

Ich hoffe, ich konnte deutlich machen, wo der Unterschied und worauf mein Fokus für dieses Buch liegt: Kinder sollten sich zu selbstständigen Menschen entwickeln können, sodass wir Eltern gleichzeitig selbst mehr Freiraum haben. Das ist am Ende für die ganze Familie ein Segen.

✄ Deine Übungen

✄ Wenn du dich hier wiedergefunden hast und es kommt das nächste Mal der Moment, in dem dein Kind unbedingt von dir bespaßt werden will, obwohl *du* ganz dringend etwas anderes erledigen möchtest, erkläre deinem Kind, dass du jetzt keine Zeit hast, und biete ihm eine Beschäftigungsalternative an (gib ihm zum Beispiel einen Zettel und einen Stift oder drei Gegenstände, aus denen es etwas basteln/bauen soll oder, oder, oder … Mehr Ideen fürs selbstständige Spiel verrate ich euch gleich). Oder wähle zusammen mit deinem Kind ein Spielzeug unter den vielen aus seinem Zimmer aus (denn das fällt Kindern oft sehr schwer). Überlegt euch eine Geschichte dazu, zum Beispiel wählt ihr das Feuerwehrauto und du sagst zu deinem Kind: »Schau mal, da hinten ist im Spiel ein Brand, fahr den mal löschen.« Es geht hier nicht ums Entertainen oder Mitspielen, das soll nur ein kleiner Ansatz sein, damit das Kind ins selbstständige Spiel kommt.

✄ Wann hast du dich das letzte Mal gelangweilt? Lasse die nächste Handyzeit an der Bus- oder Bahnhaltestelle, in der Supermarktschlange oder beim Spazierengehen aus und genieße die Auszeit für dein Gehirn.

Es gibt ein paar schöne Beschäftigungen für Kinder, bei denen sie eine ganze Zeit lang konzentriert und selbstständig dabei sind. Ihr selbst seid anwesend, werdet aber in der Regel nicht aktiv benötigt. Und das bedeutet, dass ihr Zeit habt, um euren Bedürfnissen oder Verpflichtungen nachzugehen.

Je nach Alter und auch nach Anzahl der Kinder kann diese Zeitspanne unterschiedlich lang sein. Ein einjähriges Kind wird natürlich noch nicht in der Lage sein, sich selbstständig stundenlang zu beschäftigen. Da habe ich aber die gute Erfahrung gemacht, dass kleine Kinder am liebsten da sind, wo die Mama ist. Wenn das die Küche ist, räumen die Kleinen für ihr Leben gern Schränke oder Schubladen aus. Dafür müsst ihr diese nur entsprechend mit ungefährlichen und unzerbrechlichen Dingen bestücken, dann könnt ihr in der Regel recht lange eurer eigenen Beschäftigung nachgehen, und euer zufriedenes Kleinkind puzzelt zu euren Füßen herum. Wenn es aber unzufrieden und bedürftig ist und offenbar eure Nähe braucht, bindet es euch in einer Trage auf den Rücken und geht so euren Beschäftigungen nach.

Fangen wir mit der naheliegendsten Beschäftigungsmöglichkeit an: dem **Tablet oder Fernseher.** Lasst mich dazu bitte eines vorwegschieben: In den ersten Lebensjahren brauchen Kinder diese Geräte nicht. Man kann sie ausnahmsweise nutzen, wenn man das Kind wirklich mal beschäftigt wissen muss. Aber es ist keine Beschäftigung, die dem Kind einen Vorteil bietet. Und das hängt mit der Entwicklung des kindlichen Gehirns zusammen. Denn in der frühen Kindheit werden die Nervenzellen im Gehirn erst miteinander verknüpft. Nervenverbindungen, die genutzt werden, stabilisieren sich, solche, die nicht genutzt werden, verkümmern. Genutzt werden Nervenzellen am besten, wenn Kinder sich viel und abwechslungsreich bewegen und alles ausprobieren, wozu ihr Körper fähig ist. Das geschieht am ehesten und ganz automatisch beim gemeinsamen Spiel, beim Bewegen und Toben draußen an der frischen Luft. Denn wenn man aktiv etwas tut, wird das ganze Gehirn benötigt und gefördert, und alle Nervenverbindungen werden optimal miteinander verknüpft. Dann fällt den Kindern zum Beispiel das Lernen in der Schule leichter, sie können sich gut konzentrieren, sich emotional auf andere einlassen und haben Freude an Bewegung und Aktivitäten. Wenn ein Kind nun aber in jungen Jahren viel vor dem Bildschirm ist, wird nur ein Bereich seines Gehirns stimuliert und ist aktiv. Dadurch bilden sich weniger Nervenverbindungen, und das Gehirn entwickelt sich nicht so, wie es könnte.

Gerade wenn ein Kind noch klein ist, sollte es sich also mit etwas beschäftigen, was seine Hände, seinen ganzen Körper und damit sein Gehirn fördert.

Je älter die Kinder dann werden, desto wichtiger wird aber auch der Umgang mit Medien, denn die sind heute aus der Kindheit nicht mehr wegzudenken und gehören einfach dazu, um sich zeitgemäß weiterzuentwickeln. Ich mache deshalb einen klaren Unterschied zwischen kleinen und großen Kindern.

Medien sollten jedoch auch bei größeren Kindern möglichst nicht immer das erste Mittel der Wahl sein, wenn die Kinder sich allein beschäftigen sollen. Und natürlich sollten wir Eltern beobachten, was da geguckt und gespielt wird. Ballerspiele beispielsweise fördern dein Kind nicht, aber Strategiespiele in der Gruppe fördern schon das Gemeinschaftsgefühl und das strategische Denken. Und ab einem gewissen Alter ist es auch von Bedeutung, bei bestimmten Serien im Freundeskreis und auf dem Schulhof mitreden und sich darüber austauschen zu können.

Im Blick behalten sollte man als Eltern in jedem Fall, dass die Bildschirmzeit nicht zu lang ist. Wenn es aber einen gesunden und ausreichend großen Ausgleich mit viel Bewegung, Toben und An-der-frischen-Luft-Sein gibt, kann man auch mal guten Gewissens eine Bildschirmzeit zulassen.

Was immer gut geht: Wenn das Kind einen **Freund oder eine Freundin** nach Hause einlädt. Denn in der Regel spielen die Kinder dann eine sehr lange Zeit miteinander, und ihr müsst vielleicht nur ab und zu mal zur Stelle sein, um bei der Suche nach etwas zu helfen, einen Streit zu schlichten, den sie nicht allein aufgelöst bekommen, oder um eine müde Phase mit einem gesunden Snack, etwas zu trinken oder einer Geschichte zu überbrücken, nach der die Kinder dann erfrischt wieder ins selbstständige Spiel gehen können.

LIEBLINGSBESCHÄFTIGUNGEN MEINER KINDER

Ich möchte euch jetzt die sechs **Lieblingsbeschäftigungen abseits von Medien** meiner Kinder vorstellen (runtergezählt bis Platz 1), die natürlich schon etwas älter sind (mein Jüngster ist drei Jahre alt). Die stammen übrigens aus unserer Zeit im Lockdown, in der man ja noch mal ganz anders und über eine sehr lange Zeitspanne in den eigenen vier Wänden erfinderisch werden musste. Natürlich kann man immer auf die Klassiker wie Lego, Bauklötze, Verkleidungsspiele, Malen, Bücher, Springseilspringen zurückgreifen, unsere Top Six gehen aber noch mal darüber hinaus.

6. **»Gruseln« im dunklen Raum** mit einem Hörbuch. Das geht auch im Sommer, wenn die Vorhänge fest zugezogen werden oder unterm Hochbett oder Tisch eine düstere Höhle gebaut wird. Jedes Kind bekommt eine Taschenlampe in die Hand, und los geht's. Das macht allerdings kein Kind allein, vor allem wenn es noch zu klein ist. Aber als Gemeinschaft mit einem gesunden Snack dabei geht das sehr gut. Und es regt wunderbar die kindliche Fantasie an.

5. **Kegelspiel basteln.** Dafür braucht man neun bis zehn mit etwas Wasser gefüllte PET-Flaschen und einen Ball, der nicht allzu klein und allzu leicht ist. Und etwas Platz (der Flur ist dafür besonders geeignet). Und los geht's! Kommt bitte nicht auf die Idee, ein fertiges Kegel-Set zu kaufen. Dann nehmt ihr euren Kindern nämlich die Freude, es selbst herzustellen: die Flaschen zusammenzusuchen, vielleicht sogar noch weiter kreativ zu werden, weil es nur drei PET-Flaschen gibt und am Ende dann drei Flaschen neben zwei Klorollen stehen – völlig egal. Auch die selbst gemachten Kegel so lange auszuloten, bis sie richtig stehen und fallen, und den perfekten Ball, Verzeihung, ich meine natürlich die perfekte Kugel, zu suchen, kann eine echte Herausforderung sein …

4. Genau dafür solltet ihr leere, große Kartons aufbewahren: **Fernsehen selbst machen.** Der Karton liegt auf dem Boden, er ist vorn und hinten geöffnet. Auf die vordere aufgeklappte Seite malt ihr eine Fernbedienung mit den Ziffern für die Programme und den Laut- und Leisetasten. Ein oder zwei (oder auch drei, wenn es passt) Kinder legen sich nun in dem Karton auf den Bauch und stellen das Fernsehprogramm ein. Ein oder zwei Kinder performen *vor* dem Karton das Fernsehprogramm und müssen sich immer etwas Neues ausdenken, lauter oder leiser sein, je nachdem, was per Fernbedienung entschieden wird. Dazu darf sich natürlich auch verkleidet werden – gern mit Klamotten aus Mamas Kleiderschrank, die erlaubt sind. Auch das ist ein unglaublich kreativer Prozess. Meist dauert allein die Vorbereitung sehr, sehr lange, das eigentliche Performen ist dann viel schneller erledigt.

3. **Wand als Leinwand:** Dazu werden die Wand und auch ein Stück vom Boden großzügig mit Zeichenpapier beklebt (es gibt zum Beispiel diese Zeichenpapierrollen von IKEA), und Stifte werden bereitgelegt. Jetzt können die Kinder drauflosmalen und sich kreativ austoben. Diese Zeichenwand kann

auch für eine längere Zeit hängen bleiben und regt immer wieder an, zum Stift zu greifen.

2. **Alte Zeitungen** »**recyceln**«: Ich gebe meinen Kindern manchmal alte Zeitungen, und sie haben einen Riesenspaß daran, sie einfach zu zerreißen, zu zerknüllen und die Badewanne oder einen großen Karton damit zu füllen und darin zu »baden«. Es wird auch sehr gern »geduscht«, indem die Papierfetzen mit beiden Händen hoch in die Luft geworfen werden. Auch hier liegt die meiste Zeit natürlich in der Vorbereitung.

1. Unangefochten auf Platz 1 steht für meine Kinder aus dem vergangenen Lockdown-Jahr das **Bauen einer Höhle.** Drum herum entwickeln sie eine ganze Geschichte, schlüpfen in Rollen, sprechen mit anderen Stimmen. Der Fantasie sind da keine Grenzen gesetzt. Sie nehmen sich dann Getränke, Snacks und Bücher mit in ihre Höhlen und übernachten darin am Wochenende auch. Dann habe ich noch mal mehr Zeit, denn dann bringen sie sich am liebsten selbst ins Bett. Eine neue Welt für viele Stunden also. Diese Höhlen werden dabei interessanterweise in jedem Bereich unserer Wohnung, nur nie in den Kinderzimmern gebaut.

KAPITEL 3

Kein schlechtes Mama-Gewissen

Wenn wir unsere Kinder nun so gut beschäftigt wissen, dann lasst uns bloß kein schlechtes Gewissen haben, dass wir uns zu wenig um sie kümmern! Wahrscheinlich leben die meisten von uns sowieso fast permanent mit einem schlechten Gewissen: weil unsere Kinder zu wenig Bio-Essen essen und überhaupt zu wenig Gemüse, weil sie lange fremdbetreut werden, zu wenig basteln, zu wenig kreativ und zu wenig draußen sind, zu viele Süßigkeiten essen, weil wir ab und zu mit ihnen schimpfen und zu oft Nein sagen ... Das Thema »schlechtes Gewissen« wähle ich ganz bewusst an dieser Stelle, denn machen wir uns nichts vor: Wir alle haben mit der Geburt unseres ersten Kindes das schlechte Gewissen im Kreißsaal irgendwie gratis obendrauf bekommen. Bitte sehr! Glückwunsch! Ab jetzt bist du Mutter – mit schlechtem Gewissen.

Aber man hat als Mama nicht nur ein schlechtes Gewissen gegenüber den Kindern, sondern auch gegenüber dem Partner oder der Partnerin, weil man manchmal sehr in sich suchen muss, um genauso viel Gefühl und Zärtlichkeit aufzubringen wie vor den Kindern. Das gilt auch der Arbeit und den Kolleginnen und Kollegen gegenüber, weil man pünktlich Feierabend macht oder gerade wieder einen Tag aussetzen musste, weil das Kind krank war, Freundinnen und Freunden gegenüber, weil man nicht mehr spontan ist und wenig Zeit hat, dem Haushalt, weil zu viel liegen bleibt, oder Tante Emilie gegenüber, weil man es nicht geschafft hat, die Geburtstagskarte rechtzeitig abzuschicken ...

Aber was ist eigentlich ein schlechtes Gewissen? Es ist ein Gefühl von Schuld, weil man (vermeintlich) etwas falsch gemacht hat und sein eigenes Verhalten negativ bewertet oder es sogar von außen negativ bewertet wird. Es ist ganz wichtig, dass wir uns dieses Thema mal zur Brust nehmen, denn gemessen an dem schlechten Gewissen, mit dem wir Tag für Tag zu kämpfen haben, machen wir, wenn wir ehrlich sind und objektiv, doch eigentlich ziemlich viel richtig.

Dass unser Selbstbild so ist, wir also schnell das Gefühl haben, etwas falsch zu machen oder nicht genug zu geben, daran können wir auf die Schnelle nichts ändern. Aber wir sind mit diesem Buch ja auf dem besten Weg hin zu einem neuen, starken Selbstbild, und darüber hinaus können wir unserem **schlechten Gewissen einen positiven Aspekt abgewinnen.** Denn es könnte ja ein Hinweis darauf sein, welche Punkte uns in unserem Leben möglicherweise besonders wichtig sind und wo wir vielleicht noch etwas verbessern wollen. Bei mir ist das zum Beispiel immer das Thema »gesunde Ernährung für meine Kinder« gewesen. Mein schlechtes Gewissen hat mich für meine Verhältnisse zu Höchstleistungen angespornt, denn ihr wisst schon, dass ich höchst ungern in der Küche stehe. Heute aber koche ich möglichst jeden Tag etwas Gesundes für die ganze Familie und habe sogar einen Kochkanal! Aber meine Rezepte müssen idiotensicher, schnell und lecker sein. Und trotzdem gibt es ab und zu mal eine Pizza oder Currywurst an der Bude um die Ecke. Bevor mich dann mein schlechtes Gewissen wieder im Griff hat – und glaubt mir, das geht rasend schnell –, sage ich mir: »Laila, entspann dich! Es ist eine Ausnahme.« Ich kann einfach nicht immer alles so perfekt machen, wie *ich* es gern hätte (wohlbemerkt, nicht die anderen).

Auch »**Fremdbetreuung unserer Kinder**« ist ein gefundenes Fressen für unser schlechtes Gewissen. Auf der einen Seite haben wir immer das Gefühl, nicht ganz vollständig zu sein, wenn nicht alle unsere Kinder um uns herum sind, und wir fürchten, zu wenig für sie da zu sein. Auf der anderen Seite könnten wir ja gar nicht jedem Kind gerecht werden, wenn alle um uns herum wären, und auch nicht unserer Arbeit oder uns selbst, je nachdem, worauf unser Fokus liegt, wenn unsere Kinder im Kindergarten, bei der Oma oder mit dem Babysitter zu Hause sind. An irgendeinem Punkt müssen wir also einen Kompromiss eingehen, das wissen wir. Das schlechte Gewissen aber hält sich wacker als vager Beigeschmack durch den Tag. Ich rate euch jedoch: Lasst dieses Gefühl ziehen. Denn ab einem gewissen Alter müssen Kinder nicht den ganzen Tag um die Mama herum sein, sie können sich zum Beispiel in der Kindergartengruppe sehr gut beschäftigen und entwickeln. Dazu ist übrigens sehr interessant zu wissen: Es war neueren Forschungsergebnissen zufolge vermutlich auch nie so, dass die Mütter den ganzen Tag mit ihren Kindern zusammen waren. Die starken, jungen Frauen sind wahrscheinlich schon in der Steinzeit losgezogen, haben Nahrung gesammelt und sogar gejagt, während die älteren Frauen, die dazu nicht mehr so kraftvoll in der Lage waren, sich um die Kinder gekümmert haben. Es scheint also so zu sein, dass Frauen schon immer gearbeitet haben und nie »nur« für die Familie und den Haushalt da waren.

Und eines sei noch gesagt: Auch berufstätige Mütter lassen ihre Kinder, so kurz es geht, in der Kita, und wir alle möchten am liebsten ganz lange mit unseren Kindern zusammen zu Hause sein. Aber wenn das nun mal nicht geht, macht das keine schlechte Mutter aus uns und ein schlechtes Gewissen deshalb gar keinen Sinn.

Das schlechte Gewissen hat nur insofern eine Berechtigung, als dass jedes Kind auch mal unsere volle, ungeteilte Aufmerksamkeit braucht. Aber dafür gibt es eine gute Lösung. So versuche ich, mich alle zwei Wochen mit jedem meiner Kinder zu einem Special Date zu verabreden, an dem nur ich und das jeweilige Kind zusammen sind und das Kind entscheiden darf, was wir tun. Das sind immer ganz tolle Stunden. Und manchmal ist es auch nur das Begleiten zum jeweiligen Sport und ein dampfender Kakao danach für uns zwei. Für ein Special Date braucht

man für die anderen Kinder dann zwar meist wieder eine Fremdbetreuung, aber das fühlt sich gleich ganz anders an, oder?

Wir Mütter haben sogar ein doppelt schlechtes Gewissen,
wenn wir **berufstätig** sind: einmal unserem Kind gegenüber, weil
wir meist die Ersten sind, die ihr Kind in den Kindergarten bringen, und die Letzten, die es abholen. Und dann dem Arbeitgeber
gegenüber, weil wir nie die Ersten im Büro sind, aber auch nicht
die Letzten, die gehen. Aber soll ich euch was sagen? Wenn ich
eine Firma hätte, würde ich nur Mütter einstellen, denn sie sind
Frauen, die gelernt haben, sich zu konzentrieren und zu fokussieren, sie können Multitasking und schaffen in kurzer Zeit sehr,
sehr viel. Ihr gebt eurem Chef oder eurer Chefin also ganz, ganz
viel in eurer Regelarbeitszeit und braucht dafür kein schlechtes
Gewissen zu haben!

Und habt ihr oft ein schlechtes Gewissen, wenn ihr eure Kinder vor dem **Fernseher** »parkt«? Wir haben schon darüber gesprochen, was die Quantität der Mediennutzung angeht und das
Alter. Aaaber: Wenn wir ab und zu unser Kind fernsehen lassen,
weil uns alles über den Kopf wächst, können wir dazu nicht noch
ein schlechtes Gewissen gebrauchen. Es bietet sich in so einem
Fall eher an, konstruktiv zu sein und lieber nach pädagogisch
wertvollen Serien und Filmen zu suchen, die dann vielleicht sogar etwas gute Bildung vermitteln, möglichst nicht so schnell ge-
schnitten sind und von keiner zu aufwühlenden Musik begleitet
werden.

Ebenso Grund für schlechtes Gewissen ist das **Schimpfen.** Das
ist meist dann der Fall, wenn man unausgeglichen und überfordert ist. Dann noch ein schlechtes Gewissen obendrauf ist keine
gute Sache. Ich finde an dem Punkt immer wertvoll, zu erkennen, dass wir Menschen sind, die auch Emotionen haben, und
dass ich mich als Mutter nicht immer reglementieren muss. Wenn
mir mal die Stimme ausrutscht, dann sage ich mir: »Ich lebe meinen Kindern auch vor, dass ich zu meinen Emotionen stehe.«

Denn auch meine Kinder sollen ihre Emotionen ja nicht runterschlucken und verstecken müssen. Ich lasse meine Kinder auch mal wütend sein, und natürlich dürfen sie weinen, wenn sie traurig sind. Wichtig ist dann eher, dass man als Mama die Situation anschließend wieder auflöst und sich gegebenenfalls entschuldigt.

Am allergrößten ist das schlechte Gewissen bei uns Müttern, wenn wir uns Zeit für uns selbst nehmen, uns selbst etwas Gutes tun. Dabei sollten wir aber nie vergessen, dass wir unseren Kindern Werte vorleben. Wenn wir Mütter nun dazu neigen, aus dem letzten Loch zu pfeifen, weil wir uns nur noch um unsere Kinder drehen und unsere eigenen Bedürfnisse immer hintanstellen, dann leben wir unseren Kindern genau das vor. Wir wollen doch aber nicht, dass sich unsere Kinder später für andere Menschen aufopfern und niemals an sich denken.

Ein schlechtes Gewissen entsteht auch, wenn man das Gefühl hat, dass bei allen anderen alles so gut läuft. Nehmen wir als Beispiel einen vermeintlich perfekten Menschen in eurem näheren Umkreis – ihr wisst ja nicht, wie es bei ihm zu Hause aussieht. Auch dort finden sicherlich Momente statt, die aus gutem Grund nicht für die Öffentlichkeit bestimmt sind. Oder wir nehmen die sozialen Medien als Beispiel, in denen ja sehr vieles sehr schön scheint. Ich kann da aber mal von mir selbst sprechen: Wenn ihr mir auf Instagram folgt, seht ihr nur die schönen Momente meines Lebens. Doch auch bei mir läuft natürlich mal etwas schief und ich bin nicht gut drauf oder sogar an einem richtigen Tiefpunkt. Manchmal möchte ich genau das dann mit euch teilen, aber es gibt auch Momente, da ist mir das einfach zu intim und ich fühle mich zu getroffen, um es teilen zu wollen und zu können. Denn man darf ja nicht vergessen, dass die sozialen Netzwerke einen auch angreifbar machen. Wenn euch also das nächste Mal eure perfekte Nachbarin viel zu gut gelaunt zuwinkt oder ihr die perfekte Story von einer eurer liebsten Influencerinnen seht, dann denkt daran, dass auch sie Menschen sind und sich eventuell nicht verletzlich und angreifbar machen wollen, indem sie ihre Schwachstellen der Öffentlichkeit präsentieren.

⬯ Deine Übungen

- ⚘ Erkenne und finde deine Schlechtes-Gewissen-Fallen im Alltag. Nimm dein Notizbuch und schreibe sie auf. Das ist sicherlich bei jeder von euch etwas anderes, bei der einen gibt es etwas mehr Punkte, bei der anderen weniger.
- ⚘ Nachdem du diese Dinge aufgeschrieben hast, möchte ich, dass du sie genüsslich durchstreichst. Und dir dann aufschreibst, warum es Quatsch ist, aus dem jeweiligen Grund ein schlechtes Gewissen zu haben, und du darum versuchst, diese Gedanken ab heute aus deinem Leben zu streichen.
- ⚘ Zum Beispiel: »Ich habe ein schlechtes Gewissen, wenn ich eine halbe Stunde in der Badewanne liege.« Durchstreichen und darunter: »Das ist Quatsch, weil ich, wenn ich eine halbe Stunde lang allein in der Badewanne gelegen habe, gut gelaunt wieder herauskomme, mehr Kraft und Energie für meine Familie habe und unseren Alltag besser meistern kann.«
- ⚘ Viel schlechtes Gewissen kann man aus dem Weg räumen, indem man an einem Punkt, der einem besonders am Herzen liegt, ganz besonders »gründlich« ist. Wenn du beispielsweise gegenüber deinem Kind ein schlechtes Gewissen hast, weil du wenig Zeit mit ihm verbringst, nimm dir eine besonders schöne, intensive Quality-Time-Stunde Zeit mit ihm vor. Oder wenn du meist die letzte Mama bist, die ihr Kind vom Kindergarten abholt, versuche einmal, früher von der Arbeit aufzubrechen und es ganz bewusst als erstes abzuholen. Wenn du das Gefühl hast, deinen Partner in der letzten Zeit vernachlässigt zu haben, suche ihm ein persönliches kleines Geschenk aus oder schreibe ihm eine Karte, die du auf den Küchentisch stellst, wenn er nach Hause kommt (oder bevor er morgens aufbricht). Das zeigt ihm, dass du auch im Alltag

an ihn denkst, und bewirkt manchmal Wunder – in beide Richtungen. Und wenn du meinst, in der Arbeit nicht genug zu leisten, bring doch einfach mal einen Kuchen mit. Das erfreut die Gemüter, und es zeigt auch, dass du neben der Arbeit eben noch ganz andere Dinge hinzubekommen hast (wie zum Beispiel Kuchen backen). Du wirst sehen: Oft ist das schlechte Gewissen dann wie weggeblasen.

KAPITEL 4

Den Alltag mit Kindern strukturieren und dabei Zeit sparen

Abschließen möchte ich diesen Teil mit einem ganz wichtigen Punkt, nämlich: Wir haben als Mütter so viele Verpflichtungen im Alltag, dass uns diese sehr schnell über den Kopf wachsen können, und das ist dann alles andere als lustig. Und deshalb ist es wichtig, uns passend zu uns und unserer Familie zu strukturieren und zu organisieren, damit unsere Tage noch mehr Spaß machen. Da unser Tag aber leider nicht 48, sondern nur 24 Stunden hat (obwohl ich finde, dass wir uns durchaus ein paar Stunden mehr verdient hätten), ist »Zeit« unser Schlüsselwort. Ach, wenn es doch davon einfach viel mehr gäbe!

Ich habe mir über die Jahre viele Tools angeeignet und gelernt, mich zu strukturieren und Zeit einzusparen, wo es nur geht, um einen schöneren, leichteren und entspannteren Alltag zu leben. Und davon möchte ich die besten mit euch teilen. Einige davon kennt ihr bereits aus vorherigen Kapiteln – ist es nicht ein befriedigendes und gutes Gefühl, das gleich mal anzuwenden?! Und was wir mit der dazugewonnenen Zeit zum Beispiel alles Wertvolles tun können, darüber reden wir im nächsten Kapitel. Es ist nämlich wirklich schön, auch als Einfach-, Mehrfach- und/oder berufstätige Mutter Zeit für seine Partnerschaft, für seine Freundinnen und andere zwischenmenschliche Beziehungen zu haben.

- ❧ **Frühes Aufstehen,** am besten eine Weile vor den Kindern. Ihr wisst es schon, das beinhaltet meine heilige Morgenroutine, die wir bereits besprochen haben.

- ❧ **Genug Schlaf.** Das bedeutet, auch das wissen wir schon: rechtzeitig ins Bett gehen. Wenn ich das mal mehrere Tage hintereinander nicht schaffe, mache ich manchmal einen Powernap von zehn bis fünfzehn Minuten am Tag.

- ❧ Gerade wenn sie noch kleiner sind, ist es superhilfreich und wichtig, wenn auch die **Kinder früh ins Bett gehen,** zumal wenn sie am nächsten Morgen früh aufstehen müssen. Damals, als meine Töchter sieben und drei Jahre alt waren, war das bei uns zwischen halb sieben und sieben. Das mag der einen oder anderen von euch etwas früh vorkommen, aber ich habe die Erfahrung gemacht, dass die Kinder dann morgens von allein aufwachen und nicht aus dem Schlaf gerissen werden müssen. Zum anderen brauche auch ich diese Zeit, wenn der Trubel im Haus sich gelegt hat und ich abschalten kann, sodass ich mich um mich und um Sachen kümmern kann, die noch zu erledigen sind.

- ❧ **Vorarbeiten am Abend.** Ich lege gern die Kleidung der kleinen Kinder heraus, mit meiner mittleren Tochter packe ich gemeinsam den Ranzen beziehungsweise bin mit im Raum, wenn sie ihre Kleidung selbst herauslegt. Viele decken abends schon den Frühstückstisch für morgens. Ich lege mir Sachen, die am nächsten Tag zu erledigen oder mitzunehmen sind, wie zum Beispiel die Post, direkt an die Tür. Dann muss ich am nächsten Morgen nicht an so vieles denken.

- ❧ **Grundlebensmittel, Hygieneartikel und Getränke liefern lassen.** Damit spart man sich wirklich viele Stunden Zeit in der Woche und Kraft. Ich nutze dafür übrigens LebensmittelApps und führe gar keine Einkaufslisten mehr.

※ Und dann kommen wir noch mal auf ihn zurück, denn er ist auch ein wichtiger Punkt zum Zeitsparen: der **gut ausgestattete und sortierte Vorratsschrank.**

※ **Online-Shopping,** egal ob Haushaltswaren oder Kinderklamotten. Gerade mit vier Kindern, die auch mal schlechte Tage haben, bestelle ich zumindest die »Basics« (Socken, Unterhosen und Co.) gern online in zwei Größen und lasse meine Kinder alles in Ruhe zu Hause anprobieren. Wenn die kleinere Größe passt, behalte ich meist auch die größere Größe, denn die passt dann ja als Nächstes.

※ Apropos: Ich habe mittlerweile ein richtiges kleines **Klamottenlager an Basics** für Mädchen und Jungs in jeder Größe, sodass ich immer was dahabe, wenn ein Kind von einer in die nächste Größe wechselt. Da wächst man mit mehreren Kindern in der Regel von ganz allein hinein. Wichtig ist dabei wieder die Ordnung: Dazu eignen sich durchsichtige Kunststoffboxen, da siehst du gleich, was drin ist, und kannst sie außen mit Klebeetiketten mit den jeweiligen Größen beschriften. Solltest du auch ein Mensch sein, der wie ich gern Kleidung weiterverschenkt, dann behalte aber von jeder Sache je eins da, sprich: Von den fünf Jeans, aus denen dein Kind irgendwann rauswächst, gibst du vier weiter, eine behältst du. Denn auf diese kannst du im »Notfall« für deine jüngeren Kinder zurückgreifen. Ich mache übrigens mit meinen Freundinnen regelmäßig einen Kleiderkreisel, bei dem wir alles, aus dem unsere Kinder herausgewachsen sind, neu verteilen. So sehe ich die Kleidung meiner Kinder an den Kindern meiner Freundinnen weiterleben. Das finde ich immer sehr schön.

※ **Kindergeburtstagsgeschenke in petto.** Kinder werden mitunter auch mal recht spontan auf Geburtstage eingeladen beziehungsweise findet man als Mama einfach (mal wieder) viel zu spät die zerknitterte Einladung ganz unten im Rucksack oder die Zahnfee braucht über Nacht ad hoc ein Geschenkchen für den nächsten herausgefallenen Milchzahn. Um dann vorbereitet zu sein und nicht mit vier Kindern auf die Schnelle noch ein kleines Geschenk besorgen zu müssen, habe ich eine Kiste mit ein paar schönen Kleinigkeiten für Mädchen oder Jungs unterschiedlichen Alters.

- **Hobbys der Kinder in der Nähe.** Ich teile diesen Punkt mit euch, obwohl ich mich selbst nicht mehr daran halte, weil zwei meiner Kinder mittlerweile im Leistungssport sind. Das ist zeitaufwendig und kräftezehrend für die ganze Familie, aber manchmal entstehen eben solche Leidenschaften, und dann ist es auch schön, den Kindern den Rücken zu stärken. Aber es gab auch Zeiten, da habe ich meinen Kindern nur Hobbys erlauben können, die in der Nähe unserer Wohnung waren. Denn Hobbys zu sehr ungünstigen Zeiten, die sich mit einem Familienalltag nicht verbinden lassen, kann man manchmal schlicht nicht abfangen. Segeln lernen ist eine schöne Sache. Wenn aber weit und breit kein See in der Nähe ist, kann das eben leider nichts werden. Man darf sich also ruhig fragen: Was passt zu unserer Familie und was ist mit unserem Alltag vereinbar? Da gibt's bestimmt auch ein schönes Hobby in der Nähe zu entdecken.

- **Kein Mamatainment.** Auch diesen Punkt kennt ihr schon. Lasst eure Kinder sich auch mal selbstständig beschäftigen. Ihr könnt ihnen ja ein paar Spielideen geben.

- **Mama-Allianzen bilden.** Was das Leben ebenfalls um einiges leichter macht, ist, wenn sich Mütter gegenseitig unterstützen. Die Logistik mit mehreren Kindern ist herausfordernd, das beginnt am Morgen, wenn die Kinder zu unterschiedlichen Kitas und Schulen gebracht werden müssen, und geht weiter am Nachmittag, wenn es zu verschiedenen Sportvereinen oder zum Musikunterricht geht. Wohlgemerkt: Es muss ja hingebracht *und* abgeholt werden. Als Alleinerziehende habe ich schnell am eigenen Leib erfahren, wie das ist. Ich habe damals die schöne Erfahrung gemacht, mich mit anderen Müttern zusammenzuschließen. So hatte ich zum Beispiel eine Nachbarin in derselben Straße, die auch alleinerziehend war. Die hat jeden Morgen meinen Kleinen abgeholt und mit in den Kindergarten genommen, in den auch ihre Söhne gingen, später dann in die Grundschule. Das war eine unglaubliche Erleichterung, gerade als ich mit Baby im Wochenbett war. Dafür habe ich dann später am Nachmittag die Kids abgeholt, und meine Freundin konnte länger arbeiten, denn ich war ja sowieso mit Baby zu Hause. Das ist nur ein Beispiel, wie man sich gegenseitig organisatorisch unter die Arme greifen kann, es gibt da noch viel mehr Sachen zu entdecken. Man kann auch gut mehrere Kinder zu sich einladen, auf dass sie miteinander spielen. Und an einem anderen Tag gehen sie nach dem Kindergarten oder der Schule mit zu einer Freundin nach Hause und man selbst hat Zeit für sich oder ein anderes Kind.

✂ **Hilfe mit den Kindern und im Haushalt.** Als ich meinen Mann kennengelernt habe, war Baby Nummer drei im Anmarsch, und ich war tagsüber immer noch allein. Also brauchte ich wieder Unterstützung. Meine Eltern haben damals noch gearbeitet, meine Schwester wohnte in einer anderen Stadt. Da haben wir uns ein Au-pair-Mädchen ins Haus geholt. Und das war eine ganz wunderbare Entscheidung, die ich seitdem bereits mehrmals gefällt habe. Ein Au-pair ist ein sehr junger Erwachsener, fast wie ein großes Geschwisterkind, um das man sich auch ein bisschen mitkümmern muss. Aber trotzdem sind es zwei weitere Hände, die einem die Arbeit zu Stoßzeiten enorm erleichtern können. Zum Beispiel kann ein Au-pair mit den anderen Kindern zu Hause sein, während man eines zum Sport bringt, es kann einen bei der Zu-Bett-geh-Routine unterstützen oder mithelfen, das Essen zuzubereiten. Kurzum: Es ist eine ungemein wertvolle Unterstützung im Alltag mit Kindern, darum kann ich auch euch nur nahelegen, euch jemanden an eurer Seite zu organisieren. In vielen Fällen ist das sicherlich der/die Partner/-in, es kann auch wunderbar die Mutter oder Schwiegermutter sein.

- **Ordnung im Haushalt** ist beim Thema »Zeitsparen« auch wieder ganz wichtig. Denn wenn bei uns zu Hause alles seinen Platz hat, finden wir schnell etwas wieder und verschwenden keine Zeit mit Suchen. Weil wir hier beim Thema »Zeitspartipps mit Kindern im Alltag« sind, erwähne ich noch mal explizit: Bezieht gern eure Kinder ein in das Ordnunghalten. Ihr wisst schon, welche Tätigkeiten ich damit meine (Tisch abräumen, Schuhe wegstellen, Zimmer in Ordnung halten …).

- **Nichts aufschieben.** Ich kann jeder von euch wirklich nur dazu raten, Dinge, die zu tun (auch zu reparieren) sind, gleich zu erledigen und nicht aufzuschieben. Sonst sammelt sich irgendwann so viel an, dass man der Dinge nicht mehr Herrin wird. Und außerdem hat man später meist noch viel weniger Lust (und Zeit) dazu.

- **Keine Extrawurst beim Essen.** Je größer die Familie ist, umso schwerer ist es, einen gemeinsamen Nenner bei der Essensauswahl zu finden. Wenn man es aber allen recht machen will, kann das dazu führen, dass man mitunter sechs verschiedene Gerichte zubereitet (Verzeihung, fünf, an sich selbst denkt man ja eh immer zuletzt oder gar nicht). Mein Motto: Ich bereite ein Gericht zu, und alle essen davon. Jeder kann sich mal etwas wünschen, jeder ist mal dran. Aber dann wird sozusagen gegessen, was auf den Tisch kommt. Das ist natürlich so »familienfreundlich« wie möglich und nicht jeden Tag Sauerkraut mit Knoblauch. Aber es macht mir das Leben viel leichter und spart Zeit. Wenn jemand tatsächlich mal nichts am Essen mag, gibt es im Anschluss eine Scheibe Brot oder einen Naturjoghurt. Aber bitte nicht währenddessen, das bringt sonst viel zu viel Unruhe rein.

- ✄ **Blitzrezepte beim Kochen.** Einfache, schnell zubereitete, gesunde Rezepte sind mein Credo. Und sie sollten den Kindern schmecken. Hier ist meine Tiefkühltruhe mein Lebensretter, ihr wisst es schon.

- ✄ **Fernsehzeiten timen.** Meine Kinder dürfen selten fernsehen, unter der Woche in der Regel gar nicht. Am Wochenende wähle dann normalerweise ich den Zeitpunkt des Fernsehguckens, und zwar so, wie es mir gut passt. Das ist für mich entweder Sonntagfrüh, damit ich mal länger schlafen kann, oder auch am Nachmittag, damit ich mir Zeit für eine ausführliche Pflege oder meine Sportroutine nehmen kann. Die Kinder freuen sich ja sowieso immer, wenn sie fernsehen dürfen.

- ✄ Ich habe mir mit einigen Freundinnen angewöhnt, gewisse **Alltagsdinge gemeinsam** zu erledigen wie einkaufen, zur Apotheke oder zum Amt gehen. So verbinden wir unsere Zeit zusammen mit den Dingen, die jede von uns sowieso machen muss, und die bringen dann meistens sogar Spaß. Oder ich telefoniere auch mal gern mit Freundinnen, wenn ich koche. Denn mal ehrlich: Wir finden sonst doch so selten Zeit, uns mit Freundinnen zu treffen, um mit ihnen in ein Café oder zum Essen zu gehen. So können wir zwei Fliegen mit einer Klappe schlagen.

- ✄ **Alles aufschreiben.** Wir haben als Mütter über den ganzen Tag so viel zu organisieren, gerade mit mehreren Kindern. Darum führe ich gewissenhaft To-do-Listen. Da stehen auch Kleinigkeiten drauf wie »Müll runterbringen«, »Waschmaschine anmachen« oder »Oma anrufen«. Denn dann sind diese aus dem Kopf, wir entlasten unser Gehirn und haben mehr Konzentration für andere Dinge.

✂ **Zeitfresser verbannen,** denn die haben in unserem Leben nichts mehr zu suchen. Das können individuell ganz unterschiedliche Sachen sein: nervige Apps, Newsletter, die man nicht mehr liest, aber auch Menschen, die einem Energie klauen, viel von einem fordern, nach deren Besuch man sich nicht so gut fühlt. Dazu kommen wir aber später noch ausführlicher. Wenn du zum Beispiel weißt, dass du definitiv keine Zeit übrig hast, dann lege dein Handy mal zwei Stunden weg und widme dich dem, was du tun musst. Das kann unglaublich erholsam und gut für die Nerven und Konzentration sein.

✂ Auch **gesellschaftliche und soziale Verpflichtungen darf man absagen.** »Nein sagen« ist sowieso ein wichtiges Tool, das wir als Mamas lernen dürfen.

TEIL 4

Partnerschaft, Freundschaften und andere Beziehungen pflegen

Über dieses Kapitel freue ich mich ganz besonders, denn für ein erfülltes Leben brauchen wir auch erfüllte Beziehungen, ob eine intakte Partnerschaft, ein gutes Verhältnis zu unserer eigenen Familie und im Idealfall auch zu unserer Schwiegerfamilie, Freundschaften, die es ja in ganz unterschiedlicher Art und Weise gibt. So besprechen wir mit der einen Freundin eher ernste Themen, wälzen Probleme und schreiben Pro-Kontra-Listen, die andere bringt uns herzlich zum Lachen und wieder eine ordentlich auf die Palme, weil wir irgendwie immer mit ihr aneinandergeraten. Aber wisst ihr was? Auch schwierige zwischenmenschliche Beziehungen, in denen wir uns vielleicht öfter mal auseinandersetzen oder gar streiten, sind gut für uns und unser Leben. Ja, du hast richtig gehört: Wir Menschen brauchen auch zwischenmenschliche Beziehungen, die nicht so gut laufen, um uns weiterzuentwickeln. Denn wenn wir andere Sichtweisen erfahren, können wir unsere eigene erweitern oder aber auch auf ihr beharren und unsere eigene Meinung stärken. Und wenn es dann zur Reibung kommt, ist es auch gut, negative Gefühle herauszulassen – das kann in einem sachlichen, gefassten Gespräch der Fall sein, aber auch mal weniger gefasst –, anstatt sie immer nur herunterzuschlucken. Denn das macht uns irgendwann psychisch oder sogar physisch krank. Außerdem lässt uns die Auseinandersetzung mit Menschen, die uns mal mehr oder auch mal weniger nahestehen, andere zwischenmenschliche Beziehungen, in denen es weniger Reibungspunkte gibt, unterbewusst oder sogar bewusst mehr wertschätzen.

Kurzum, wir Menschen sind äußerst soziale Wesen, die den Austausch in all seinen vielfältigen Facetten brauchen, im besten Fall mit einer ganzen Gruppe unterschiedlicher Menschen. Unsere Partnerschaft ist dabei die kleinste zwischenmenschliche Beziehungseinheit und für viele Menschen auch die allerwichtigste. Denn wenn unsere Kinder aus dem Haus sind, bleibt der Partner an unserer Seite, und wir werden mit ihm alt, zumindest im besten Fall. Wer aktuell in keiner Partnerschaft lebt, kann die folgenden Absätze überspringen und sich einfach etwas später wieder einlesen.

Ihr Lieben, auch wenn wir uns das heute, so mitten im ganz normalen Familienalltag, überhaupt noch nicht vorstellen können: Eines Tages werden unsere Kinder flügge und nicht mehr länger unter unserem Dach leben, und dann wird und darf sich unser Fokus als Eltern von den Kindern weg und wieder zueinander hin verschieben. Denn dann werden wir wieder viel mehr Zeit füreinander haben. Ich persönlich sehe dieser Zeit mit gemischten Gefühlen entgegen – mit einem weinenden Auge, denn ich klammere mich allein bei dem Gedanken daran ganz fest an meine Kinder, weil ich mir nicht vorstellen kann, sie jemals gehen zu lassen. Und mit einem lachenden Auge, denn wisst ihr was: Da ich noch nicht besonders viel von der Welt gesehen habe, weil sich das Reisen zumindest in weit entfernte Gegenden bei mir bisher einfach nicht ergeben hat, plane ich, wenn die Kinder aus dem Haus sind, mit meinem Mann eine Weltreise zu machen. Nur wir beide mit ganz viel Paarzeit, man nennt diese Zeit der Partnerschaft im fortgeschrittenen Alter schließlich nicht umsonst den »zweiten Frühling«. Vielleicht sollte ich zu gegebener Zeit auch ein Buch darüber schreiben, wie es ist, als Sechzigjährige auf Weltreise zu gehen, denn machen wir uns nichts vor, vorher wird mein Jüngster bestimmt nicht ausziehen. Und wenn ihr weiter so treu an meiner Seite bleibt, ist es wahrscheinlich schon mein zwanzigster Ratgeber, in dem ich dann eventuell davon berichte, wie es ist, über den Atlantik zu segeln und vor der Küste Kubas Cha-Cha-Cha zu lernen.

Aber Moment mal, Leute, bis dahin ist noch eine ganze Menge Zeit! Es ist unbedingt wichtig, vorher schon die Partnerschaft zu genießen, sie zu leben und zu *er*leben und den Schatz immer mal wieder auch nicht nur als Vater zu sehen, egal, wie gut er darin ist, sondern auch als den umwerfenden Typen, den ihr unbedingt kennenlernen wolltet, weil er der Schönste, Coolste, Attraktivste, Schlauste war. Beziehungsweise deine Frau nicht nur als Mutter zu sehen, sondern auch als heiße Frau, als die du sie kennengelernt hast. Guck dir deinen Schatz auch im Alltag noch mal mit den verliebten Augen von früher an, als ihr noch nicht ständig die Kinder umsorgen musstet. Ich weiß, das fällt manchmal gerade zwischen Homeoffice und Karottenbrei vom weißen Shirt pulen nicht so leicht. Aber ich bin davon überzeugt, dass diese Arbeit an der Partnerschaft eine sehr wichtige ist. Denn die Scheidungsrate steigt, und das ist auf der einen Seite etwas Gutes, weil es zeigt, dass wir in einer Gesellschaft leben, in der man sich immer wieder neu und hoffentlich frei entscheiden darf und sich nicht irgendwelchen Zwängen unterordnen muss. Auf der anderen Seite zeigt es aber auch, wie fragil das Beziehungskonstrukt ist, in dem viele von uns leben. Im Alltag liebevoll und respektvoll miteinander umzugehen hilft enorm dabei, die Partnerschaft zu stärken und zu stabilisieren.

KAPITEL 1

Trotz Kindern ein Liebespaar bleiben

Eine funktionierende Partnerschaft, in der die Eltern sich wertschätzen und lieben, ist eine wichtige Säule des harmonischen Familienalltags, das schließt wenig Streit (beziehungsweise eine gesunde Streitkultur) und Quality time ein. Leider kommt die aber nun mal häufig im Alltag zu kurz. Wenn man jedoch irgendwann »nur« noch Eltern ist und gar kein Paar mehr, kann sich das ganz schnell schlecht auf die Stimmung in der Familie und natürlich auf das eigene (Un-)Glücksempfinden auswirken.

Darum ist es so wichtig, dass wir auch unser Paarsein im Blick behalten in unserem turbulenten Alltag. Das können wir mit ein paar einfachen Dingen schaffen, die sich leicht in unseren Alltag integrieren lassen und keine großen Veränderungen erfordern.

Wie ihr ja wisst, habe ich (leider) bereits eine gescheiterte Ehe hinter mir. »Leider« deshalb, weil es immer schade ist, wenn man sich entscheidet, einen einmal gemeinsam eingeschlagenen Weg doch nicht länger zusammen zu gehen. Und dann »leider«, aber in Klammern, weil ich ja sehr glücklich über diese Wendung bin, hätte ich doch andernfalls nicht meinen Seelengefährten, meinen Mann, heute an meiner Seite. Auch mein Mann hat bereits eine Ehe hinter sich, in der nicht alles immer optimal gelaufen ist. Aufgrund unserer Erfahrungen und dem, was daraus an Wünschen und auch an Wissen erwachsen ist, sind wir besonders achtsam mit unserer Beziehung. Und selbstverständlich möchte ich diese Erfahrungen und ihre Konsequenzen mit euch teilen.

✗ **Date Night.** Mein Mann und ich versuchen so oft wie möglich eine Date Night zu verabreden. Okay, manchmal schaffen wir keine Date *Night,* dann wird daraus eben ein Date-

Nachmittag oder ein Date-früher-Abend. Denn ihr wisst selbst, wie das ist, manchmal ist man für den abendlichen Kinobesuch einfach zu müde und muss ja auch am nächsten Tag früh wieder raus. Und okay, »so oft wie möglich« ist bei uns meist nur alle zwei Wochen. Und ja, in den meisten Fällen sind das keine stundenlangen Opernbesuche, sondern es ist nur eine halbe Stunde, die wir uns in der nahe gelegenen Einkaufsstraße einen Tea-to-go holen und uns einfach treiben lassen von den Menschen und der Geschäftigkeit um uns herum. Und manchmal bekomme ich meinen Mann sogar dazu überredet, mit mir in den Supermarkt zu gehen. Das fühlt sich für mich dann auch ein bisschen wie ein Date an, weil ich sonst ja immer allein einkaufen gehe – zumindest dann, wenn wir keine Kinder hinter uns herziehen. Denn ausschlaggebend ist beim Zusammensein nicht unbedingt die Art und Dauer, sondern es geht vielmehr um die Intensität, mit der man das Zusammensein erlebt. Und glaub mir, knutschend mit deinem Partner, mit dem du vielleicht schon seit vielen Jahren zusammen bist, durch eine Einkaufsstraße zu laufen, und das, obwohl du vielleicht nicht mehr achtzehn bist, sondern wie in meinem Fall schon fast vierzig, hat auf jeden Fall Date-Charakter. Und macht so richtig Spaß. Noch mehr übrigens, wenn einen die Leute dabei komisch angucken.

✂ Deine Übung

Lege das Buch kurz beiseite und verabrede dich noch heute mit deinem Schatz zu einem Date. Organisiere wenn möglich Babysitter/Restaurantreservierung/Kinotickets oder was auch immer dazu nötig ist. Juhu, ihr habt ein Date vereinbart!

✂ **Liebe machen.** Ich finde meinen Mann immer extrem anziehend, wenn wir unsere Date Night haben und er so chic zurechtgemacht ist und wenn andere Frauen ihn vielleicht anschauen, weil er eine unglaubliche Präsenz ausstrahlt. Und ich finde auch mich selbst sehr anziehend, wenn ich mich in Schale werfe und hübsch mache. Alle, die mich von YouTube oder Instagram kennen, wissen ja, dass mein Jogginganzug praktisch an mir lebt (mittlerweile bin ich ja sogar Designerin von Lounge-Ware und Joggingkleidung), aber mich ab und zu mal in viel zu hohen Schuhen und dem kleinen Schwarzen zu präsentieren, gibt auch mir das Gefühl, unwiderstehlich zu sein. Ich finde zudem, dass unsere Arbeit am Buch darauf hinausläuft, dass wir alle unwiderstehlich sind. Ist euch das eigentlich klar? Bei der Bewegung, der Ernährung und dem Selbstbewusstsein kann das doch gar nicht anders sein! Und was ist, wenn unwiderstehliche Menschen aufeinanderprallen? Dann gibt's natürlich auch ein unwiderstehlich anziehendes Liebesleben. Ich kann zumindest von mir sagen, dass ich, je wohler ich mich in meiner Haut fühle, umso mehr Lust auf Sex habe. Und je mehr Lust ich auf Sex habe, umso mehr stecke ich auch meinen Mann damit an. Für mich gibt es kaum etwas Schöneres in der Beziehung als Liebe machen, Liebe machen, Liebe machen! Und am besten nie damit aufhören, um miteinander Erfüllung trotz Kindern, Familie, Beruf, Hektik und ganz normalem Alltag zu finden und auch im hohen Alter noch ein glückliches Liebesleben zu haben. Sex ist insofern ein wichtiger Teil einer Paarbeziehung, weil er eine große Nähe schafft, unser Gefühl von Zusammengehörigkeit stärkt, aber auch Spannungen auflösen kann, gerade körperliche, also ein Ventil ist. Das hat mit den Hormonen zu tun, die beim Geschlechtsakt ausgeschüttet werden, insbesondere Oxytocin als »Kuschelhormon« sowie Serotonin und Dopamin, die beide im Grunde zu den »Glückshormonen« zählen und uns energetisch und kraftvoll machen.

Wenn du aktuell in einer Paarbeziehung lebst, in der ihr schon lange nicht mehr intim miteinander gewesen seid, dich das stört und euch etwas fehlt, dann gebe ich dir folgenden Rat: Spring über deinen Schatten und mache den ersten Schritt. Zieh dir vielleicht etwas Heißes an, besorge »Erwachsenenspielzeug« oder versuch doch mal ein Rollenspiel mit deinem Partner oder deiner Partnerin. Es kann Wunder bewirken, wenn man sich etwas fremd ist, denn damit wird das Ganze auch wieder interessanter und regt die Libido auf beiden Seiten an. Hab also keine Sorge, dass dein Schatz das merkwürdig findet, weil er dich so vielleicht gar nicht kennt, er wird sich garantiert darüber freuen.

∞ Deine Übung

Wann hast du deinen Schatz zum letzten Mal verführt? Plane jetzt das nächste Mal und freu dich drauf! By the way, auch ich werde jetzt aufhören zu schreiben und vorfreudig zu meinem Mann ins Bett klettern.

∞ **Den Schatz glücklich machen.** Was mein Mann mir von Anfang an gezeigt hat, ist, wie wichtig ihm unsere Beziehung ist und was er bereit ist, für sie zu geben – indem er nämlich immer wieder Dinge für mich tut, für die er über seinen Schatten springt, um mich glücklich zu machen. Das habe ich mir von ihm abgeguckt und hätte nie für möglich gehalten, was für eine wunderbare Dynamik dadurch entsteht. Statt des Aufrechnens von »Wer hat mehr gegeben und wer ist jetzt dran?«, überlegt man sich lieber, wie man seinem Herzensmenschen eine Freude machen kann. Das kann zum Beispiel eine kurze Rücken- oder Fußmassage zwischendurch sein, eine liebevolle Umarmung, ein paar nette Sätze zum Aussehen, eine kleine Aufmerksamkeit, ein Blumenstrauß, ein paar geschriebene Zeilen, vielleicht sogar ein Liebesbrief … Der Fantasie sind keine Grenzen gesetzt. Das ist wirklich ein ganz, ganz toller Kreislauf, denn wenn beide glücklich sind, gibt man umso lieber. Und Geben macht ohnehin schon Freude, wie wir bereits wissen.

※ Man kann sich gegenseitig mit Taten glücklich machen, aber auch mit Worten. **So loben mein Mann und ich uns gegenseitig** einfach, sooft es geht, denn wenn man sich schon gegenseitig bewundert, kann man das auch bitte immer unbedingt laut aussprechen. Das ist eine ganz wunderbare Art, sich gegenseitig die schönsten Komplimente zu machen, weil man zeigt, dass man das, was der andere im Alltag oft »nebenbei« tut, sieht und honoriert, und man den anderen bei dem, was er oder sie da so routiniert tut, im besten Fall noch megaattraktiv findet.

✹ Deine Übung
Überlege dir eine Kleinigkeit, mit der du deinen Schatz glücklich machen kannst. Lies bitte nicht weiter, bevor dir etwas eingefallen ist, nimm dir also Zeit und werde gern kreativ.

※ **Gemeinsame Hobbys.** Es schweißt auch zusammen und verbindet, wenn man Aktivitäten findet, die man als Paar in der Freizeit gemeinsam machen kann. Ich habe beispielsweise für meinen Mann das Skifahren gelernt und so sein Hobby mit zu meinem gemacht. Es muss aber nicht immer ein großes neues Hobby, es können auch Kleinigkeiten im Alltag sein wie gemeinsame Spaziergänge, Einkäufe, Kochen, zusammen den Alltag feiern. Solltest du allerdings schon den Arbeitsplatz mit deinem Partner teilen, ihr also den ganzen Tag zusammen sein, dann ist es mitunter erfrischend, nicht auch noch alle Hobbys gemeinsam zu verbringen.

※ **Verabredung mit Freundinnen.** Sich von Zeit zu Zeit einen gepflegten Mädelsabend zu gönnen, kann ich nur empfehlen. Vielleicht wundert ihr euch, was das mit der Partnerschaft zu tun hat. Es ist einfach wichtig, auch mal etwas anderes zu erleben, von dem man dem/der Partner/-in hinterher berichten kann, so bleibt man interessant und nicht immer verfügbar. Mich beflügeln, ja, euphorisieren diese Treffen immer geradezu, sodass ich mit ganz viel frischer Energie in meinen Alltag zurückkehre. Außerdem finde ich es ganz chic und anregend, wenn mein Mann mich ab und zu ein bisschen vermisst …

✂ Deine Übung
Wann hast du das letzte Mal deine Freundinnen getroffen? Plane *jetzt* eure nächste Verabredung!

✂ **Miteinander reden.** Ich würde sagen, Kommunikation ist alles. Mein Mann und ich sprechen nicht nur darüber, was es in unserer Woche zu organisieren gibt oder was am Wochenende vielleicht ansteht, sondern auch über das, was uns den Tag über beschäftigt hat, außerdem teilen wir schöne Gedanken und Erlebnisse, reden auch mal nur über Kleinigkeiten. Natürlich ist man am Abend oft geschafft und müde und hat keine wirkliche Lust und Energie mehr auf eine lange Unterhaltung. Trotzdem versuchen wir, uns jeden Tag ein bisschen Zeit zu nehmen, wenn die Kinder im Bett sind und wir Ruhe haben, um miteinander zu sprechen, wenn mein Mann manchmal beruflich über Nacht weg ist, wenigstens am Telefon. Manchmal erinnern wir uns auch zusammen an unsere ganz verliebte Anfangszeit. Das kann man übrigens auch super vor den Kindern machen, denn die lieben es, wenn ihre Eltern davon erzählen, wie sie sich kennengelernt haben – auch zum hundertsten Mal. Ich erinnere mich auch allein unglaublich gern daran, wie ich meinen Mann bei unserem Kennenlernen in den ersten Wochen empfunden habe. Das holt mir sofort die Schmetterlinge zurück in den Bauch. Womit wir wieder beim Liebemachen wären … Ihr seht schon: Es gibt einige Mittel und Wege, sich selbst Lust zu machen.

 Deine Übung

Wenn eure Kommunikation in letzter Zeit etwas zu kurz geraten ist, dann nimm dir ganz bewusst heute Abend etwas Zeit dafür. Frage deinen Schatz, wie es auf der Arbeit gelaufen ist oder was er oder sie den Tag über gemacht und erlebt hat. Manchmal fragen wir einfach zu wenig.

✂ **Richtig streiten.** Mir ist auch ganz wichtig, dass wir »richtig« streiten. Ich schätze eine Streitkultur, bei der man auch mal streiten *darf,* allerdings ohne dass es verletzend wird. Wenn man jemanden besonders gut kennt, und das ist in einer Partnerschaft ja der Fall, dann weiß man auch, wie man den anderen verletzen kann. Das sollte man aber bitte niemals tun. Wörter wie »Scheidung« oder »Trennung« und ähnliche haben in einer guten Streiterei darum nichts zu suchen. Womit wir wieder beim Thema »Achte auf deine Wortwahl« wären. Und hinterher sollte man es schaffen, wieder aufeinander zuzugehen. Das fällt aber nicht jedem gleich leicht. Mir gelingt das zum Glück ganz gut, meinem Mann nicht so, darum bin ich es meist, die den ersten Schritt nach einem Streit macht. Das bedeutet ja noch lange nicht, dass der andere dadurch automatisch recht hat, denn ich kann trotzdem bei meinem Standpunkt bleiben. Es bedeutet lediglich, dass es einem in diesem Moment wichtig ist, die negative und angespannte Energie aus dem Weg zu räumen und wieder ein liebevolles Miteinander zu ermöglichen. Wenn man mit ein klein bisschen Abstand feststellt, dass man vielleicht über das Ziel hinausgeschossen ist und eventuell doch nicht ganz im Recht war, finde ich es auch einen feinen, mutigen Schachzug, sich offen zu entschuldigen.

※ Eng damit verbunden sind **all die Kleinigkeiten, über die man sich im Alltag aufregen kann. Aber nicht sollte.** Im Idealfall sollte man einfach über sie hinwegsehen und sich ihretwegen bloß nicht mit dem Partner streiten. Das habe ich auch von meinem Mann gelernt, der ganz geduldig mit meinen eigenen kleinen »Fehlern« im Alltag umgeht und sie mir niemals vorhalten würde. Darum tue ich das auch nicht bei ihm. Und wenn einen die nicht geschlossene Zahnpastatube, die hochgeklappte Klobrille oder die herumliegende Single-Socke so sehr stört, schließt man die Zahnpastatube eben selbst, klappt die Klobrille runter oder schmeißt die Socke in die Wäsche. Vielleicht sogar, und das wäre die Königsdisziplin, liebevoll und gern. Ich verspreche euch: Es macht das Leben so viel leichter.

KAPITEL 2

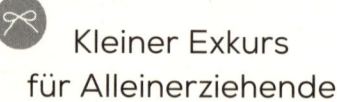

Kleiner Exkurs
für Alleinerziehende

Vielleicht wundert ihr euch, dass ich das Thema »alleinerziehend«
ausgerechnet in das Kapitel »zwischenmenschliche Beziehungen«
einfüge. Das liegt daran, dass ich dem Thema kein eigenes Kapitel
zu widmen brauche, denn ich denke über das gesamte Buch hin-
weg alles auch immer als Alleinerziehende mit. Ihr wisst ja bereits,
dass ich mir meine hier niedergeschriebenen Prinzipien und mein
»Lebenskonzept« erarbeitet habe, als ich selbst alleinerziehend
war. Zumindest habe ich damals damit begonnen und es immer
weiter ausgebaut. Und auch in meiner jetzigen Partnerschaft ist
mein Alltag oft noch so organisiert und beschaffen, dass ich alleinerziehend sein könnte, weil mein Mann häufiger ein oder zwei
Wochen am Stück gar nicht da ist. Natürlich ist das nicht zu ver-
gleichen mit dem, was es bedeutet, wirklich ohne Partner zu sein,
und ich weiß diesen großen Unterschied sehr genau zu erkennen
und zu schätzen. Nichtsdestotrotz sind die vorherigen Kapitel
allesamt so aufgebaut, dass sie eben auch für Alleinerziehende
funktionieren. Beim Zwischenmenschlichen ist das jedoch etwas
anders, lasst uns darüber nun einmal offen und ehrlich sprechen.

Alleinerziehend zu sein bedeutet in den allerwenigsten Fällen,
ganz allein mit seinem Kind auf weiter Flur zu sein. In vielen
Fällen gibt es den Vater des Kindes, mit dem man in Kontakt ist,
um Dinge rund um die Erziehung und Betreuung zu organisieren, wahrscheinlich pendeln die Kinder von A nach B zwischen
dir und deinem/deiner Ex-Partner/-in hin und her, hoffentlich
erfährst du Unterstützung durch Eltern, Geschwister, Freundinnen oder andere. Vielleicht hast du aber auch zu wenig Unterstützung, stehst kaum im Austausch zu anderen Erwachsenen

und fühlst dich überfordert so allein mit deinen Kindern. Sind sie aber bei deinem Ex-Partner, kannst du auch wieder nicht richtig entspannen, denn dann fühlst du dich erst recht allein – *weil* deine Kinder nicht da sind. Möglicherweise hast du deine Kinder auch generell zu wenig bei dir, weil ihr Vater sein Recht zu sehr einfordert.

In jedem Fall ist es eine sehr schwierige und oftmals auch sehr individuelle Situation, alleinerziehend zu sein. Und das Gefühl des Alleinseins definiert sich noch mal ganz neu. Vielleicht hast du also gerade ganz besonders das Bedürfnis, einen neuen Partner kennenzulernen. Darum möchte ich dir hier und sofort sagen (denn ich kenne diese Gedanken auch, obwohl ich als Alleinerziehende mit Anfang zwanzig in der »Blüte meiner Jahre« stand): Du bist nicht uninteressant oder gar unattraktiv, weil du alleinerziehend bist und Kinder hast. Nachdem ich mich aus meinem Schneckenhaus herausgetraut hatte, haben meine Erfahrungen sogar das Gegenteil gezeigt. Eine Frau, die Mutter ist, oder ein Mann, der Vater ist, hat nämlich ganz, ganz viel zu geben: Liebe und Fürsorge, sie/er kann sich kümmern und hat ein sehr großes Herz. Und das sind sehr attraktive Attribute für all die einsamen Männer und Frauen da draußen.

Wenn es dann so weit ist und ein Date ansteht, würde ich empfehlen (aber ich bin keine Beziehungsexpertin, da sprechen nur die eigene Erfahrung und der Menschenverstand aus mir), alle Themen, die zu schwer sind, lieber erst mal außen vor zu lassen. Trennungen und anderes Leid sollten wir vielleicht nicht gleich beim ersten Treffen auf dem Silbertablett servieren. Und dass wir schon Kinder haben, können wir natürlich fröhlich beiläufig erwähnen, aber niemals sollten wir es einleiten mit Worten wie »leider …« und dabei bedauernd oder gar entschuldigend klingen. Wir sind der Mensch, der wir sind, und dazu können wir stehen. Nur müssen wir ja nicht gleich alle Tiefen unseres bisherigen Lebens beim ersten Date zur Sprache bringen.

KAPITEL 3

Harmonisch als
Patchworkfamilie leben

Patchworkfamilien gibt es immer häufiger, sieben bis dreizehn
Prozent aller Kinder in Deutschland wachsen heute in einer
Patchwork-Familiensituation auf. Ich lebe ja selbst in einer. Eine
Patchworkfamilie ist eine, in der mindestens ein Elternteil ein
Kind oder mehrere Kinder aus einer früheren Beziehung in die
neue Familie mitbringt.

DEN*DIE NEUE*N PARTNER*IN VORSTELLEN

Vielleicht lebt auch die eine oder andere von euch in einer
Patchworkfamilie oder aber steht noch davor. Vielleicht hast du
jemanden kennengelernt und überlegst nun, wann der richtige
Zeitpunkt ist, ihn deinen Kindern vorzustellen. Und das ist auch
wirklich ganz entscheidend. Meiner Meinung nach sollte das
nicht zu früh passieren, denn beim ersten oder zweiten Date weiß
man doch selbst noch nicht, ob man wirklich sein Leben mit diesem Menschen verbringen möchte. Wenn du aber an einen Punkt
kommst, an dem du dir vorstellen kannst, länger mit dieser Person zusammen glücklich zu sein, wäre es schön, die Kinder ins
Boot zu holen und kein Versteckspiel über eine längere Zeit daraus zu machen. Es ist nämlich wirklich wichtig, herauszuspü-
ren, wie sich Kinder und neuer Partner (es kann natürlich auch
immer eine Partnerin sein) überhaupt verstehen. Denn eins ist
klar: Der neue Partner muss vor unseren Kindern bestehen, weil
sie das Wichtigste in unserem Leben sind.

Wie du deine Kinder mit deinem neuen Partner bekannt

machst, bleibt natürlich dir überlassen. Bewährt hat sich, sich irgendwo außerhalb der eigenen vier Wände und natürlich auch denen des neuen Partners zu treffen. Man kann sich eine schöne Freizeitaktivität aussuchen, die den Kindern Spaß macht. Wenn die Kinder noch kleiner sind, muss vorher gar nicht groß angekündigt und besprochen werden, wozu dieses Treffen dient, wer dazukommt und warum. Es geht zunächst nur um ein erstes »Beschnuppern«, sozusagen, so zwang- und erwartungslos wie möglich. Wenn man schon Kinder im Teenageralter hat, sollte man die Lage allerdings vorher einmal erklären: dass man jemanden kennengelernt hat und denjenigen jetzt gern vorstellen möchte. Ich habe damals sehr gute Erfahrungen damit gemacht, meinen heutigen Mann darum zu bitten, sein Hauptaugenmerk bei diesem Treffen auf die Kinder zu richten, nicht auf mich oder uns. Wir haben uns damals fürs Naturkundemuseum verabredet. Mein Mann wartete bereits vor dem Eingang mit den Tickets auf uns und war vorher eine Runde durch das Museum gegangen, sodass er schon mal wusste, wo sich was befand. Er hat dann während unserer gemeinsamen Tour den Kindern alles erklärt, sich mit ihnen unterhalten und ganz ungezwungen ihre Begeisterung geweckt. Sie fanden alles, was er erzählte, sehr interessant und ihn dabei auch total witzig. Das hat die für mich schon wahnsinnig aufregende Situation enorm entspannt und mir den Druck genommen.

Ein sehr lustiger Funfact dazu, den ich euch nicht vorenthalten möchte: Meine Kinder sind damals in ihrem Alltag nicht sehr oft Männern in Anzügen begegnet. In ihren Augen war der Anzug eine Arbeitskleidung. Bei unserem Treffen im Museum trug mein Mann nun aber einen Anzug. Und nach dem Treffen, als ich wieder allein mit meinen Kindern war, sagte mein Großer, der damals sechs Jahre alt war: »Du, Mama, der Mann, der da gearbeitet hat, war aber sehr nett.«

Und dann ist es also so weit, und aus zwei Familien (wenn denn auf beiden Seiten Kinder sind) ist eine neue geworden, eine Patchworkfamilie. Dass man in dieser harmonisch miteinander lebt, geschieht natürlich nicht von einem Moment auf den anderen, denn dafür kommen hier zu viele verschiedene Personen, Erwartungen, Hoffnungen, Enttäuschungen und Sorgen zusammen. In dem Moment aber, in dem alle beteiligten Erwachsenen (und damit meine ich auch die jeweiligen Ex-Partner/-innen) auf das Wohl der Kinder (der eigenen oder Stiefkinder) achten, geht die Geschichte in den allermeisten Fällen gut aus, und der Umgang der Kinder und auch der Erwachsenen miteinander wird harmonisch sein.

Damit meine ich konkret: Wir sollten unserem Kind genug Raum und Zeit geben, sich an die neue Situation zu gewöhnen. Wir dürfen nicht vergessen, dass in einer Patchworkfamilie zum Teil mehrere Kinder auf einmal zusammenkommen, die sich vorher gar nicht kannten (und die sich vielleicht auch leider nicht besonders mögen) und auf einmal wie Geschwister sein sollen (auch wenn sie vorher vielleicht gar keine hatten). Sie alle haben eine Trennung ihrer leiblichen Eltern hinter sich, was für sie bedeutet, dass ihr gesamtes Weltbild in diesen jungen Jahren bereits einmal komplett aufgelöst worden ist. Wir sollten darum besonders darauf achten, jedes Kind in seiner Individualität zu sehen und zu behandeln, es auch mal ganz allein mit seiner Mama oder seinem Papa sein zu lassen, es sollte sich darauf verlassen können, was ihm gehört und was es vielleicht auch nicht teilen muss. Das ist insbesondere wichtig, wenn zwei Kinder aus unterschiedlichen Beziehungen vom Alter her sehr nah beieinander sind, denn da neigen die »neuen« Eltern dazu, sie gleich zu behandeln.

Mein ganz großer Herzenswunsch ist, dass wir uns niemals, wirklich niemals gegen das eigene Kind stellen, auch wenn es sich gegen den neuen Partner stellt und rebelliert. Stattdessen sollten wir es fest umarmen, es trösten, auffangen und stärken. Denn eine Rebellion ist in diesem Falle keine boshafte Handlung – wie sie es übrigens niemals bei Kindern, kleinen wie großen, ist –, sondern ein Ausdruck von Überforderung, großer Trauer bis hin zu Verzweiflung über die Trennung seiner Eltern. Bei Kindern im Teenageralter können durchaus schon Gespräche stattfinden. Wir können ihnen zum Beispiel erklären, dass unser neuer Partner nicht der Grund für die Trennung ist. Das kann dabei helfen, dass die Kinder das Vermissen des leiblichen Elternteils nicht in Hass und Ablehnung gegen den neuen Partner ummünzen. Dadurch wird das neue »Patchworkfamilien-Projekt« außerdem zu einer Familienangelegenheit, und das schweißt wiederum im besten Falle alle zusammen.

Aber auch wenn du ein Stiefelternteil bist, tust du gut daran, dich in das Kind deines neuen Partners hineinzuversetzen und ihm mit Verständnis zu begegnen. Versuche, es zu verstehen, wenn es dich erst mal ablehnt, sein Verhalten nicht persönlich zu nehmen, dich ein Stück weit liebevoll (nicht beleidigt!) zurückzuziehen und darauf zu vertrauen, dass sich im Laufe der Zeit (das können Wochen, Monate oder auch Jahre sein) alles zum Guten fügen wird.

Und noch etwas ist wichtig: Ein neuer Partner kann mit für die Kinder sorgen und sie *ver*sorgen, aber er sollte sich vor allem am Anfang nicht in die Erziehung einmischen, insbesondere nicht, wenn Ablehnung vonseiten des Kindes da ist oder es schon älter ist. Da heißt es dann, sich ein Stück weit zurückzunehmen.

DER UMGANG MIT DEM*DER EX-PARTNER*IN

Zum Punkt »Das Hauptaugenmerk auf das Wohl der Kinder legen« gehört auch der Umgang mit Ex-Partner/-innen. Und die haben leider oft die Fähigkeit, uns ganz leicht aus der Fassung zu bringen. Sie können uns unglaublich wütend, enttäuscht und traurig machen, weil sie emotionale Knöpfe bei uns drücken können, von denen andere nicht mal etwas ahnen. Die oberste Regel lautet auch hier: Egal, was dein/-e Ex-Partner/-in falsch macht, rege dich nicht vor deinen Kindern darüber auf, mache ihn oder sie nicht schlecht. Im Gegenteil: Stärke ihm/ihr sogar den Rücken. Wenn der/die Ex-Partner/-in zu spät kommt zum Kinderabholen, wirfst du es ihm/ihr nicht vor. Wenn er/sie ein Treffen mit den Kindern spontan absagt, regst du dich nicht vor deinem Kind darüber auf, selbst wenn du deswegen eine lange geplante Verabredung absagen musst, sondern bügelst es aus – dann macht ihr euch eben einen schönen Tag. Ich weiß, das erfordert von uns ganz, ganz viel Nach- und Umsicht und eine Menge Nerven und Tief-Durchatmen. Aber es ist das einzig Richtige und Gute. Für unsere Kinder. Und damit auch für uns. Denn unsere Kinder wollen nicht wissen, dass einer ihrer Eltern unzuverlässig ist oder gemein und böse. Sie lieben ihre beiden Eltern, und sie *wollen* ihre beiden Eltern lieben. Unbedingt. Im Idealfall hat dein/-e Ex-Partner/-in dieselbe Einstellung wie du, dann kann auch diese Beziehung – denn ja, auch das ist eine zwischenmenschliche Beziehung – harmonisch laufen und raubt dir keine Kraft und Energie. Übrigens: Wenn deine Kinder nicht dabei sind, darfst du natürlich deine Meinung über deine/-n Ex-Partner/-in sagen und musst nicht so tun, als sei alles in bester Ordnung, wenn es das nun mal leider nicht ist. Vielleicht hast du eine gute Freundin oder einen guten Freund, bei der/dem du dich mal so richtig schön ausmeckern kannst in Situationen, die dich auf die Palme bringen.

Was wir möglichst auch vermeiden sollten, ist, unser Kind »auszufragen« über die Zeit beim/bei der Ex-Partner/-in, und damit meine ich nicht Fragen wie »Was habt ihr in der Schule gemacht?«, sondern Fragen, deren Antworten unsere unterschwellige eigene Neugier oder auch unsere Eifersucht befriedigen sollen. Lasst uns da bitte ganz ehrlich mit uns selbst sein. Denn für unser Kind ist es kein schönes Gefühl, zwischen den Fronten zu stehen. Und Kinder haben ein extrem gutes Gespür dafür, wenn sie das doch tun. Wir wollen diese Patchwork-Situation ja aber für unsere Kinder so schön und natürlich und angenehm wie möglich gestalten und sie nicht in unangenehme Situationen drängen. Natürlich müssen wir immer nachbohren, wenn unser Kind geknickt zu uns zurückkommt, es ihm offenbar nicht gut geht, ihm etwas auf der Seele lastet. Das ist aber ja immer der Fall, egal ob nach dem Aufenthalt bei dem/der Ex-Partner/-in, nach der Schule, dem Besuch bei der Freundin oder dem Fußballtraining.

Mir ist bewusst, dass all das, was ich gerade geschrieben habe, mitunter sehr schwer umzusetzen ist. Und es wird auch eventuell nicht immer alles so schön laufen, wie wir es uns vornehmen und wünschen. Aber mir war es ein wichtiges Anliegen, unser großes Ziel einmal in seiner ganzen möglichen Harmonie niederzuschreiben. Vielleicht ist das hier ja ein guter Abschnitt im Buch, den du deinem/deiner Ex in die Hand drücken oder ihm/ihr abfotografieren und rüberschicken möchtest. Ich kann euch einfach nur dazu raten, dranzubleiben. Auch bei uns war es nicht immer harmonisch, und so eine Patchworkfamilie bedeutet viel Arbeit bei vielen unterschiedlichen Egos. Aber zum Glück haben mein Ex-Mann, mein jetziger Mann und ich recht schnell am selben Strang gezogen und dasselbe Ziel verfolgt. Unsere Kinder haben es dadurch geschafft, die Trennung als eine Art Bereicherung zu empfinden, zumindest haben sie immer verstanden, dass die Familie nicht kleiner geworden ist, sondern größer, denn sie haben noch einen Papa dazubekommen, statt sich womöglich zwischen zwei Seiten entscheiden zu müssen oder immer zwischen den Fronten zu stehen. Ihr Lieben, habt Hoffnung und Mut und eine Vision, es lohnt sich wirklich!

KAPITEL 4

Harmonische Beziehung zu den Eltern und Schwiegereltern pflegen

Neben dem/der Partner/-in besteht der engste Kreis aus den eigenen Eltern, den Geschwistern und den Schwiegereltern (mit »Schwiegereltern« bezeichne ich übrigens der Einfachheit halber generell die Eltern des Partners, egal ob verheiratet oder nicht).

Wenn bei euch alles gut läuft, braucht ihr hier nicht weiterzulesen. Aber leider ist das Thema »Familie« häufig mit Konflikten belastet.

DIE BEZIEHUNG ZU DEN EIGENEN ELTERN

Fangen wir mit unseren eigenen Eltern an. Wenn du noch jünger bist, hast du vielleicht noch mit der Abnabelung von deinem geliebten und geborgenen Elternhaus zu tun. Auch einige Eltern müssen sich erst von ihren Kindern lösen, wenn diese das Haus verlassen und gar selbst Eltern werden. Wieder andere haben in der Kindheit zu wenig Mutterliebe zu spüren bekommen und sind noch auf der Suche danach. Einige werden von ihren Eltern auch nicht akzeptiert und in dem Lebensweg, den sie eingeschlagen haben, kritisiert. Und nicht selten werfen Kinder, egal welchen Alters, ihren Eltern noch immer Dinge vor, die in ihrer Kindheit nicht besonders gut gelaufen sind. Sehr häufig belastet das insbesondere die Mutter-Tochter-Beziehung und führt zu einer Entfremdung, wenn nicht sogar dem Wunsch, die Mutter so weit wie möglich von sich weg zu wissen.

Andererseits brauchen wir gerade dann, wenn wir selbst Kinder haben, unsere Mütter (und Eltern generell) als Bezugspersonen, Ratgebende, Unterstützer. Und unsere Eltern wollen in den allermeisten Fällen auch liebend gern miteinbezogen werden in unseren neuen, so wahnsinnig aufregenden und großen Lebensabschnitt. Denn sie gehören mit dazu, er ist auch ein wichtiger Teil ihres Lebens. Wir können auch sagen, der Kreislauf des Lebens geht weiter, denn die Familie wächst weiter. Und angefangen hat das bei unseren Eltern, deren Kinder wir ja nun mal sind. Und davor natürlich bei den Eltern unserer Eltern und so weiter und so fort.

Lasst uns darum doch bitte versuchen, auch diese Beziehung so schön wie möglich zu leben. Und auch wenn es manchmal komplizierter ist, als es im Bilderbuch steht, oder die eine oder andere Verletzung in der Vergangenheit stattgefunden hat, können wir vielleicht mit dem umzugehen lernen, was eben da ist.

✂ Deine Übung

In dem Moment, wo es zwischen dir und deinen Eltern Probleme gibt, möchte ich dich dazu ermutigen, eine Liste anzufertigen, auf der du aufführst, was du an deinen Eltern schätzt, was dich an ihnen oder ihrem Verhalten stört und was du gern verändern würdest. Aber auch, was du gern an dir selbst verändern würdest.

Das können ganz unterschiedliche Sachen sein, finde deine ganz persönlichen, individuellen Dinge.

Eine beispielhafte und in diesem Zusammenhang auch völlig frei erfundene Liste könnte so aussehen:

Ich schätze, dass meine Eltern immer für meine Kinder und mich da sind.

Ich mache ihnen Vorwürfe, dass sie mir damals nicht erlaubt haben, Abitur zu machen, weil sie dachten, es wäre nicht der richtige Weg für mich.

Ich würde gern verändern, dass meine Eltern meinem Kind hinter meinem Rücken immer Süßigkeiten zustecken und dass sie mit anderen über peinliche Situationen aus meiner Kindheit sprechen.

An mir verändern würde ich gern, dass ich meine Eltern öfter besuche, sie öfter anrufe.

Mit diesen Ergebnissen kannst du dann ganz wunderbar arbeiten:
Sage dir die Punkte, für die du deine Eltern schätzt, immer wieder vor, mache es dir bewusst, empfinde es nach.

Zu den Vorwürfen, die du deinen Eltern zum Beispiel in Bezug auf deine Kindheit oder Jugend machst, möchte ich dir folgenden Rat geben: Wir wissen ja alle, man kann die Vergangenheit nicht rückgängig machen. Aber es ist natürlich wichtig, offen darüber zu sprechen. Wenn es also Themen gibt, die du an deine Eltern adressieren möchtest, dann tue das in einem vernünftigen Gespräch, in dem du dafür sorgst, dass deine Eltern dir zuhören. In diesem Gespräch machst du dann deinen Standpunkt klar und wirst alles los, was dir auf dem Herzen liegt.

Und dann überlege im Anschluss für dich, wie du die Punkte, die dich bis heute belasten und für die du deine Eltern verantwortlich gemacht hast, angehen kannst, um nicht weiterhin darunter zu leiden. Um bei unserem Beispiel zu bleiben: Gibt es vielleicht eine Möglichkeit für dich, dein Abitur nachzuholen?

DIE BEZIEHUNG ZU DEN SCHWIEGERELTERN

Die Familie wird größer, wenn zwei Menschen zusammenfinden. Plötzlich sind auch die Eltern deines Partners/deiner Partnerin, also deine Schwiegereltern, Teil deiner Familie. Und da sind wir auch schon beim Kern der Sache angelangt: Deine Schwiegereltern sind die Großeltern deiner Kinder. Genauso wie deine Eltern. Ich finde, das ist eine ganz wichtige Feststellung, denn können wir nicht unglaublich glücklich darüber sein, wenn unsere Kinder zwei Großelternpaare haben? Vorausgesetzt natürlich, es leben noch alle Großeltern. Die Schwiegereltern sind also erst mal ein Geschenk.

Wenn es zwischen dir und deinen Schwiegereltern ohnehin wunderbar läuft, brauchst du dieses Kapitel nicht zu lesen. Wenn es aber hakt, schauen wir uns mal an, woran das liegen könnte und wie wir dem begegnen können, um es hoffentlich aus dem Weg zu schaffen.

Auf folgende Art kannst du versuchen, an die Sache heranzugehen:

⚭ **Sich in die andere Person hineinversetzen.** Viele Frauen wünschen sich, dass ihre Schwiegermutter sie mit offenen Armen aufnimmt, dass sie eine liebevolle, erfahrene Frau ist, die sie bereitwillig mit unter ihre Fittiche nimmt und über alles liebt. Gleichzeitig hat man vielleicht unglaublichen Respekt vor ihr und Sorge, in ihren Augen niemals gut genug für ihren Sohn sein zu können. Aufseiten der Schwiegermutter gibt es mindestens genauso viele Gefühle: Zuallererst liebt sie ihren Sohn, und zwar über alles. Das können wir Mütter doch wunderbar nachvollziehen. Natürlich will sie nicht, dass er an eine Zicke gerät, an eine Frau, die ihn vielleicht nur ausnutzt, es nicht gut mit ihm meint, vielleicht die Enkelkinder schlecht behandelt oder sie im schlechtesten Falle von ihr fernhält. So viele Emotionen, so viele Hoffnungen und Wünsche auf der einen und Sorgen und Ängste auf der anderen Seite. Kein Wunder, dass eine solche Beziehung nicht leicht zu meistern ist. Hilfreich ist, wenn wir all unsere Ängste beiseitelassen und versuchen, mit einer positiven Grundeinstellung unseren Schwiegereltern gegenüberzutreten. Im Idealfall sind sie auch ganz wundervolle Großeltern für unsere Kinder, ist unsere Schwiegermutter eine erfahrene Frau, die uns mit Rat und Tat zur Seite stehen kann. In jedem Fall ist sie die Frau, die unseren Mann zu dem gemacht hat, der er heute ist und in den wir uns ja verliebt haben. Das ist doch eine ganze Menge Potenzial zum Sich-gut-Verstehen.

❧ **Nicht persönlich nehmen.** Es ist nur leider nicht garantiert, dass euer Gegenüber das genauso reflektiert sieht. Das weiß ich nicht zuletzt von den zahlreichen Kommentaren in meiner Community. Allzu häufig kommt es vor, dass eure zukünftige Schwiegermutter euch ganz besonders kritisch beäugt als neue Partnerin ihres Sohnes. Hier hilft es, wenn wir uns bewusst machen, dass aus ihr lediglich die Sorgen einer liebenden Mutter sprechen. Wenn man das schafft, darf man auch als Jüngere mal die »Klügere« sein und auf eine möglicherweise spitze Bemerkung gar nicht reagieren und sich möglichst nicht persönlich angegriffen fühlen. Eine schroffe Art oder spitzer Humor und fast schon brutale Offenheit können auch einfach Eigenschaften eines Menschen sein, die erst mal gar nichts mit uns zu tun haben.

❧ **Keine Konkurrenz.** In keinem Falle sollten wir unsere Schwiegermutter als Konkurrentin ansehen. Lasst uns lieber den Vorteil erkennen, dass wir sie in dem Bereich, in dem sie vielleicht besser ist als wir, in Zukunft um Rat fragen können. Tatsächlich ist es gar nicht so selten der Fall, dass die Schwiegermutter die neue Partnerin ihres Sohnes als Konkurrenz ansieht. Denn die meisten Söhne stehen eine lange Zeit in ihrem Leben in einer sehr engen Beziehung zu ihrer Mutter. Wenn dann eine neue Frau ins Leben kommt, schwächt das diese Beziehung natürlich ab. Immer zusammen gefeierte Familienfeste finden plötzlich in der eigenen Kernfamilie statt und nicht mehr im Zuhause der Mutter. Das kann der Schwiegermutter das Gefühl vermitteln, ausgetauscht worden zu sein und alleingelassen zu werden. Hier kommt euch die dankenswerte Aufgabe zu, eure Schwiegermutter einzuladen, um zum Beispiel mit euch gemeinsam Weihnachten zu feiern. Denn das Schönste ist doch, wenn wir eine große Familie um uns haben, in der sich die Menschen gut miteinander verstehen und gern Zeit miteinander verbringen.

🪢 **Offenes Gespräch.** Manchmal aber, da will es so gar nicht klappen zwischen dir und deiner Schwiegermutter. Ja, auch diese Fälle gibt es leider – und sosehr wir uns auch anstrengen, zurückhalten und versuchen, freundlich zu bleiben, wir beißen auf Granit. Das ist sehr traurig. Da hilft dann wahrscheinlich nur noch eine offene Aussprache. Lasst uns versuchen, ohne Vorwürfe in dieses Gespräch hineinzugehen, stattdessen mit dem Gedanken: »Ich wünsche mir eine Großfamilie, liebe Schwiegermama, lass uns doch bitte gut miteinander sein. Was kann ich tun, damit du mich annehmen kannst?« Ich hoffe immer sehr, dass diese Einstellung den Konflikten den Wind aus den Segeln nehmen und zu einer Verbesserung des Verhältnisses führen kann.

🪢 **Den Partner um Hilfe bitten.** Wenn aber auch das nichts hilft, ist der nächste Schritt notwendig: den Partner dazuholen. Den sollten wir einmal auf den Stand bringen und ihm genau erklären, wo unsere Stolpersteine mit der Schwiegermutter liegen und wo wir seine Hilfe benötigen, und zwar ganz konkret. Dazu müssen wir uns zunächst von unseren unguten Gefühlen lösen, aus der Situation heraustreten, um zu erkennen: Was genau stört mich und was würde mir dabei helfen? Damit bleiben wir bei konkreten Beispielen und machen kein riesengroßes Gefühlsfass auf, das möglicherweise zu einer Grundsatzdebatte, zu Geschrei, Geweine und einer unüberbrückbaren Trennung führt. Zum Beispiel kann das sein: »Schatz, deine Mutter kritisiert, wie ich unseren Sohn ins Bett bringe. Wenn sie morgen da ist und ich ihn ins Bett bringe, unterstützt du mich dann bitte?« Die meisten Männer stehen ihren Frauen dann gern bei, denn viele haben vielleicht gar nicht mitbekommen, dass die Frau und die eigene Mutter nicht miteinander auskommen.

∝ **Rückzug.** Wenn auch das nichts wird, bleibt uns leider nur noch der Rückzug, bevor es an die eigene Lebensfreude oder Gesundheit geht. Das heißt konkret: Wir reduzieren die Treffen mit der Schwiegermutter auf ein Minimum, und wenn sie zu Besuch kommt, sprechen wir mit unserem Partner ab, dass wir uns rausziehen dürfen, um uns zum Beispiel mit Freundinnen zu verabreden. Die Kinder sind ja in den meisten Fällen gut betreut von der Schwiegermutter. Wenn du nicht flüchten kannst, versuche darüberzustehen, gelassen zu bleiben, auf Durchzug zu stellen. Lass dich auf keinen Streit ein, versuche nicht, deine Schwiegermutter zu ändern, du wirst es nicht schaffen. Suche dir ein Mantra aus wie »Die Zeit geht vorbei« und sage es dir immer wieder vor.

Das war jetzt ganz schön schwerer Tobak. Schließen wir das Kapitel aber lieber positiv ab: Es lohnt sich dranzubleiben. Zwischenmenschliche Beziehungen können sich über die Jahre verändern. Wir brechen uns ja keinen Zacken aus der Krone, wenn wir die Schwiegermutter zu ihrem Geburtstag trotzdem anrufen, ihr eine Karte oder eine WhatsApp schreiben, die Kinder ein Bild für sie malen lassen und auf diese Weise versuchen, den Kontakt ein klein wenig aufrechtzuerhalten. So zeigen wir: »Ich bin da. Wenn du irgendwann bereit bist, mich mit offenen Armen zu empfangen, dann freue ich mich darauf.« Denn wir wünschen uns doch alle eine große Familie, die uns stärkt, schließlich ist unsere Familie unser Rückgrat.

KAPITEL 5

Freundschaften pflegen

Egal, wie perfekt eure Partnerschaft vielleicht gerade läuft, wie beschäftigt und eingebunden ihr in eurem Familienalltag seid – ich lege euch sehr ans Herz, eure Freundschaften trotzdem zu pflegen. Denn Freundschaften machen uns glücklich, und davon profitiert dann wiederum unsere ganze Familie. Egal, wie glücklich wir mit unserem Partner sind: Es ist nun mal so, dass es »nur« *ein* Mensch ist. Und der kann unmöglich alles vereinen, was wir im Leben als soziales Miteinander, als emotionale Rückmeldung brauchen. Euer Partner ist nicht dafür verantwortlich, alle eure Bedürfnisse als Mensch zu befriedigen (genauso wenig, wie ihr es andersherum seid). Und genau hier kommen unsere anderen sozialen Beziehungen ins Spiel, in der Regel die zu guten Freundinnen oder Freunden.

Ich habe schon erwähnt, dass Freundschaften ganz unterschiedlicher Art sein können. Vielleicht gibt es die eine Freundin, mit der wir gern ausgehen, eine andere, die die tollsten Geschichten zu erzählen hat, oder die, die uns immer so richtig schön herzhaft zum Lachen bringt. Eine andere ist vielleicht besonders gut im Zuhören oder darin, mit uns gemeinsam problematische Situationen von allen Seiten zu beleuchten und Lösungen zu finden. Dann gibt es wieder eine, mit der wir am allerbesten gemütlich zum Trösten auf dem Sofa kuscheln können, oder die, die uns immer wieder motiviert und beispielsweise zum Joggen überredet.

Als junger Mensch kommen die Freundschaften in der Regel eher auf einen zu als umgekehrt, viele Freunde und Freundinnen kennen wir aus der Schule, einige noch aus dem Kindergarten, aus der Nachbarschaft … Was man als junger Mensch noch nicht so recht weiß, ist, dass Freundschaften auch Arbeit sind, spätestens dann, wenn Kinder ins Leben treten, oder mit zunehmenden beruflichen Verpflichtungen. Freundschaften müssen gepflegt werden, man muss sich Zeit für sie nehmen und ja, das ist immer auch ein kleines bisschen Arbeit.

Ich erinnere mich zum Beispiel noch gut daran, dass ich viele Freundinnen aus den Augen verloren habe, als ich mein erstes Kind bekam. Davor war ich gern und häufig feiern und viel unterwegs, hatte eine große Zahl an Freundschaften und Bekanntschaften, sicherlich waren auch ein paar oberflächliche dabei, aber auch viele tiefgründige. Als ich dann Mama wurde, haben sich die meisten Verabredungen einfach nicht mehr ergeben, und so haben sich dann auch viele Freundschaften mit der Zeit aufgelöst. Dafür sind dann langsam neue Freundschaften dazugekommen, die mit meinem aktuellen Leben zu tun hatten. Als ich dann aus dem gemeinsamen Haus aus- und alleinerziehend in eine Wohnung in der Stadtmitte einzog, haben sich wieder einige Freundschaften aufgelöst und andere, besonders zu alleinerziehenden Mamas, kamen hinzu. Und mit meinem jetzigen Ehemann hat sich mein Freundeskreis wieder etwas verändert. Weil ich also Erfahrung damit habe, wie unerwartet Freundschaften wegbrechen können, liegt es mir sehr am Herzen, mit euch das Thema »Freundschaften« zu besprechen, denn ich finde es sehr wichtig, wirklich gute Freunde festzuhalten. Und da ich ebenso Erfahrung damit habe, wie man in neuen Lebensabschnitten neue Menschen in sein Leben lässt, möchte ich auch diese Tipps mit euch teilen, denn es ist etwas ganz Wundervolles, wenn neue Freundschaften unser Leben bereichern.

Aber erst mal kümmern wir uns um die lieben Menschen in deinem Leben, die dir aktuell wichtig sind.

⬤ Deine Übungen

✄ Dies ist doch ein schöner Moment, um mal wieder dein mittlerweile gut gefülltes Notizbuch zur Hand zu nehmen und aufzuschreiben: Wer sind eigentlich deine Freundinnen und Freunde im Leben? Schreibe den sehr engen Freundeskreis auf, aber auch den erweiterten Freundes- und Bekanntenkreis. Nimm dir für die nächsten Tage vor, jeden von dieser Liste einmal anzurufen. Auch wenn du dich bei der Person schon ein Jahr nicht gemeldet hast: Hake jeden Namen ab.

✄ Wenn du von deinen Freundinnen nicht regelmäßig etwas hörst, sei du ruhig diejenige, die um Verabredungen bittet.

✄ Kaufe in den nächsten Tagen einen Stapel hübscher oder witziger Postkarten und sende fünf deiner Freundinnen und Freunde ein paar liebe Zeilen. Wer weiß, vielleicht liest ja die eine oder andere deiner Freundinnen auch dieses Buch, und du bekommst in Kürze selbst eine Karte zugeschickt … Lustige Geschichte dazu: Ich habe diese Übung aus dem Buch »Der Weg des Künstlers«, den ich witzigerweise parallel mit einer Freundin gegangen war, ohne dass wir es voneinander wussten. Wir haben uns dann fast zeitgleich eine Karte geschrieben.

NEUE FREUNDSCHAFTEN

Wenn das Leben sich beispielsweise wegen der Familienplanung ändert und die eine oder andere Freundschaft verweht, sollte man neuen Freundschaften eine Chance geben. Im Fokus steht da vor allem der Austausch mit anderen Müttern oder Eltern, der sehr wertvoll und hilfreich sein kann, weil uns oft dieselben Themen umtreiben und beschäftigen. Da gibt es ein breites Angebot, wo diese Begegnungen möglich sind: Krabbelgruppen, PEKiP, Yoga mit Baby, Babymassage, Babyschwimmen für kleine Kinder, Eltern-Kind-Turnen oder Tanzkurse und andere Sportkurse für ältere Kinder. Auch auf Elternabenden kann man wunderbar die Augen offen halten nach einer sympathischen anderen Mama. Vielleicht sitzen in den Kursen nun nicht unbedingt deine Seelenverwandten, das, was uns gemeinsam verbindet, ist ja erst mal »nur« das Muttersein beziehungsweise Elternsein. Ich empfehle da aber, die Vorurteile auszublenden, offen auf die anderen zuzugehen. Denn auch hier können sich gute Freundschaften entwickeln oder zumindest Bekanntschaften für einen gewissen Lebensabschnitt, die sehr wertvoll sein können. Ich selbst habe damals eine Krabbelgruppe aufgesucht, um Gleichgesinnte zu treffen, und das hat mir sehr geholfen in meinem Einsamkeitsgefühl.

Seid mutig und sprecht euch an! Ich weiß, insgeheim sehnt sich jede danach, neue Freundschaften zu schließen, traut sich aber nicht, die Menschen anzusprechen. Aber wir, die dieses Buch lesen, trauen uns ab jetzt. Mehr als ein Nein können wir sowieso nicht kassieren. Seid also mutig und sprecht euch an! Meist sind wir mit Scheuklappen unterwegs, dabei bringt es so viel Freude, offen auf andere Menschen zuzugehen. Versucht doch mal, eure Schüchternheit zu überwinden. Wenn ihr zum Beispiel das nächste Mal allein mit eurem Kind auf dem Spielplatz seid, sprecht doch einfach mal die drei anderen Mütter an, die gerade genauso verloren dort herumsitzen.

Ich habe mal ein Experiment in einem meiner Videos auf YouTube gemacht, in dem ich alle Frauen, die wollten, dazu aufgefordert habe, sich eine Schleife ans Handgelenk oder an die Handtasche zu binden. Die sollte signalisieren: Ich bin bereit, angesprochen zu werden. Es haben sich auch tatsächlich ein paar Freundschaften aus dieser Aktion ergeben, was mich unglaublich gefreut hat. Und wer weiß, vielleicht laufen immer noch Mamas da draußen herum, die mein Video gesehen haben und eine Schleife tragen. Die einfach gern Kontakte knüpfen möchten. Wisst ihr was? Ich fordere auch euch jetzt dazu auf: Wenn ihr Lust habt, neue Bekanntschaften zu schließen, noch dazu mit Mamas aus meiner Community, dann bindet auch ihr euch eine Schleife an euer Handgelenk, eure Tasche, euren Rucksack! Und keine Sorge: Niemand wird denken: »Was soll das denn?« Diese Schleife fällt ja keinem auf, der nicht mein Video gesehen oder dieses Buch gelesen hat. Bei allen anderen aber kann es zu einem netten Gespräch oder sogar dem Beginn einer Freundschaft führen.

 Deine Übungen

⪢ Suche dir Freizeitaktivitäten (Anmeldung im Frauen-Fitnesscenter, zum Frauen-Yoga etc.), bei denen du andere Menschen kennenlernen kannst.

⪢ Binde dir eine Schleife ans Handgelenk, an die Handtasche, den Kinderwagen … Und sprich auf dem Spielplatz oder anderswo auch gern andere Mamas an, die dir sympathisch sind.

FREUNDSCHAFTEN ZWISCHEN MAMAS UND NICHT-MAMAS

Ich gehe mal davon aus, dass die meisten Leserinnen dieses Buches schon Mama sind und wahrscheinlich auch Freundinnen haben, die (noch) keine Kinder haben. In solchen Fällen ist beidseitig ein großes Fingerspitzengefühl gefragt, da aufgrund so verschiedener Lebensumstände und den damit vielleicht verbundenen Unsicherheiten schnell eine Distanz entstehen kann. Denn natürlich unterscheidet sich ein Leben mit Kindern von einem Leben ohne Kinder. Und darum redet man, wenn man Kinder hat, nun mal über volle Windeln bei einem Baby, wenn man ältere Kinder hat, über den ersten Wackelzahn. Manche Mamas können sich jedoch schwer vorstellen, dass das auch ihre Nicht-Mama-Freundinnen interessiert, und sprechen darum mit denen in der Regel lieber nicht darüber. Und die Nicht-Mamas empfinden die Dinge, die sie im Moment beschäftigen, dann manchmal als zu banal, verglichen mit einem Leben mit Kindern. So fühlt sich sowohl die eine als auch die andere ausgeschlossen vom Leben der Freundin, ist traurig, mitunter sogar wütend. Daran kann manchmal eine Freundschaft zerbrechen, zumindest auseinanderdriften. Dabei ist es eigentlich etwas ganz Wundervolles, Freundinnen zu haben, die ein ganz anderes Leben führen als man selbst, denn das inspiriert einen und bereichert den eigenen Horizont enorm. Und darum ist es auch wichtig, die andere am eigenen Leben weiterhin teilhaben zu lassen, egal, wie weit es vielleicht thematisch auseinanderzuliegen scheint.

Auch ich habe seit gut zehn Jahren eine enge Freundin, die mir sehr am Herzen liegt, die ebenfalls Schauspielerin ist und (noch) keine Kinder hat: Anna. Gemeinsam sind wir durch viele verschiedene Phasen unseres Lebens gegangen, durch dick und dünn, ich war dabei immer die Mama und sie die Nicht-Mama. Mein drittes Kind muss so circa ein Jahr alt gewesen sein, ich wollte gerade einen Neuanfang als Schauspielerin wagen, da bekam Anna eine Rolle bei meiner Lieblingsserie GZSZ. Und ich saß stillend zu Hause und muss gestehen, auch wenn ich ihr diese Rolle von Herzen gegönnt und mich auch für sie gefreut habe, dass da doch ein kleiner Wermutstropfen in mir war. Denn ihr müsst wissen: Seitdem ich neunzehn bin, spreche ich bei GZSZ als Schauspielerin vor, und es ist ein kleiner Running Gag, weil ich immer in die Endrunde komme, aber nie besetzt werde. Meine liebe Freundin Anna dagegen hatte zu dieser Zeit Liebeskummer wegen einer gescheiterten Beziehung und knabberte an einem unerfüllten Kinderwunsch. Im Nachhinein habe ich erfahren, dass sie sich zu der Zeit nichts sehnlicher gewünscht hat, als ein Baby zu haben und eine Familie zu gründen. So haben wir quasi, ohne offen über unsere Gefühle zu reden, gegenseitig voneinander vorgelebt bekommen, was wir nicht hatten, obwohl wir gleichzeitig eigentlich total glücklich waren mit dem, was unser Leben war. Wir haben uns damals, mehr oder weniger neidisch aufeinander, für einige Zeit aus den Augen verloren, und erst durch eine offene Aussprache konnten wir die Missverständnisse ausräumen und ganz klar kommunizieren, was uns beschäftigt. Diese Aussprache hat sehr gutgetan, und seitdem sind wir wieder enge Freundinnen. Kleiner Funfact am Rande: Anna ist mittlerweile eigene Serien-Produzentin. Und dreimal dürft ihr raten, wen sie jetzt regelmäßig besetzt, mit allem Verständnis, das sie einer Vierfachmutter mit vollem Zeitplan entgegenbringt.

Damit die Beziehung zu unseren Freundinnen nun also eine gute und enge und starke bleibt, möchte ich folgende Erfahrungen mit euch teilen.

⚭ Deine Übungen

⚮ Wenn es in deinem Leben ebenso eine Nicht-Mama-Freundin gibt, mit der du dich auseinandergelebt hast, die du aber schmerzlich vermisst, dann rufe sie an und versuche, dich schnellstmöglich mit ihr zu verabreden, um ihr offen zu sagen, dass du sie vermisst und sie gern wieder in deinem Leben hättest.

⚮ Und wenn dieses Treffen auf einen fruchtbaren Boden gefallen ist und ihr euch wieder annähert, wie findest du dann die Idee, euch ein gemeinsames Hobby zu suchen, bei dem es weder um das Thema »Kinder haben« noch ums »Keine Kinder haben« geht? Und wenn es der einmal im Monat stattfindende Salsa-Kurs ist.

KAPITEL 6

Erkenne Menschen, die dir nicht guttun

Wir sollten uns bewusst machen, dass uns Menschen nicht guttun, die uns schlecht drauf bringen, uns mit Sorgen zurücklassen, die mehr von uns fordern, als wir geben können und möchten, uns womöglich viel kritisieren, obwohl sie es vermeintlich gut mit uns meinen. Menschen mit viel Drama im Leben, die uns da mit hineinziehen, die uns regelrecht dazu ausnutzen, dass sie permanent ihre schlechte Stimmung bei uns abladen. Denn das frisst einfach zu viel Energie von einem selbst. Also sollten wir versuchen, Begegnungen mit ihnen zu vermeiden, und uns von ihnen zurückziehen (wenigstens innerlich). Manchmal bringt auch eine Aussprache etwas, aber leider nicht immer. Mein Credo ist dann: Ich versuche nicht, die anderen zu ändern, denn das muss auch keiner für mich tun, sondern distanziere mich von den Menschen, die mir nicht guttun. Dazu muss ich mir aber erst einmal bewusst gemacht haben, *dass* mir jemand nicht guttut, und das ist gar nicht immer so leicht. Problematisch ist es vor allem dann, wenn man kritisiert wird, obwohl man denkt, dass es das Gegenüber gut mit einem meint. Wenn man das aber erst einmal erkannt hat, dann ist man für das nächste Mal gut gewappnet und gerät nicht so schnell in die Opferrolle, weil man innerlich darauf eingestellt ist und es einen einfach nicht mehr so hart und unvorbereitet trifft. Das musst du übrigens weder groß kommunizieren, noch musst du den Kontakt wütend abbrechen. Es handelt sich dabei eher um die innere Einstellung, die dich bei der nächsten Begegnung stärkt.

 Deine Übung

Für diese Übung möchte ich, dass du dir Zeit nimmst. Zücke dein Notizbuch und gehe einmal ganz in Ruhe durch alle deine

Handykontakte. Schau dir jeden einzelnen Namen an und überlege dir, welcher Mensch dir vielleicht nicht guttut. Bei einigen wirst du es sofort wissen, bei anderen dauert es vielleicht eine Weile. Erst mal ist nur wichtig, darüber Bescheid zu wissen, denn dann kannst du dich besser darauf einstellen und dafür wappnen.

VERMEIDE KONKURRENZ

Weder als Mama (welches Kind läuft am frühesten, wer ist die beste Elternsprecherin …?) noch am Arbeitsplatz (wer kommt zuerst, wer schreibt die letzte E-Mail …?) ist es ratsam, sich Konkurrenz auszusetzen. Die kann nämlich unter Umständen dazu führen, dass wir das Gefühl haben, etwas sein und erreichen zu wollen, was wir leider nicht schaffen können. Das setzt uns unter Druck, bereitet uns Stress, und es macht uns unzufrieden, stets hinter unseren Erwartungen zurückzubleiben. So empfand ich es als wahnsinnig befreiend, mir zu erlauben, die Muffins fürs Kuchenbüfett in der Schule nicht selbst zu backen, sondern beim Bäcker um die Ecke zu kaufen. Das darf aber bitte nicht verwechselt werden mit dem gesunden Ansporn, den leichte Konkurrenz in uns auslösen kann. Denn der bringt uns dazu, Dinge anders oder besser zu machen, kurz: uns weiterzuentwickeln. Dafür ist dieses zarte Konkurrenzdenken unter Umständen sehr wertvoll. Die Dosis macht eben das Gift: Halte dich von großer Konkurrenz fern und fühle dich inspiriert bei Dingen, die dich weiterbringen und dir wirklich wichtig sind.

 Deine Übung

Gibt es in deinem Freundes- oder Familienkreis oder in der Arbeit Momente, bei denen du Konkurrenzdruck empfindest, die dich aber weder ansporn noch motivieren, sondern einfach nur unter Druck setzen? Finde sie, schreibe sie auf, streiche sie durch.

KAPITEL 7

Lerne, Nein zu sagen

Wer organisiert die nächste Weihnachtsfeier, übernimmt die Elternvertreterschaft, holt die Kinder vom Tanzkurs ab, besorgt auf dem Weg noch das Geburtstagsgeschenk der Kollegin/Lehrerin/Freundin, schreibt das Protokoll des Meetings …? Du. Wenn du auch ganz schlecht Nein sagen kannst, trägst du wahrscheinlich einen Teil des Mamatypus »Ja-Sagerin« in dir. Und wahrscheinlich bist du es gewohnt, für alles immer die Verantwortung zu übernehmen, warst in der Schule schon Klassensprecherin und organisierst die Klassentreffen. Wenn uns das Freude bereitet, ist das auch eine ganz wunderbare Eigenschaft. *Wenn* … Immer Ja zu sagen ist mitunter sehr anstrengend, um nicht zu sagen unverantwortlich sich selbst gegenüber. Denn nicht selten führt es zu Überforderung und sogar Burn-out, wenn wir es nicht schaffen, Grenzen zu ziehen, aus Angst, jemanden vor den Kopf zu stoßen oder in irgendjemandes Augen nicht genug zu sein.

Lasst uns, bevor wir versuchen, unsere Persönlichkeit zu verändern, erst mal einen Schritt zurücktreten. Interessant ist doch, was für einer Person wir da gegenüberstehen, wenn wir das Gefühl haben, dass diese kein Nein akzeptieren kann und uns aufgrund dessen womöglich ablehnen und zurückweisen wird. Nach dem Kapitel eben sollten wir uns doch fragen, ob wir mit so jemandem überhaupt etwas zu tun haben wollen. Sollten wir uns nicht besser vor Menschen schützen, die uns nicht guttun?

Egal, ob es an unserem Gegenüber liegt oder einfach in uns verwurzelt ist, dass wir nicht ablehnen können – wenn wir dadurch keine Ruhe mehr finden, ständig in Hektik und überanstrengt sind, sollten wir uns vornehmen, öfter Nein zu sagen. Das wirkt sich heilsam und beruhigend auf unseren Alltag aus, denn:

… wenn wir öfter Nein sagen, bringt uns das zur Ruhe, weil wir meist in unserem Inneren genau wissen, dass wir etwas gar nicht schaffen und machen wollen, uns aber nicht trauen, es abzusagen, aus Sorge, dann vielleicht abgelehnt, weniger akzeptiert und gemocht zu werden. Wir haben bei einem Nein aber auch automatisch mehr Kraft und Zeit, die Dinge, die *uns* wichtig sind, so zu erledigen, dass wir auch wirklich mit ihnen zufrieden sind.

… zu guter Letzt wirst du zum Vorbild, wenn du bei Dingen, die dir nicht guttun, Nein sagst. Einmal für deine Kinder, die von dir lernen, dass man für seine Bedürfnisse einstehen darf und dadurch glücklich ist, aber auch für deine ganze Familie, deinen Freundeskreis, deine Kollegen und Kolleginnen. Denn wenn wir Nein zu anderen sagen, sagen wir gleichzeitig bewusst Ja zu uns selbst und stehen für das ein, was wir eigentlich wollen.

Deine Übung

Wenn es dir häufig schwerfällt, Nein zu sagen und dich abzugrenzen, wie findest du die Idee, das Herz auf deinem Handgelenk auch dazu zu nutzen? Um zu wissen: Du darfst selbst entscheiden, wo deine Grenzen sind, du darfst Nein sagen.

DU DARFST DICH WEHREN

Eng mit dem Neinsagen verbunden ist, wie ich finde, eine schlagfertige Antwort, wenn uns jemand blöd kommt. Denn wir dürfen uns immer wehren, wenn wir uns angegriffen fühlen – ich meine das jetzt vor allem verbal im Alltag. Jemand drängelt sich vor? Das darfst du großzügig übersehen, aber wenn es dich stört, darfst du dich darüber aufregen und demjenigen die Meinung sagen. Sonst schluckst du es nur runter und bist allein mit deinem Ärger. Du musst weder leise noch angepasst sein, jedenfalls nicht, wenn du es nicht willst. Nachgeben ist stark und macht glücklich, aber nur aus einem Gefühl der Überlegenheit oder des Gleichmutes heraus. Fordere dein Recht ein, wenn du das willst, sei der Hauptcharakter deiner eigenen Serie. Du kannst alles tun. Dir kann übrigens nichts passieren. Denn was soll dir passieren, wenn du dich wehrst? Solange du kein Gesetz brichst und niemandem wehtust, bist du frei zu tun, was du tun willst, um für dich einzustehen.

Gerade das Leben mit Kindern beinhaltet auch immer, dass einem jemand (oft ungefragt) reinreden will, es besser zu wissen meint. Ist es nicht eigentlich unglaublich komisch, dass eine Person, die dich und dein Kind vielleicht eine halbe Stunde erlebt, es besser zu wissen meint als du, die du mitunter 24/7 mit deinem Kind zusammen bist? Aber ganz oft können wir darüber eben nicht lachen. Und wir brauchen uns das auch nicht gefallen zu lassen, denn dazu hat keine/-r das Recht.

Manchmal weiß man genau, warum man Dinge wie macht, manchmal aber auch nicht. Und trotzdem möchte man nie von oben herab belehrt werden. Ich kenne das seit sechzehn Jahren sehr gut, ich sage es euch. Darum habe ich über die Jahre auch das eine oder andere Schätzchen in meiner Schlagfertigkeits-Truhe gesammelt, das ich euch jetzt präsentieren möchte. Vielleicht kann es auch euch das nächste Mal behilflich sein, um den Moment einer guten Antwort nicht zu verpassen. Denn man fühlt sich wirklich besser, wenn man selbstbewusst aus einer Situation herausgehen kann, in der man Angriffsfläche für – durchaus auch gut gemeinte – Ratschläge ist.

Wir gehen jetzt gemeinsam durch verschiedene **Alltagssituationen** und erarbeiten uns eine passende Antwort, damit ihr selbstbewusst dastehen könnt als Mama.

✂ Ihr bekommt ein Statement an den Kopf geknallt wie »Du solltest dein Baby nicht so verwöhnen«, »Dein Baby müsste doch jetzt schon durchschlafen/in seinem eigenen Zimmer schlafen«.

✻ Souverän reagieren kann man darauf, indem man antwortet: »Das ist deine Meinung, ich habe eine andere Meinung dazu.« Mit diesem Satz holst du denjenigen, der sein Statement abgegeben hat, von seinem hohen Ross runter, denn der glaubte bisher, eine allgemeingültige Wahrheit und einen Fakt benannt zu haben. Aber das ist nicht der Fall. Es ist nur eine Meinung. Und du hast eben eine andere. Das ist dann nicht mal unentschieden, sondern da hat natürlich deine Meinung als Mama des betreffenden Kindes einen höheren Stellenwert.

✻ Ungläubige, erstaunte Fragen, die einen in die Enge drängen, weil sie einem zeigen wollen, dass man etwas offenbar nicht richtig macht: »Du stillst noch?« oder auch »Wie, du stillst nicht?«, »Du gehst schon wieder arbeiten?« oder auch »Du gibst dein Kind nicht in die Kita und willst nicht wieder arbeiten gehen?«.

✻ Eine souveräne Haltung dazu ist, zu antworten: »Ja, genau so mache ich das.« Zack, bumm, Thema beendet. Wir müssen da gar nicht erst in Erklärungsnot kommen und uns rechtfertigen. Wir brauchen keinen einzigen Grund für das, was wir tun, und für den Weg, den wir gehen. Du musst dich für gar nichts rechtfertigen, denn wir leben in einer freien Gesellschaft. Wenn man richtig gut drauf ist, kann man die Antwort sogar etwas humorvoll formulieren wie: »Ja, ich stille noch. Und weißt du was, ich glaube, ich transformiere mich Stück für Stück zu einer Milchkuh. Wenn du mich also mal muhen hörst, weißt du Bescheid.«

✻ Wenn du gar nicht weiter in ein Gespräch involviert werden willst, es sich vielleicht um ein fremdes Gegenüber handelt, können wir die Person auch einfach ignorieren, indem wir uns wegdrehen oder weggehen, den Kommentar an uns abperlen lassen und einfach gar nicht drauf reagieren. Wir bauen sozusagen eine Mauer vor uns auf, die uns schützt vor fremden Kommentaren. Vorher können wir noch einen strengen Blick aufsetzen, der unserem Gegenüber etwas in der Art vermittelt wie »Ernsthaft, wer bist du denn?«. Damit ziehen wir nonverbal eine Grenze. Das funktioniert allerdings nur, wenn wir uns souverän und stark fühlen. Wenn man sich schwach und getroffen fühlt durch den Kommentar, wäre es eher ein Sich-nicht-Trauen und ein Runterschlucken. Das meine ich hier aber nicht. Im Gegenteil: Es ist ein Ignorieren aus Stärke heraus.

☞ Es gibt aber auch Momente, da möchte man in Konfrontation gehen, wenn einem jemand blöd kommt. Da möchte man seine Grenze verbal und bewusst ziehen. Dein Kleines ist noch nicht trocken, das Gegenüber kommentiert es mit: »Macht es etwa immer noch in die Windeln?« Dann kannst du auch ganz ernsthaft zurückfragen: »Worum geht es dir wirklich? Möchtest du selbst besser dastehen, dich besser fühlen?« Damit rechnet dein Gegenüber nämlich nicht und wird dadurch ein Stück weit entlarvt mit seinen niederen Emotionen wie Neid oder Ungeduld. Und ab da könnte man dann auf einer ganz sachlichen Ebene weitersprechen. Wenn das denn dann auch von der anderen Seite gewollt ist.

☞ Jede von uns kennt Sätze wie »Hättest du auf mich gehört …« oder »Hab ich dir doch gleich gesagt«. Darauf gibt es eine brillante Antwort, wie ich finde, die noch dazu mit einer gehörigen Portion Humor gewürzt ist: »Wenn ich deine Gabe hätte, die Zukunft so präzise vorauszusagen, würde ich versuchen, damit Geld zu verdienen, und aufhören, mich zu beraten, denn ich zahle dir dafür nichts.«

 Deine Übung

Suche dir schlagfertige Antworten, nimm meine als Beispiel oder finde eigene. Übe diese vor dem Spiegel. Du wirst sehen, wenn du das mehrmals wiederholt hast, wirst du das nächste Mal im Ernstfall schlagfertiger sein und den einen oder anderen Satz anwenden können.

FÜR SICH EINSTEHEN

Für manche Situationen und Begegnungen kann man üben, sich schlagfertige Sätze und Antworten überlegen und immer wieder vorsagen. In vielen Momenten aber lässt uns unsere Schlagfertigkeit im Stich, weil die Situation vielleicht eine ganz neue ist oder weil wir nicht schnell genug erkennen, dass wir kritisiert und angegriffen werden. Denn einige Kritik kommt äußerst versteckt daher. So musste ich doch neulich nach einem Elterngespräch in der Schule feststellen, dass ich zwar die ganze Zeit über ein ungutes Gefühl gehabt hatte, aber erst hinterher so richtig benennen konnte, dass die Lehrerin mir nicht wohlgesinnt war. Und so hatte ich es nicht geschafft, mich in dem Gespräch zu behaupten oder sogar direkt zur Wehr zu setzen. Ich möchte an dieser Stelle einmal ganz offen sagen: Ich erkenne an, dass ich mit fast vierzig ein Mensch bin, der zwar gut denken, analysieren und schreiben kann, der aber meist gutgläubig, mit guten Intentionen und darum manchmal etwas naiv in ein Gespräch hineingeht. Wenn mein Gegenüber mir nicht wohlgesinnt ist, merke ich das oft einfach zu spät. Ich bin dann deswegen tatsächlich in dem Moment handlungs- und reaktionsunfähig. Ein Hoch auf alle Leute, die sich spontan zur Wehr setzen können!

Vielleicht kennen auch einige von euch das Gefühl der Handlungsohnmacht in kritischen Gesprächen. Ich wünschte, ich könnte euch an dieser Stelle sagen, wie ich das überwunden habe und welche Tools ich dazu anwende. Denn eigentlich habe ich es so am liebsten und mache es ja auch schon das ganze Buch über: Ich erzähle euch von den Situationen, an denen ich gewachsen bin, und erkläre dann, *wie* ich daran gewachsen bin. Aber in diesem Fall habe ich noch nicht den Schlüssel gefunden, und es gibt auch einen Teil von mir, der möchte das gar nicht, denn ich mag das gutgläubige und naive Denken an mir sehr gern und möchte es nicht eintauschen gegen voreingenommenes und misstrauisches Denken. Aber so bleibt mir eben häufig nichts anderes übrig, als mich hinterher zu wehren und mich im Nachhinein zu behaupten beziehungsweise die Situation geradezubiegen. Und genau das möchte ich jetzt und hier mit euch teilen. Denn es gibt fast immer die Möglichkeit, um ein zweites Gespräch zu bitten, hinterher eine E-Mail zu schreiben, sich Hilfe von Dritten oder in besonders kritischen Fällen sogar Rechtsbeistand zu holen. Wir können tatsächlich das meiste noch im Nachhinein korrigieren und richtigstellen und so unsere Position stärken. Und dafür bin ich sehr dankbar, auch wenn das mitunter etwas aufwendiger ist, als direkt zu reagieren. **Einige Tipps, die ich mir zu Herzen nehme,** sind beispielsweise:

- ✂ Sich vor einem Gespräch einen möglichen Plan B im Kopf zurechtlegen.
- ✂ Wir dürfen ein Gespräch, das nicht gut läuft, jederzeit abbrechen und zu einem späteren Zeitpunkt weiterführen. Das verschafft uns die Zeit, darüber nachzudenken und uns richtig zu positionieren.
- ✂ Man muss ein Gespräch nicht allein führen, bitte deine/-n Partner/-in oder eine gute Freundin, dabei zu sein.
- ✂ Und das vielleicht Allerwichtigste ist: dass wir unsere »Schwäche« anerkennen und uns dafür keine Vorwürfe machen. Wie gesagt, vieles können wir im Nachhinein noch aufklären. Selbstvorwürfe hingegen bringen uns nicht weiter, sondern sorgen nur dafür, dass wir uns schlecht fühlen.

TEIL 5

Wenn's mal nicht so gut läuft

Dieses Kapitel ist zum Immer-wieder-Nachschlagen, wenn es dir mal nicht so gut geht, du überfordert und gestresst, enttäuscht, traurig oder unzufrieden und unglücklich bist. Klebe dir also am besten ein großes Post-it genau hier rein. Durch unsere gemeinsame Arbeit mit diesem Buch kannst du dir aber schon gewiss sein, dass du mental um einiges stärker geworden bist, sodass dich Tiefschläge in Zukunft wahrscheinlich gar nicht mehr so hart treffen werden wie in der Vergangenheit. Denn wir haben uns innerlich und äußerlich auf vielen Ebenen bereits wirklich gut aufgestellt. Nichtsdestotrotz wird es Momente im Leben geben, in denen es uns einfach nicht so gut geht. Dabei gibt es Dinge im Außen, die dazu führen und die wir nicht ohne Weiteres verändern können, aber auch Dinge im Inneren, die wir meist selbst in der Hand haben. Ein paar der Gründe, die uns aus unserer Ruhe und Kraft bringen, schauen wir uns einmal genau an. Beginnen wir mit denen, die aus uns heraus entstehen.

DINGE VON INNEN, DIE UNS BESCHÄFTIGEN

A never ending Story: unser Zyklus

Vielleicht gehört auch die eine oder andere von euch zu den Frauen, denen es sogar regelmäßig nicht gut geht, die sich niedergeschlagen und kraftlos fühlen und/oder Schmerzen haben. Ich zähle mich auch dazu. Und vielleicht habt ihr noch nie darüber nachgedacht, warum das so ist, und seid gar nicht auf die Idee gekommen, dass es mit eurem Zyklus zusammenhängen könnte. Oder ihr wisst das schon, nehmt diesen Zustand aber so hin, fühlt euch ihm ausgeliefert.

Lasst mich euch dazu eine Geschichte erzählen: Ich weiß noch, es war einige Tage vor meinem neunzehnten Geburtstag, da wurde ich besetzt für einen großen Werbetrailer von VOX für das Starkino am Donnerstag, der dann auch viele Jahre lang donnerstags vor der Werbung im TV lief. Beim Casting war ich sehr mutig, habe zur Musik vor der Kamera improvisiert, getanzt und alle weggerockt. Der Dreh fand dann schon zwei Wochen später statt – und irgendwie habe ich es währenddessen nicht geschafft, die Präsenz und meine gute Improvisationskunst und Körperlichkeit vom Casting wiederherzustellen und zu zeigen. Stattdessen war ich eher niedergeschlagen und introvertiert. Ich habe zwar die Zähne zusammengebissen und natürlich alles gemacht, was von mir erwartet wurde, zum Glück war auch ein Choreograf vor Ort, der mit mir eine Choreografie einstudiert hat, aber wirklich locker ging mir das an dem Tag nicht von der Hand. Am Ende hatten wir dann zwar alles gut im Kasten, aber es war einfach nicht so optimal gelaufen, wie wir nach meinem Casting wohl alle erwartet hatten. Ich wurde übrigens just an dem Drehtag neunzehn, und das gesamte Set brachte mir ein super Geburtstagsständchen. Ich habe vor Rührung geweint. Rotz und Wasser. Und das ziemlich lange. Ich weiß noch genau, dass mich meine unbändige Rührseligkeit selbst etwas verwundert hat. Wieder zu Hause angekommen, völlig erledigt, bekam ich dann meine Regel – »Na toll, jetzt krieg ich auch noch meine Tage!«, dachte ich in dem Moment nur noch. Denn damals habe ich es noch als etwas Negatives bewertet, wenn ich blutete.

Diese Geschichte hat sich mir ganz besonders ins Gedächtnis gebrannt, wahrscheinlich, weil ich an dem Tag Geburtstag hatte, und auch, weil der Unterschied zwischen Casting und Dreh so immens war – bei einer wirklich großen Werbeproduktion, bei der eine Menge Druck auf mir gelastet hat. Erst Jahre später habe ich geschnallt, dass ich damals beim Casting ganz sicher geleuchtet habe, weil ich in der Hochphase meines Zyklus steckte, während ich beim Dreh dann kurz vor meiner Periode stand und eigentlich gar nicht in der Stimmung war, im Scheinwerferlicht im Body mit einer roten Kugel in der Hand zu glänzen. Wahrscheinlich hatte es schon etliche solcher Situationen in meinem Leben gegeben, bis ich verstanden habe, dass mein Zyklus dahintersteckt. Und sicherlich hatte ich schon ganz oft die Zähne zusammengebissen und möglicherweise an mir und meinen Fähigkeiten gezweifelt, weil ich einfach keine Ahnung hatte, wie es um mich bestellt war, anstatt zu wissen, wo in meinem Zyklus ich stehe, um dann sanft gegenzuarbeiten. Was dann gar nicht mehr nötig macht, dass man die Zähne zusammenbeißt.

Ich will mit dieser Geschichte um Gottes willen nicht die Professionalität von uns Frauen während unserer Periode infrage stellen, es ist einfach eine wahre Geschichte aus meinem Leben. Solche Situationen wie die, in der ich damals steckte, können wir oft nicht ändern, aber das Wissen darum, was mit uns los ist, reicht oft schon aus, um alles besser zu machen. Je nach Zyklusphase, in der wir stecken, können wir uns zumindest entsprechend darauf einstellen und uns bestmöglich versorgen. Hätte ich beim Dreh damals schon über dieses Wissen verfügt, wäre ich noch früher schlafen gegangen, weil wir in dieser Phase des Zyklus wegen eines reduzierten Melatoninwertes oft länger brauchen, um einzuschlafen, hätte mir am Morgen mehr Zeit und Ruhe gegönnt, ein gesundes Frühstück, mindestens meinen warmen Tee zubereitet und hätte mir einen gesunden Snack eingepackt, um den Drehtag gut zu überstehen, denn das Bedürfnis nach Kohlenhydraten ist einfach höher kurz vor oder während der Menstruation, und man hat mehr Appetit als sonst. Zumindest von dem Filmset kann ich berichten, dass es zwar ein Mittagessen gab, aber keine Snacks zwischendurch, und spätestens am

Nachmittag erinnerte mich mein Magen unangenehm brummend immer wieder daran, dass ich wirklich richtig dollen Hunger hatte.

Aus dieser Erkenntnis heraus möchte ich darum jeder Frau immer raten: Achte auf deinen Zyklus. Denn viele von uns spüren ihn, wenn wir ihn aber nicht parat haben, zweifeln wir nachher an uns selbst und unserem Leben, und das sollte bitte niemals passieren. Es liegt nämlich nicht an dir und dass du für irgendetwas nicht gut, hübsch, kraftvoll genug bist. Es liegt an deinen Hormonen! Denn egal, wie stark ihr euren Zyklus merkt oder nicht, für uns alle gilt: Alle vier Wochen wiederholt sich in unserem Körper dieses stetige Auf und Ab an Hormonen, mit dem wir Frauen gelernt haben zu leben und mit dem wir versuchen, so gut es geht, umzugehen, etliche Jahrzehnte lang. Allein dafür, was wir an dieser Stelle monatlich leisten, sind doch wirklich mal ein positiver Gedanke und ein Schulterklopfen an uns selbst drin!

Ich finde, es ist darum an der Zeit, mit unserem Zyklus anders umzugehen, sich ihn uns ganz bewusst zu machen und ihn in unseren Alltag zu integrieren – um nicht zu sagen, unseren Alltag nach *ihm* auszurichten. Ich mache das mittlerweile voller Überzeugung und ganz routiniert und ich sage euch: Es ist so eine große Erleichterung, sowohl für meinen Alltag als auch für mein Selbstwertgefühl. Denn ich darf offen dazu stehen, dass ich an einigen Tagen im Monat nicht so gut drauf, kraftvoll und strahlend bin wie an anderen.

Und deswegen gehört für mich in dieses Kapitel und an erste Stelle unbedingt das Wissen um den weiblichen Zyklus, der einfach ganz viel damit zu tun haben kann, dass es einem mal nicht so gut geht. Dafür ist es interessant zu wissen, wie der weibliche Zyklus aufgebaut ist, denn er gliedert sich in fünf Phasen (manche Frauen durchlaufen auch nur drei oder vier).

1. Phase: Der Zyklus startet mit der Periode von drei bis fünf Tagen, zeitgleich reifen hier die ersten neuen Eibläschen heran, darum wird diese Phase auch »Follikelphase« genannt. Die Eibläschen wiederum produzieren Östrogen, das auch als Glückshormon gilt. Diese Phase dauert um die vierzehn Tage, was aber je nach Länge des Zyklus variieren kann, und endet mit dem Eisprung. Meist fühlen wir uns in dieser Zeit ausgeglichen, das liegt daran, dass der mit dem Abstoßen der unbefruchteten Eizelle rapide gesunkene Östrogenspiegel eben langsam wieder ansteigt. Trotzdem haben wir am Anfang dieser Phase oft das Gefühl, wir sollten uns nicht zu viel zumuten, zum Beispiel beim Sport lieber etwas kürzertreten, nicht über unsere Grenzen gehen.

⤜ **Meine Empfehlung für diese Phase ist:** Macht nur das, wozu ihr euch kräftig genug fühlt.

2. Phase: Das ist meine Lieblingsphase! Sie ist sozusagen die zweite Hälfte der Follikelphase und reicht bis zum Eisprung. In dieser Phase steigt der Östrogenspiegel weiter an, und wir fühlen uns oft voller Tatendrang, sind belastbar(er), haben Lust auf viel Bewegung, können gut Dinge erledigen und managen, uns im Streit behaupten; kurzum: Wir schaffen ganz viel, sind kreativ und sehr wachsam.

⤜ **Meine Empfehlung für diese Phase ist:** Ihr könnt euren Alltag wunderbar nach dieser Phase ausrichten, um größere Unternehmungen anzugehen und zu planen, wie zum Beispiel einen Umzug oder auch ein Gespräch, das euch schon seit Längerem auf dem Herzen liegt.

3. Phase: Die dritte Phase, auch »Lutealphase« genannt, beginnt mit dem Eisprung. Sie dauert um die zwölf bis sechzehn Tage. Jetzt wird zusätzlich zum Östrogen noch das Gelbkörperhormon Progesteron gebildet, wodurch wir uns meist wunderschön, anziehend und besonders weiblich fühlen. Denn Progesteron sorgt unter anderem dafür, dass sich unser Hautbild verfeinert und sich das Haarwachstum verbessert. Es wirkt aber auch angstlösend und schlaffördernd, beruhigend und entspannend auf unser Nervensystem. Diese Tage mag ich ganz besonders, vor allem auch in der Partnerschaft. Grundsätzlich sind wir während dieser Zeit sehr gesellig und weniger Couch-Potato. Das ist übrigens auch die Phase, in der man ein Baby »in Angriff nimmt«, wenn man (noch mal) schwanger werden will.

✎ **Meine Empfehlung für diese Phase ist:** Es ist eine gute Zeit, um sich von seiner schönsten Seite zu zeigen. Ich nutze sie immer besonders gern für Foto- oder wichtige Videoaufnahmen.

4. Phase: Die vierte Phase ist, wenn man so will, die zweite Hälfte der Lutealphase. Sie setzt dann ein, wenn nach dem Eisprung die Eizelle nicht befruchtet wurde. Das führt dazu, dass sich Östrogen und Progesteron wieder zurückbilden (die sonst auch dafür benötigt werden, dass wir schwanger bleiben). Das versetzt uns aber noch nicht sofort in trübe Stimmung, sondern führt erst mal dazu, dass wir einen wachen Kopf haben und ganz auf dem Boden der Tatsachen stehen, weil wir einfach frei von (Glücks-) Hormonen sind. Die sind zwar wunderschön, aber auch nicht immer in allen Lebenslagen die besten Berater. Übrigens haben viele Frauen in dieser Phase mehr Appetit.

✎ **Meine Empfehlung für diese Phase ist:** Mit gesundem Menschenverstand und kühlem Kopf können wir jetzt besonders gut Entscheidungen fällen, Verträge unterschreiben, Pro-Kontra-Listen aufstellen.

5. Phase: Wir stehen ganz kurz vor der nächsten Monatsblutung, in der das prämenstruelle Syndrom (PMS) einsetzt. Progesteron- und Östrogenspiegel sinken jetzt nämlich rapide ab, was bei empfindsamen Frauen Auslöser für Beschwerden verschiedener Art sein kann: Stimmungsschwankungen, Unterbauchschmerzen,

Kopfschmerzen, Wassereinlagerungen, schmerzhaftes Anschwellen der Brüste, Durchfall, Rückenschmerzen … und letztendlich zur Regelblutung führt, weil die Gebärmutterschleimhaut abgestoßen wird. Gleichzeitig steigt unser Testosteronspiegel. Dieses hormonelle Ungleichgewicht führt häufig zu Pickeln und unreiner Haut, weil die Talgproduktion ansteigt. Auch unser Melatoninspiegel ist in dieser Phase eher gering, sodass viele von uns Schwierigkeiten haben, zur Ruhe zu kommen und einzuschlafen. Ganz ehrlich: Ich mag diese Zeit nicht besonders. Nicht verwunderlich, denn ich bekomme Pickel und fühle mich auch sonst unglaublich unattraktiv. Das ist die Phase, in der ich auch mal die Füße hochlege und mir einen Kakao gönne, mich pflege und pflegen lasse; ich streite dann lieber nicht, weil ich sowieso viel zu schnell aus der Haut fahre, ungerecht werde oder gleich anfange zu weinen. Bei vielen Frauen steigt der Appetit weiter an, sie nehmen zu. Das ist auch nicht besonders förderlich fürs allgemeine Wohlbefinden.

☙ **Meine Empfehlung für diese Phase ist:** Wenn irgend möglich, ist es eine wunderbare Zeit, um sich einzuigeln, es sich zu Hause gemütlich zu machen, sich gerade im Alltag mit Kindern mal weniger zuzumuten, Termine lieber auf die nächste Woche zu verschieben. Kurzum: Wir sollten uns in dieser Phase besonders viel Me-Time gönnen.

🎀 Deine Übung

Wenn du zu den Frauen gehörst, die jetzt die ganze Zeit über mit dem Kopf genickt haben, dann mache dir ab jetzt ein Zeichen in deinen Kalender, immer wenn du deine Periode hast (bei mir ist das einfach der Buchstabe P). Oder protokolliere sie in deinem Notizbuch. Es ist nie verkehrt, seinen Zyklus zu kennen.

Und dann schau dir doch mal genau an, wie dein Zyklus verläuft, wie du dich in welcher Phase fühlst: Kannst du das annehmen und (vielleicht ab heute besser) damit umgehen?

Winterdepression und Frühjahrsmüdigkeit

Wir Menschen sind nun mal Gewohnheitstiere, und unser Organismus muss sich auf Veränderungen aller Art erst mal einstellen. Der einen macht das mehr zu schaffen, der anderen weniger. Da ich ein sehr empfindsamer Mensch bin, gerate ich jedes Jahr aufs Neue etwas aus dem Tritt, wenn die Tage wieder kürzer, dunkler und kälter werden. Gerade jemandem wie mir, die ihre Tage immer gern voll- und die Sachen anpackt, kommt das natürlich nicht besonders gelegen. Aber wie mit allem ist es auch hier so: Wenn man die Dinge erkennt, kann man gegensteuern.

⤨ Weil weniger Sonne scheint und wir unseren Körper, wenn sie mal scheint, wegen der kälteren Temperaturen in der Regel weitestgehend bedecken, bekommen wir im Herbst und Winter zu wenig **Vitamin D** ab. Denn das bildet unser Körper nur unter Einwirkung von ausreichend Sonnenlicht. Vitamin D brauchen wir für unsere Knochen und es ist für ein starkes Immunsystem unabdingbar. Und ein Mangel an Vitamin D scheint auch bestimmte Formen der Depression zu begünstigen. Das Erste, was ich also im November mache: Ich führe mir Vitamin D zu. Dazu lasse ich einmal bei meinem Arzt meinen Vitamin-D-Spiegel messen, das sollte man vorweg immer einmal tun, bevor man irgendwelche Medikamente einnimmt. Wenn ein Mangel festgestellt wird, verschreibt der Arzt oder die Ärztin dann auch gleich eine Vitamin-D-Kur, die höher dosiert ist als frei zugängliche Medikamente.

⤨ Ich habe auch eine **Tageslichtlampe,** die, wie der Name schon sagt, Tageslicht, also Sonnenlicht, simuliert. Ab November versuche ich, sie in meinen Alltag zu integrieren. Licht sorgt dafür, dass unser Körper Serotonin (u. a. ein »Glückshormon«) ausschüttet. Wenn es dunkel ist, wird das reduziert, und unser Körper bildet stattdessen vermehrt Melatonin (u. a. ein »Schlafhormon«), das uns dabei hilft, am Abend gut in den Schlaf zu finden. In der hellen Jahreszeit sind die Hormone Melatonin und Serotonin mehr oder weniger im Gleichgewicht, und wir sind insgesamt ausgeglichener und besserer Stimmung. Wenn die Sonne aber weniger scheint und die Tage viel dunkler sind, bekommen wir sehr viel Melatonin und sehr wenig Serotonin zu spüren. Damit gerät dieses Gleichgewicht, aus dem Lot und unsere Stimmung auch. Die Tageslichtlampe regt nun die Serotoninbildung an, darum sollten wir sie auch nicht am Abend nutzen, eher am Morgen oder tagsüber. Sie wirkt am effektivsten, wenn man sich jeden Tag etwa eine halbe Stunde in einem Abstand von einem halben Meter davorsetzt. Man muss nicht die ganze Zeit hineinschauen, man kann dabei auch gemütlich seinen Tee trinken, Zeitung lesen, sich schminken oder seinen Morgengruß sagen und meditieren.

༜ **Helle Kleidung tragen.** Wenn ich nicht so gut drauf bin, versuche ich dunkle Kleidung zu vermeiden. Ich finde, helle Kleidung ist gut fürs Gemüt – mir macht sie zumindest gute Laune. Und meine Kleidung sollte insbesondere an diesen Tagen weich und gemütlich sein, wie eine Umarmung. Ich trage mir morgens auch immer etwas **Rouge** auf und bringe so mehr Farbe in mein Leben. Ich habe dann zumindest das Gefühl, von innen heraus zu leuchten, und man sieht auch gleich viel strahlender aus.

༜ Ebenfalls gerade in der kalten Jahreszeit brauchen wir **Wärme von innen.** Ich trinke dann besonders gern meinen schwarzen Tee mit Honig und Milch, bei anderen ist es vielleicht ein Ingwer-Zitronentee oder Tee mit frischer Minze und Honig. Aber auch warme Speisen wie Suppen oder Brühen schenken uns Wärme von innen und sorgen für Wohlbefinden (außerdem sind die meisten auch noch sehr gesund und stärken unser Immunsystem).

☙ Das Allerwichtigste ist auch jetzt unsere **tägliche Bewegung,** ich möchte am liebsten sagen: egal, wie schlecht das Wetter draußen ist. Denn Bewegung an der frischen Luft sorgt, wie wir aus dem allerersten Kapitel wissen, nicht nur für eine gute Fitness, sondern auch für gute Laune.

Ich kenne übrigens ebenso das **Pendant zur Winterdepression, die Frühjahrsmüdigkeit.** Wenn die ersten schön warmen Tage endlich da sind, fühle ich mich unmotiviert und oft schlapp. Auch das ist offenbar ganz normal, weil durch die wärmeren Temperaturen unsere Blutgefäße sich weit stellen und der Blutdruck sinkt. Das macht einen automatisch etwas »langsamer«, antriebsloser und kann auch zu Kreislaufbeschwerden führen. Außerdem führt unser noch aus der Winterzeit erhöhter Wert des Schlafhormons Melatonin zu Müdigkeit, selbst wenn die Tage bereits länger werden und die Lichtintensität zunimmt. Doch auch hier müssen wir uns dem nicht ergeben, sondern können gegensteuern.

Im Frühjahr heißt es, **sich nach der Sonne richten,** damit wir so viel Licht wie möglich abbekommen. Denn dadurch wird das Schlafhormon reduziert und der Wert unseres Glückshormons Serotonin erhöht.

Die meiste Sonne bekommen wir natürlich draußen. Wenn wir uns **ausreichend bewegen,** bringen wir außerdem unseren Kreislauf in Schwung, und das hilft gegen Müdigkeit, Energie- und Kraftlosigkeit. Darum machen wir mit viel Bewegung sowohl in der dunklen als auch in der hellen Jahreszeit alles richtig.

Ich bin übrigens wirklich sehr zartbesaitet. Wenn euch die hier beschriebenen Symptome also nicht bekannt sind, wundert euch bitte nicht oder zweifelt gar an euren Gefühlen und eurer Wahrnehmung. Es gibt auch viele Frauen, die diese Temperatur- und Lichtumstellungen kaum bemerken und die es viel weniger belastet.

DINGE VON AUSSEN,
DIE UNS BESCHÄFTIGEN

Geteiltes Leid ist Mama-Leid

Kommen wir nun zu einigen Dingen, die von außen auf uns einstürmen und dazu führen können, dass wir uns niedergeschlagen, unsicher, traurig, kurzum nicht gut fühlen.

Dass wir mit unseren Kindern mitfühlen, kann ein weiterer Grund sein, warum wir uns nicht gut fühlen. So wie vor einigen Wochen bei mir. Da war ich ein paar Tage lang niedergeschlagen, ohne genau zu wissen, warum. Es gab nicht diesen einen offensichtlichen Grund. Und als ich mich auf die Suche gemacht habe, bin ich darauf gestoßen, dass es um Dinge ging, die gar nicht unmittelbar mit mir zu tun hatten, sondern mit meinen Kindern: Meine Kleine war bei einem sportlichen Wettkampf hinter ihren eigenen Erwartungen zurückgeblieben und darüber sehr enttäuscht. Ihr Leid, dass sie nicht aufs Siegertreppchen gekommen war, hatte ich in mich aufgenommen. Meine Mittlere hatte in der Schule gerade eine schwere Zeit, weil sie sich mit ihrer besten Freundin wegen einer Kleinigkeit überworfen hatte. Auch das hat mich belastet. Und mein Großer war traurig und verärgert, weil er im Unterricht etwas nicht verstanden und es darum in einer Hausaufgabe falsch gemacht hatte. All das, was also im Alltag meiner Kinder gerade nicht gut lief und was ich natürlich mitbekam, führte dazu, dass ich traurig war.

Dabei ist übrigens völlig irrelevant, ob es sich um Kleinigkeiten oder »Großigkeiten« handelt. Man will als Mama seine Kinder am liebsten immer glücklich sehen. Was natürlich nicht geht und auch gar nicht gut ist, denn unsere Kinder müssen auch mal Phasen durchlaufen, die nicht so leicht sind, und Enttäuschungen erfahren. Nur so lernen sie, im Leben damit umzugehen. Und was gibt es Besseres, als dass sie an unserer Seite erfahren, mit diesen Rückschlägen und Frustrationen umzugehen? Dann wird es ihnen garantiert in Zukunft auch gelingen, größere Enttäuschungen wegzustecken und nicht gleich daran zu verzweifeln.

Erst nachdem ich mir das bewusst gemacht hatte, konnte ich den Rückschlägen meiner Kinder auch etwas »Gutes« abgewinnen und meine gesamte Energie darauf konzentrieren, ihnen seelischen und emotionalen Beistand in dieser schwierigen Phase zu leisten. So habe ich es geschafft, auch meine eigene Traurigkeit gut aufzulösen.

Raus aus der Stressfalle

Der Alltag mit Kindern ist sehr anstrengend, wie sollen wir ihn bitte schön meistern, wenn wir selbst aus der Ruhe kommen? Darum ist das Allerwichtigste, gerade in stressigen Situationen so gelassen und ruhig wie möglich zu bleiben. Aber das gelingt uns natürlich nicht immer. Manchmal gibt es einfach diese Momente, in denen uns die Hektik einholt, der Druck übermannt und wir – schwups – in der Stressfalle sitzen. Die Trigger, die Stress bei uns auslösen, können bei jeder von uns ganz unterschiedlicher Art sein. Ich nenne jetzt mal drei Dinge, die mich unter Druck setzen, vielleicht findet ihr euch ja darin wieder. Wichtig ist, seine eigenen Stressauslöser zu erkennen und zu benennen und in Zukunft »Nein« dazu zu sagen, sie also weitestgehend aus unserem Alltag zu verbannen.

⚮ **Permanentes Online- und Erreichbar-Sein.** Mich stresst es total, wenn ich Pushnachrichten auf mein Handy bekomme. Ich kann dann einfach nicht nichts machen und will sie lesen. Das ist ja auch völlig in Ordnung, wenn ich mir dafür extra Zeit eingeräumt habe, aber wenn das immerwährend nebenbei passiert, macht es mich verrückt.

> **Kleiner Tipp**
> Baue dir handyfreie Zeiten in deinen Alltag ein, schalte das Telefon lautlos und entscheide selbst, wann du wieder verfügbar bist und dich all den Nachrichten widmen möchtest, die in der Zwischenzeit aufgelaufen sein könnten.

✄ Apropos »Nachrichten«: Früher haben mich **schlechte Nachrichten** in Zeitungen, im Fernsehen, überall, phasenweise sehr belastet, bis ich erkannt habe, dass ich als erwachsener, gebildeter Mensch auch das Recht habe, nicht immer jede Schlagzeile lesen und über das geballte Leid der Menschheit informiert sein zu müssen. Ich packe das einfach nicht immer. So konnte ich mit Anfang zwanzig manchmal nachts nicht schlafen, weil mich so beschäftigt hat, dass der Regenwald abgeholzt wird. Das stresst mich übrigens immer noch, gerade jetzt, wo ich darüber schreibe. Notiz an mich selbst: Ich gehe einen Baum pflanzen, ich spende einer Organisation, ich engagiere mich irgendwie oder aber ich schiebe das Thema beiseite. Denn was geht nicht? Sich Tag und Nacht verrückt zu machen, aber nichts zu tun. Fazit: Negatives Denken, das du nicht als Motor zum Handeln nimmst, bringt dir nichts.

✄ **Multitasking.** Es scheint unser aller höchstes Ziel zu sein, um möglichst effizient und produktiv zu sein und gilt als Supertalent einer jeden Mutter. Dabei stresst es sehr viele Menschen enorm. Und es ist auch längst bewiesen, dass Multitasking einen nicht produktiver, sondern im Gegenteil langsamer macht, weil wir ja zwei oder mehr Aufgaben zeitgleich meistern wollen, die aber jede für sich unsere Aufmerksamkeit erfordert. Und wenn wir unseren Fokus nicht auf eine Sache richten, sondern auf verschiedene Dinge, erhöht das zusätzlich unser Stresslevel, weil das Gehirn verschiedenen Reizen ausgesetzt ist, die es gleichzeitig irgendwie verarbeiten soll. Die Konsequenz von häufigem Multitasking ist übrigens, dass unsere Konzentrationsfähigkeit und Belastbarkeit sinken.

Kleiner Tipp
Wenn du das nächste Mal dabei bist, zwei Dinge gleichzeitig zu machen, versuche, sie *nacheinander* zu erledigen. Du wirst wahrscheinlich weder besonders viel länger brauchen noch die Dinge schlechter machen, aber was du wahrscheinlich wirst: dabei und danach entspannter sein.

✂ **Zu enge Kleidung** stresst mich wahnsinnig, ich habe es euch schon verraten. Ich trage zwar unterwegs auch mal eine Jeans, aber am liebsten mag ich Kleidung, die nicht zwickt und mich nicht einengt. Und zu Hause schlüpfe ich sowieso sofort in meinen Jogginganzug, meine Schlafanzughose oder was auch immer bequem ist.

Kleiner Tipp
Verbanne an stressigen Tagen rigoros alles an Kleidung, was unbequem ist.

 Deine Übung
Bevor ich dir meine Lieblingstipps zum Glücklichsein verrate, möchte ich dir folgende kleine Aufgabe stellen: Gehe die nächsten Tage wachsam durch deinen Alltag und schreibe dir Situationen und Dinge in dein Notizbuch, die dich stressen. Das können Sachen sein wie die Nachbarin, die dir immer eine Frikadelle ans Ohr quatscht, während du nur mal kurz den Müll rausbringen

musst, die nackte Glühbirne an der Decke, für die du seit sechs Monaten einen Lampenschirm bestellen willst, dein grauer Haaransatz oder der sich auftürmende Berg an unbeantworteten E-Mails. Ganz egal, was es ist: Schreibe es auf und überlege dir, was du davon einfach und ersatzlos aus deinem Leben streichen und was du anpacken und abarbeiten kannst und wie – werde kreativ!

Übrigens, es gibt Menschen, die sind sensibler als andere. Die brauchen bei all dem, was uns von innen und außen stresst, mehr – mehr Auszeit, mehr Rückzug, mehr handyfreie Zeit, weniger schlechte Nachrichten … Wenn du zu diesen Menschen gehörst, gestehe dir das ruhig ein und achte ein bisschen mehr auf dich.

MEINE LIEBLINGSTIPPS ZUM GLÜCKLICHSEIN

Zum Abschluss dieses Kapitels zeige ich euch noch meine SOS-Tipps zum Glücklichsein, die immer und überall greifen – egal, ob du traurig bist wegen einer Winterdepression, Frühjahrsmüdigkeit, dem PMS, Liebeskummer oder, oder, oder – und die hoffentlich ab jetzt auch deinen Alltag erhellen.

- **Ich nehme mir jeden Tag ein paar Minuten Zeit für mich.** Wir machen das ja schon in unserer Morgenroutine, aber gerade an Tagen, an denen es mir nicht so gut geht, nehme ich mir ein paar Minuten Extrazeit.
- **Meine Lieblingsgedankenreise.** Wann immer ich von einer typischen Alltagssituation überfordert bin oder ich mich in meinem Hamsterrad drehe und unzufrieden bin, greife ich auf eine wunderbare Übung von Phil Stutz und Barry Michels aus dem Buch »The Tools« zurück, die ich sehr gern

mit euch teilen möchte: Stell dir vor, du bist hundert Jahre alt, liegst im Sterbebett und dir erscheint eine gute Fee, die dir sagt, du darfst noch mal in die Vergangenheit zurückreisen, in genau die Situation, in der du jetzt gerade steckst. Und sie schickt dich wirklich an genau diesen Tag und in diese problematische Situation in die Vergangenheit zurück. Was meinst du wohl, wie glücklich du wärst, wenn du noch mal nicht im Sterbebett liegen müsstest und keine Greisin wärst, sondern so jung und schön sein dürftest, wie du es in dieser Alltagssituation eben gerade bist?! Du könntest zum Beispiel dein heiß geliebtes Kind noch mal knuddeln und in den Arm nehmen, anstatt dich darüber zu ärgern, dass es partout nicht einschlafen will. Du könntest mit deiner vollen Sehstärke jeden einzelnen Gegenstand um dich herum betrachten, und wenn du wolltest, könntest du sogar noch einmal in die Luft springen – alles Dinge, die du nicht mehr machen könntest, wenn du hundert wärst, mit schlechter Sehstärke am Stock oder Rollator laufen oder gar im Sterbebett liegen würdest. Du könntest deinem Partner einen Kuss geben, der vielleicht eines Tages vor dir gestorben sein wird.

Allein während ich diese Zeilen hier tippe, bin ich so dankbar für den jetzigen Abend. Und ich sage euch, wie es ist: Ich habe meine Kinder ins Bett gebracht, und das war heute alles andere als leicht und entspannt, der Abgabetermin dieses Buches rückt näher, ich bin außerdem sooo müde. Aber diese rückwirkende Wertschätzung, die ich mithilfe meiner Gedankenreise empfinde, kann ich immer ins Hier und Jetzt übertragen. Gerade wenn es mir mal nicht so gut geht. Aber auch, wenn ich einen richtig schönen, glücklichen Moment erlebe, reise ich in meinen Gedanken. Und dann will ich diesen Glücksmoment am liebsten für immer festhalten, was natürlich leider nicht geht. Aber ich hoffe, ihn so in mein Gedächtnis einzubrennen.

✿ Deine Übungen

Bitte, bitte mache diese Übung jetzt einmal, egal, was du gerade tust. Unterbrich dieses Kapitel, lege das Buch zur Seite und betrachte dein Leben, schau es dir genau an. Gehe auf Gedankenreise. Das ist so bereichernd.

⚭ Wohlriechende **Düfte und Farben** machen mich glücklich. Ich bestelle mir dann meine Lieblingsblumen nach Hause und arrangiere sie zu Sträußen. Das ist eine halbe Stunde meditative Beschäftigung, die mich sehr, sehr froh macht, besonders in der dunklen Jahreszeit. Oder ich besprühe mich mit einem Spritzer Lieblingsparfüm.

⚭ Wenn ich mich nach dem Aufwachen pessimistisch und total schlaff fühle, dann nehme ich eine **kalte Dusche!** Ich weiß, es ist eine große Überwindung, aber man fühlt sich hinterher wie neugeboren.

⚭ **Einen Liebesroman lesen.** Gerade wenn es mir nicht so gut geht, tauche ich gern in eine perfekte Welt mit Happy End ein. Die Romane dürfen ruhig auch mal erotisch angehaucht sein … Ob ich mal meine liebe Lektorin Nina fragen sollte, ob sie mit mir zusammen als Nächstes einen Liebesroman schreibt? Ihr habt ja keine Ahnung, was ich da für Geschichten und Fantasien in meinem Kopf habe.

⚭ **Ich versuche einmal am Tag, die Welt aus Kindersicht zu sehen.** Oft macht man das als Mama ganz automatisch, wenn man sich zu seinem Kind auf den Boden setzt, um zum Beispiel Legosteine zusammenzustecken. Aber man kann das auch sehr schön beim Spazierengehen machen. Vieles wirkt aus Kinderaugen viel größer, beeindruckender, manches auch erschreckend, die Perspektiven sind einfach ganz andere. Gerade wenn es um ganz kleine Kinder geht, können wir uns immer bewusst machen, dass sie einige Dinge zum ersten Mal in ihrem Leben sehen! Ich empfinde das als unglaublich spannend und berührend und als eine richtig schöne Horizont- und Bewusstseinserweiterung. Dazu gehört übrigens auch, dass ich mich auf meine Kinder und ihre Entwicklung einlasse. Wenn mein Kleiner zum Beispiel lernt, eine Rolle zu machen, dann mache ich einfach mal mit.

⤫ Apropos »Kindersicht«: Was ich auch total gern mache, ist **schaukeln.** Denn das gibt einem das Gefühl von Freiheit und Schwerelosigkeit, wirkt entspannend und beruhigend und hat ganz nebenbei einen positiven Effekt auf den Gleichgewichtssinn.

⤫ Und manchmal **klettere ich auch auf einen Baum.** Bäume umarmen soll ja auch schon glücklich machen. Vielleicht mache ich mich dabei ein bisschen lächerlich, aber es ist mir total egal, was die anderen denken. Hinterher bin ich auf jeden Fall glücklich – und irgendwie stolz.

⤫ Da wir schon beim Thema »Bewegung« sind: Wenn wir im Stressmodus sind, sind all unsere Sensoren auf Flucht (oder Kampf) ausgerichtet. Darum empfinde ich es als äußerst befreiend, diesen Fluchtinstinkt anzunehmen und **mich einmal kräftig zu bewegen:** um den Block laufen, die Treppen rauf und runter, ein paar Liegestütze oder Kniebeugen.

⤫ Supergern drehe ich auch meine Lieblingsmusik laut auf und **tanze** dazu, am liebsten gemeinsam mit meinen Kindern. Wie gern würde ich auch meinen Mann dazu bringen, aber der sitzt lieber nur dabei, schüttelt den Kopf und fragt sich wahrscheinlich, wenn nicht garantiert, ob er im Irrenhaus gelandet ist. Aber ich sage euch: Tanzen entspannt, verhilft zu einem positiven Körpergefühl und macht selbstbewusst. Außerdem wird mithilfe der fürs Tanzen benötigten Koordination die Bildung neuer Nervenverbindungen gefördert. Tanzen macht mich ganz nebenbei also auch noch schlau! So.

⤫ Und gerade wenn ich in einer »kritischen« Phase meines Zyklus stecke, **backe ich Kuchen.** Wir brauchen in diesen Phasen eben einfach etwas mehr vom guten Gefühl. Ich liebe es dann, etwas Kreatives mit meinen Händen zu schaffen, mit ihnen zu kneten, zu formen, dazu noch der Duft der köstlichen Zutaten – und hinterher die (hoffentlich) wohlschmeckende Belohnung.

☙ **Emotionen zulassen.** Vor allem Gefühle wie Freude, Gerührtheit, (gute) Aufgeregtheit … Ich lache dann gern lauthals, wenn mir danach ist, springe, wenn ich fröhlich bin und mich über etwas freue, auch einfach mal in die Luft. Natürlich befreit es auch, wenn man ein Gefühl wie Trauer zulässt und weint. Wenn wir unsere Emotionen nicht unterdrücken, sondern ausleben, hilft uns das dabei, nicht alles in uns hineinzufressen, hinunterzuschlucken und dadurch zu verkrampfen.

☙ Ich suche mir einen ruhigen Moment und **lese mich durch meine Dankbarkeitsliste.** Und da ich die seit Jahren jeden Tag schreibe, habe ich viele vollgeschriebene Notizbücher zur Hand, in denen ich blättern kann. Das hat mir dabei geholfen, schon so manch trüben Tag aufzuhellen.

☙ **Als Familie einen Moment des Tages aussuchen und ihn wertschätzen.** Ich habe es schon erwähnt: Wir machen das immer beim Abendessen, da erzählen wir uns nacheinander den schönsten Moment unseres Tages. Das können ganz, ganz unterschiedliche Dinge sein, und oft sind es ganz normale Alltagsbegebenheiten. Dieses Miteinander erdet einen sehr schön, und es zeigt uns: Es gibt immer einen schönsten Moment, egal, wie schlecht der Tag insgesamt vielleicht gelaufen ist. So führen wir auch unsere Kinder an das Thema »Wertschätzung« und »Dankbarkeit« heran. Und wir erfahren natürlich etwas über unsere Kinder und hoffentlich auch unsere/-n Partner/-in, nehmen bewusst an ihrem Leben teil und hören ihnen zu. Das ist in einem wuseligen, vollgepackten Alltag leider auch nicht immer selbstverständlich.

∞ Und was bei mir auf jeden Fall immer wirkt bei Stress und schlechter Laune, ist: **kuscheln!** Denn das löst in uns das sogenannte Kuschelhormon Oxytocin aus, und das wirkt entspannend auf unseren Körper. Wenn dir also eigentlich nach Schimpfen ist: Mache es nicht, sondern verschenke eine Umarmung. Auch wenn das im ersten Moment schwerfällt, wenn du die Umarmung ein paar Sekunden gehalten hast, wirst du merken, wie sehr dich das erleichtert und du so dem Stress entkommen kannst.

∞ **Lachen macht glücklich!** An diese Stelle gehört auf jeden Fall auch unser Fake Smile, das wir ja aber zum Glück sowieso schon in unsere Morgenroutine integriert haben.

∞ Wenn es mir nicht gut geht, versuche ich auch, extra gern zu geben, denn: **Geben ist seliger denn Nehmen** – dieses uralte Sprichwort hat nach wie vor absolute Gültigkeit. Wenn wir jemandem etwas Gutes tun, eine Freude machen, fühlen wir uns automatisch besser. Das liegt zum einen daran, dass wir uns mitfreuen können, wenn sich unser Gegenüber freut und wir uns mit ihm verbunden fühlen, zum anderen steigt unser Energielevel durch das aktive Tun von etwas Gutem. Das können Kleinigkeiten sein wie gründliches Zuhören, Pfandflaschen neben den Mülleimer stellen, beim Einkaufen jemanden vorlassen oder den Euro im Wagen stecken lassen …

∞ Mehr denn je gilt an Tagen, an denen ich nicht so gut drauf bin: **Ich gehe rechtzeitig schlafen.** Vielleicht noch etwas rechtzeitiger als sonst. Denn wisse: Je früher du schlafen gehst, umso früher ist auch der doofe Tag vorbei.

∞ Apropos schlafen: Bevor ich mich hinlege, **schaue ich meinen Kindern beim Schlafen zu.** Das sind die besonders schönen Momente meines Tages, denn dann liegen meine Engelchen da und sehen so friedlich aus. Das gibt mir immer sehr viel Kraft und Liebe.

Wenn dir mal alles zu viel wird, du dich allein oder unsicher fühlst, Fragen hast, möchte ich dich an dieser Stelle ganz herzlich in meine Mama-Community auf YouTube einladen. Denn der Austausch, der hier zwischen Schwangeren, Müttern, Stillenden und mir stattfindet, das, wie diese Community lebt, ist schon etwas ganz Besonderes und kann dir vielleicht zusätzlichen Halt geben.

Ganz wichtig!

Manchmal ist es aber, wenn es mal nicht so gut läuft, auch das Allerschönste, sich voll und ganz in diesen Zustand hineinfallen zu lassen, sich ein paar Stunden zu nehmen und dem Gefühl der Trauer, Enttäuschung und Niedergeschlagenheit Raum zu geben. Raum für Schnulzen-TV und Becher voller Eiscreme, traurige Nirvana-Songs und Kuscheldecke ... Manchmal ist das eben genau das, was man dann braucht.

DEM STRESS MIT GELASSENHEIT BEGEGNEN

Die beste Antwort auf Stress ist Gelassenheit. Und Gelassenheit ist eine Entscheidung. Das sage ich mir immer wieder vor. Probleme, die uns tagsüber begegnen, minimieren wir nicht, indem wir gestresst, verspannt, angespannt und schlechter Laune sind. Wir können also genauso gut versuchen, sie mit einem Lächeln auf den Lippen anzugehen. Auf jeden Fall verlieren wir so nichts von der doch gerade jetzt so dringend benötigten Energie, um die vor uns liegenden Herausforderungen anzugehen. Ich entscheide mich dann also lieber für ein Lächeln und komme dadurch wieder zurück in meine Kraft.

Dann hilft es ungemein, am eigenen Wortschatz zu arbeiten: Lasst uns das lähmende Wort »müssen« durch das antreibende Wort »dürfen« ersetzen. Diese Strategie habe ich vor etlichen Jahren während meiner Schauspielausbildung gelernt – und sie ist an mir hängen geblieben und macht meinen Alltag auf ganz vielen Ebenen leichter, angenehmer und motiviert mich. Ich denke zum Beispiel nicht: »O Mann, ich muss immer so früh aufstehen«, sondern stattdessen: »Ich darf früh aufstehen! Ich habe Kinder und ich darf ihnen das Frühstück vorbereiten und gelassen in den Tag starten. Wie schön!« Klar würde ich vielleicht auch mal lieber länger schlafen, aber wir ändern eine Situation ja nicht, wenn wir denken, wir müssten etwas tun. Das Wörtchen »müssen« vermittelt uns unterbewusst das Gefühl, die Dinge nicht selbst in der Hand zu haben, abhängig und verpflichtet zu sein. Dabei ist es ja unser Leben! Und das *dürfen* wir leben. Ich benutze dieses Tool sehr häufig in vielen verschiedenen Varianten, weil es mir einfach so guttut.

Und hierher und zum Abschluss passend ist natürlich auch der goldene Satz: »Mein Alltag ist ihre Kindheit.« Ach, der berührt mich immer sehr. Denn ich kann mich selbst noch sehr genau daran erinnern, wie es mich als Kind belastet hat, wenn ich meine Mutter gestresst erleben musste. Als Kind kann man ja noch gar nicht richtig einschätzen, was Eltern den ganzen Tag über zu leisten haben. Aber Kinder können auch nichts für den Stress, den die Erwachsenen haben. Genauso wenig wie die Erwachsenen selbst, übrigens. Der Alltag ist nun mal herausfordernd. Was wir aber machen können: Wir können erkennen, dass unser stressiger Alltag die Kindheit unserer Kinder ist. Anstatt dass ich mein Engelchen also das nächste Mal am Arm irgendwo hinziehe, komme ich lieber einmal fünf Minuten zu spät.

TEIL 6

Du bist die beste Architektin für deine Zukunft

Meine lieben Leserinnen, das Buch neigt sich dem Ende zu, und wie ihr vielleicht gemerkt habt, stellt sich ein Grundgefühl von Happiness ein. Was sind wir nicht alles angegangen in den letzten Wochen, während wir mit diesem Buch gearbeitet haben! Wir starten den Tag mit unserer geliebten Morgenroutine, die nur für uns da ist und uns ganz in unserem Sinne den Morgen beginnen lässt, sodass wir nicht zu kurz kommen in unserem vollen Alltag. Mit einer guten Balance aus ausreichend Bewegung und gesunder Ernährung fühlen wir uns aktiver, sportlicher und attraktiver, kurz: wohler in unserer Haut. Positivere Gedanken und mehr Dankbarkeit, Abgrenzung von Dingen, die uns nicht guttun – all das hat uns mental stärker gemacht, und diese Stärke lässt uns kraftvoller durch den Alltag gehen. Einen Alltag, den wir mit der nötigen Grundgelassenheit meistern, weil uns darüber hinaus die Ordnung in unserem Zuhause und der Überblick über unsere Finanzen und vielleicht auch die eine oder andere Me-Time-Insel geistige und körperliche Entspannung erfahren lassen.

Erinnert ihr euch noch an die zugegebenermaßen zugespitzt dargestellten Mamatypen vom Anfang des Buches? Wenn ihr euch schon damals wahrscheinlich nicht so ganz einem Typus zuordnen konntet, ist das nach den letzten Wochen, die ihr euch selbst geschenkt habt, sicherlich noch weniger möglich, weil wir viele Themen gemeinsam angegangen sind. Und auch mir gibt es immer wieder aufs Neue ein ganz warmes Gefühl von Zufriedenheit, wenn ich überlege, wie ich mich über die Jahre von einer abgehetzten, chaotischen und überladenen in eine gelassene und in sich ruhende Frau entwickeln konnte. Ich hoffe sehr, dass auch ihr dieses Gefühl erleben könnt. Lasst uns darum an dieser Stelle bitte einmal wertschätzen, was wir geschafft haben! Wie viel leichter der Alltag und wie viel mehr Raum für Happiness jetzt da ist!

Wenn die eine oder andere von euch jetzt gerade bemerkt, dass sie noch nicht ganz angekommen ist, weil sie das eine oder andere Thema in der Hektik des Alltags vielleicht noch nicht geschafft hat anzugehen, dann möchte ich euch beruhigen: So ein Prozess braucht natürlich Zeit, und die angedachten sechs Wochen, die wir für die Arbeit am Buch vielleicht gebraucht haben, sind ja auch erst mal nur der Anfang. Das Schöne ist: Ihr könnt euch alle Themen ja auch im Nachhinein noch vornehmen, dieses Buch ist für immer euer, und ihr könnt es immer von vorn bis hinten durchgehen oder genau dort aufschlagen, wo ihr Hilfe braucht und etwas verändern wollt. Und dazu möchte ich sogar dringend raten, denn wir neigen dazu, wieder in alte Verhaltensmuster zurückzufallen, wenn uns etwas noch nicht selbstverständlich von der Hand geht. Deswegen möchte ich euch einladen, auch in den nächsten Wochen immer mal wieder in dem Buch und gelegentlich noch dazu in eurem wertvollen Notizbuch zu blättern.

Dass einige Themen bei manchen länger dauern als bei anderen, ist ganz natürlich. Das können Dinge im Inneren oder im Äußeren sein. Und eventuell sind bei einigen von euch auch noch Themen übrig geblieben, die sich in der Kürze der Zeit nicht zufriedenstellend angehen ließen, weil sie vielleicht tiefer liegen. Tiefer, als dass wir sie mit diesem Buch behandeln könnten. Entweder, weil es Themen sind, die mehr Zeit brauchen, wie zum Beispiel ein Übergewicht von fünfzig Kilo loszuwerden oder wenn du dein Abitur nachholen willst – zu beidem braucht man definitiv mehr Zeit als sechs Wochen. Oder auch, weil das dahinterstehende Problem einfach tiefer liegt, wie beispielsweise Ängste, ein Trauma, eine Sucht. Wäre es nach unserer ersten gemeinsam geschaffenen Grundstruktur aber nicht schön, auch diese tiefer liegenden Themen anzugehen? Dabei kann ich natürlich nur insofern behilflich sein, als dass ich euch ermutigen kann, euch professionelle Hilfe zu holen. Sei es bei einem Therapeuten, einer Ärztin oder in einer Gesprächsgruppe. Ich glaube, wir leben in einer Zeit, in der es wunderbare Möglichkeiten der Hilfestellungen gibt, und warum diese nicht nutzen? Schließlich haben wir ja nur dieses eine Leben, und das sollte doch so schön und unbeschwert wie möglich sein.

AB JETZT IN EINE STRAHLENDE ZUKUNFT

Jetzt möchte ich euch noch ein paar Gedanken mit auf den Weg geben, die mir ganz besonders am Herzen liegen. Bislang sind wir den Alltag angegangen und haben alte Strukturen darin verändert. Wir haben den Weg geebnet für das, was jetzt anfangen kann. Denn ab jetzt erschaffen wir etwas Neues, sozusagen. Wir haben während der ganzen Arbeit an diesem Buch ganz nah erfahren dürfen, dass wir die Schmiedinnen unseres eigenen Glückes sind. Und jetzt gehen wir gemeinsam noch einen Schritt weiter, wir werden nämlich die Architektin unserer Zukunft, denn deine Zukunft liegt in deiner Hand, egal, wo du stehst, woher du kommst, wer du bist. Du kannst alles werden und erreichen, was du willst. Und ist es nicht genau das, was wir zu unseren Kindern sagen? Was uns Müttern so besonders wichtig ist, wozu wir unseren Kindern den Weg ebnen, damit sie eine Zukunft vor sich haben, die so strahlend wie nur irgend möglich ist. Wenn wir unsere Kinder so positiv und bestärkend begleiten und geleiten, dann werden sie ihre Zukunft auch mit dem größten Selbstvertrauen und Selbstverständnis ergreifen. Und genau das können wir auch. Wir können zum einen unsere Zukunft so ebnen, dass sie so strahlend wie möglich ist, und wir können sie zum anderen mit dem gleichen Selbstverständnis empfangen. Ich bin kurz vor meinem vierzigsten Geburtstag, das heißt, ich habe noch sechzig Jahre zu leben (finde ich). Auch ich könnte noch mal neu anfangen, wenn ich denn wollte. Wir alle könnten das. Es sagt ja keiner, dass das immer leicht ist, aber immerhin haben wir alle jederzeit die Möglichkeit dazu. Der Dreh- und Angelpunkt dafür ist, dass du wissen musst, was du willst. Viele Menschen denken, sie wüssten das bereits, aber oft ist diese Vorstellung sehr vage und unbestimmt. Verzeiht, jetzt folgt ein sehr banales Beispiel, das aber ganz gut zeigt, was ich mit einer genauen Vorstellung meine. Wenn du dir ein Auto wünschst, dann fragst du dich ja auch: Wann genau brauche ich es, welche Marke, welche Farbe, wie viele Sitze, welche Extras sollen es sein?

An erster Stelle steht also, überhaupt erst mal herauszufinden: Hast du ein Ziel? Gibt es einen Weg, den du einschlagen möchtest? Wenn nicht, ist das völlig in Ordnung. Das heißt dann, du bist zumindest in diesem Moment gerade angekommen und rundum zufrieden. Aber sollten sich durch die Arbeit mit dem Buch weiterführende Ziele aufgetan haben, dann ebnen wir nun gemeinsam mit Freude den Weg dahin.

 Deine Übung

Überlege, was du für deine Zukunft möchtest, und schreibe es kurz und so konkret wie möglich in dein Notizbuch.

Kommen wir nun zum **Visualisieren.** Selbstverständlich gehst du deine Ziele, deine Wünsche und Träume auf die unterschiedlichste Art und Weise an: mithilfe von Vorstellungsgesprächen, To-do-Listen, Weiterbildungen, Networking … Aber darüber hinaus möchte ich dich einladen, deine Ziele, Wünsche und Träume zu visualisieren. Zur Unterstützung, sozusagen. Eine Unterstützung, die wahnsinnig viel Spaß macht. Was meine ich damit genau? Visualisieren bedeutet, sich die eigene Zukunft so konkret und bildlich wie möglich vorzustellen. Dazu stellen wir uns natürlich die bestmögliche Vision unserer gewünschten Zukunft vor und in so schillernden Farben und so detailliert wie möglich. Ich mache das schon mein ganzes Leben lang, ihr erinnert euch: Angefangen hat alles bereits mit zwölf Jahren mit Dr. Joseph Murphys »Die Macht Ihres Unterbewusstseins« und meiner Veränderung von einem unsportlichen zu einem sportlichen Mädchen. Ich habe auf der einen Seite aktiv an meiner Sportlichkeit gearbeitet, auf der anderen Seite habe ich ergänzend dazu vor dem Einschlafen zusammen mit Affirmationen, also Glaubenssätzen, meine Sportlichkeit visualisiert. Übrigens, als Vorbilder für die Intensität, mit der man sich Dinge vorstellen kann, können wir mal wieder unsere Kinder nehmen. Sie spielen so ernsthaft, sind so vertieft in ihre Fantasiewelten, dass diese für sie Realität sind. Mein Kleiner spielt, wie gesagt, gerade mit ganz viel Inbrunst Vampir. Und wenn ich dabei in sein kleines, ernsthaftes Gesichtchen blicke, merke ich: Er ist es wirklich. Oder wenn meine Kinder zum Beispiel Mama und Papa spielen, dann darf ich sie nicht bei ihren richtigen Namen nennen, sonst sind sie hochgradig beleidigt. Weil sie in dem Moment des Spiels so tief und fest in ihrer Vorstellung leben und mit Leib und Seele spielen.

Die folgenden **vier Möglichkeiten, die Zukunft zu visualisieren,** kenne und nutze ich immer dann, wenn ich etwas Neues angehe, wenn ich vorwärtskommen will. Das können kleine wie große Dinge sein, einfach, weil es so viel Spaß macht. Ich stelle sie hier alle einmal vor, denn je nachdem, in welcher Laune ich gerade bin, habe ich auf das eine oder andere mehr oder weniger Lust. Manchmal ist es auch eine Zeitfrage oder hängt davon ab, wie gut ich eine Übung mit dem Zusammensein mit den Kindern verbinden kann.

⨝ 1. Einen Aufsatz schreiben. Beschreibe einen Tag in deinem Leben in der Zukunft als eine Art Aufsatz. Und in dieser Beschreibung steckt alles drin, jedes Detail: Wie stehst du auf an diesem Tag, wie siehst du aus, was ziehst du an, wo lebst du, wie viele Kinder hast du, wie glücklich bist du mit deinem/deiner Partner/-in, was machst du beruflich, wie erfüllt und kreativ darfst du wirken … Diese Aufgabe braucht etwas Zeit und ganz viel Freude am Hineinträumen.

Ich habe das zuletzt gemacht, als mein Großer beim Homeschooling einen langen Aufsatz schreiben musste. Da habe ich mich einfach ans andere Ende des Tisches gesetzt und meinen eigenen Aufsatz verfasst. Mein großes Kind hat mich also – mal wieder – dazu motiviert, mich dieser wertvollen Visualisierungsübung hinzugeben.

⨝ 2. Ein Bild malen. Male ein Bild zu einem Tag in deinem Leben in der Zukunft mit vielen Details und in Farbe. Das kann natürlich skizzenartig sein, aber viel mehr Spaß macht es, wenn man sich auf einem DIN-A3-Bogen kreativ austobt und die ganze Bandbreite an Vorstellungsvermögen zu Papier bringt. Und je mehr Details auf dem großen Bild zu sehen sind, umso besser. Es kann sogar einen Wimmelbild-Charakter haben.

Ich kann mich dieser Übung wunderbar hingeben, wenn wir einen Malnachmittag haben – dann malen wir alle, die Kinder und ich, was wir uns wünschen.

⨝ 3. Ein Visualisierungsboard erstellen. Greife dir einen Stapel Zeitschriften, egal, ob es alte oder neue sind, und reiße oder schneide jedes Bild heraus, das dich irgendwie inspiriert, das etwas zeigt, was du dir im Leben wünschst. Das können Bilder sein, die einfach eine schöne Atmosphäre widerspiegeln, Bilder mit einer glücklichen Familie, einem glücklichen Paar, mit lachenden Freunden, mit einem paradiesischen Urlaubsziel, es kann auch Materielles darauf abgebildet sein, das du dir für dein Leben wünschst, wie ein Auto, Schmuck, ein großes Haus mit Garten, ein Pferd … Klebe die Bilder dicht an dicht auf ein Blatt Papier und schaue dir diese Collage aus Wünschen jeden Tag an. So siehst du jeden Tag vor dir, was du dir wünschst für dein Leben, und allein dadurch kann sich ganz viel in Bewegung setzen.

Ich möchte dazu eine persönliche Geschichte mit euch teilen: Ich habe solch ein Visualisierungsboard das erste Mal nach dem Film »The Secret« gemacht, der auf dem gleichnamigen Buch von Rhonda Byrne basiert. In dem Film beschreibt ein Mann, dass er die Technik des Visualisierungsboards angewendet hat. Nach einer Weile hat er seine Collage beiseitegelegt und erst Jahre später wieder hervorgeholt. Darauf entdeckte er dann ein Bild von einem Haus. Und es war genau das Haus, in dem er nun lebte. Er hatte es gekauft und wohnte darin, war sich aber gar nicht bewusst gewesen, dass er das Haus als Bild lange Zeit visualisiert hatte. Ohne es zu wissen, hatte er also genau das Haus gekauft, das er vor Jahren aus irgendeiner Zeitschrift ausgeschnitten und aufgeklebt hatte. Das hat mich damals während des Films schon wahnsinnig beeindruckt.

Ich habe dann also auch zum ersten Mal ein Visualisierungsboard angefertigt. Dazu habe ich unter anderem das allerschönste Haus, das ich in einer Lifestyle-Zeitschrift gesehen hatte, herausgerissen und aufgeklebt. Das Visualisierungsboard habe ich mir etwa ein Jahr lang jeden Tag angeschaut und es dann irgendwann beiseitegeräumt. Zehn Jahre später, als ich mit meinem jetzigen Mann auf Grundstücks- und Häusersuche war, wurde uns ein Haus angeboten. Und was soll ich sagen? Während des Besichtigungstermins stand ich auf einem seichten Hügel, auf dem das Haus stand, und da bemerkte ich plötzlich: Es war genau das Haus, das ich damals aus einer Zeitschrift herausgerissen und auf mein Visualisierungsboard geklebt hatte! Und da ich das wirklich nur aus dieser Perspektive auf dem Hügel erkennen konnte, hatte ich auch bis zu diesem Moment keine Ahnung, dass es sich genau um dieses besondere Haus handelte. Das, was ich damals im Film schon so unglaublich gefunden hatte, war mir tatsächlich selbst passiert! Kleiner Funfact am Rande: Wir haben uns letztendlich dann für ein anderes Haus entschieden, aber das tut für die Geschichte nichts zur Sache.

✂ **4. Meditieren.** Setze dich in Meditationshaltung und visualisiere mit geschlossenen Augen deine ideale Zukunft, stelle sie dir immer und immer wieder vor. Wann immer ich das tue, erlebe ich sie regelrecht wirklich, mein Körper ist komplett involviert und schüttet dann auch genau die Hormone aus, die die entsprechende Situation in mir auslöst. Das mache ich zum Beispiel gern beim Zugfahren, wenn ich ohnehin Zeit abzusitzen habe.

Und auch hierzu möchte ich noch eine letzte, sehr anschauliche (und etwas wundersame) Geschichte aus meinem Leben erzählen: Es war an einem späten Abend im Januar 2015, mein Mann war auf Geschäftsreise, die Kinder haben geschlafen, und ich wollte mir einen Tee machen. In einem Moment der Unachtsamkeit habe ich mir dann so schlimm die Beine mit kochendem Teewasser verbrannt, dass ich in die Notaufnahme musste. Die Hälfte der Haut meiner beiden Oberschenkel, vier Hände, war zweiten bis dritten Grades verbrannt. Die Diagnose war keine gute, die Ärzte prognostizierten mir, dass ich nie wieder einen Rock würde tragen können, ohne dass große Narben sichtbar wären. Ich konnte mich dann wegen des Krankenhausaufenthaltes und der Operationen nicht um meine Kinder kümmern und musste meine Kleinste wegen der starken Schmerzmittel abstillen. Außerdem machte ich nach der Absetzung der Mittel eine Art Entzug durch, der mich in eine etwas depressive Stimmung versetzte. Ich hätte damals den ganzen Tag über in Selbstmitleid zerfließen können, habe mich in der Opferrolle gefühlt. Als mir dann wirklich alles zu viel wurde, habe ich mich entschieden:

Jetzt greife ich an. Und wie ihr mich kennt, tat ich das natürlich mithilfe eines Ratgebers: »Du bist das Placebo« von Dr. Joe Dispenza. Das Buch handelt davon, wie man sich allein mit der Kraft der Gedanken heilen kann. Ich will hier jetzt kein großes Fass aufmachen, aber ihr wisst ja nun von mir, dass ich mir immer einen Ausweg suche, wenn ich in eine Sackgasse gerate. Ich habe also das Buch gelesen und entschieden, dass ich einfach mal versuche, mit Meditation und bewusstem Denken die Selbstheilung zu aktivieren. Und was soll ich sagen? Die Narben sind weg. Es ist nichts mehr übrig, gar nichts mehr. Ich war bei vielen Ärzten, und keiner hätte es für möglich gehalten, dass eine Heilung auf diese Art und Weise möglich ist.

VERABREDUNG MIT HAPPINESS-GARANTIE

Zum Abschluss des Buches möchte ich euch noch etwas schenken, was euch über unsere gemeinsame Arbeit und Zeit hinaus begleiten kann: die »Erlaubnis«, dass ihr eine schöne Zeit mit euch selbst haben dürft. Lasst uns dafür einen Namen finden! Wir machen aus unserer hier und da gewonnenen Me-Time und Date-Time ein **Me-Date**. Ich habe es so ähnlich im Buch »Der Weg des Künstlers« kennengelernt, jetzt übertragen wir es aber ganz konkret auf uns und unseren Alltag:

Du planst einmal im Monat ein Zeitfenster für dich ein, das du fest in deinen Kalender einträgst. An welchem Tag das ist, ist egal, er darf auch wechseln, das Date sollte mindestens eine Stunde lang sein, gern länger. Du darfst aber nicht planen, was du zu dem Zeitpunkt unternimmst, und, ganz wichtig, du sollst dabei allein sein. Habe am besten immer etwas Geld dabei und sei so angezogen, dass du dich sowohl drinnen als auch draußen aufhalten kannst. Und dann fang an: Lass dein neugieriges und unvoreingenommenes Ich entscheiden, was du bei deinem Date mit dir selbst tun möchtest. Das können ganz unterschiedliche Dinge sein, auch je nach Tagesform. An einem Tag möchtest du vielleicht auf den Fernsehturm, wo du noch nie warst und was eigentlich nur Touristen machen, am nächsten unternimmst du eine Kutschfahrt, gehst ins Museum oder setzt dich in eine Bücherei. Vielleicht gehst du aber auch nur ausgedehnt spazieren in einem Stadtteil, in dem du schon lange nicht mehr oder sogar noch nie warst.

Mich haben meine Me-Dates an Orte geführt, die unterschiedlicher nicht hätten sein können, und so waren Dinge wie Eiskunstlaufen oder der Besuch auf einem Bauernhof im Umland mit dabei. Aber auch sich mittags mal allein ins Kino zu setzen kann bewusstseinserweiternd sein. Und genau darum geht es. Es ist nicht leicht zu erklären, was dieses Me-Date in dir und für dein Leben auslösen kann, man begreift es nicht, wenn man es nur so liest. Man muss es einfach erleben, dieses Gefühl der Freiheit und Horizonterweiterung ohne Vorurteile bei einer Verabredung nur mit sich selbst. Das kann unser Leben und die Dinge komplett auf den Kopf stellen, ich sage es euch. Erinnert ihr euch noch an die Geschichte mit dem Choreografen, der mir mit dem Fahrrad hinterhergefahren war? Das war genau bei so einer Verabredung mit mir selbst.

✂ Ihr Lieben, ja, hier endet nun dieses Buch, und es ist Zeit, sich zu verabschieden. Ich danke euch, dass ihr mich so nah an eurer Seite habt sein lassen, dass ich euch begleiten durfte bei der (Um-)Gestaltung eures Alltags und dem Aufspüren von ganz viel Happiness darin. Ich wünsche mir, dass ihr gleich ganz erfüllt das Buch zuklappen könnt und stolz auf euch seid. Ich bin es auf jeden Fall!

Was mir jetzt noch bleibt, ist, euch alles Gute für euren Alltag, für euer Leben, für eure Zukunft zu wünschen. Und einen ganz persönlichen Wunsch habe ich noch: dass ich euch weiter begleiten darf, ob in der YouTube-Community oder in einem weiteren Buch – ihr wisst ja, in zwanzig Jahren schreibe ich darüber, wie es ist, als betagte Frau über den Atlantik zu schippern …

Vergesst nie: Ihr seid die beste Architektin eurer Zukunft, und Happiness ist hausgemacht.

DANKE

Ich möchte mich auch dieses Mal zuerst bei Stefanie Hess, sozusagen meiner Entdeckerin, bedanken! Sie hat mich damals gefragt, ob ich mir zutrauen würde, ein Buch zu schreiben. Das hat sie ein zweites und, wie ihr ja wisst, weil ihr das Buch gerade in den Händen haltet, auch noch ein drittes Mal genau zum richtigen Zeitpunkt gemacht. Sie steht hinter mir und glaubt an mich, und das bedeutet mir sehr viel. Denn wir alle brauchen Menschen in unserem Leben, die an uns glauben. Danke, liebe Stefanie! Und auch dem gesamten Droemer-Knaur-Team danke ich von Herzen. Ihr seid ein wirklich toller Verlag, ich fühle mich bei euch sehr gut aufgehoben. Meine Herzensbotschaft aufschreiben und über Bücher, die bei euch erscheinen, weitergeben zu dürfen, macht mich unendlich stolz und glücklich.

Auch dieses Mal war meine liebe Nina wieder an meiner Seite, hat mit mir zusammen die Sätze gefeilt und geschliffen, die Wörter hin- und hergedreht und alles von vorn bis hinten durchgeackert in stundenlangen Live- und Telefongesprächen, manchmal bis sehr spätabends. Für diesen wertvollen Austausch und die liebevolle Unterstützung bin ich sehr dankbar.

Ganz besonderen Dank möchte ich dieses Mal an meine Eltern aussprechen, die mir eine Kindheit und Jugend geschenkt haben, die zwar nicht immer leicht, aber doch mein bester Lehrer war, weil meine Eltern mir die richtigen Werte vermittelt haben. An allem, was sie nicht von mir fernhalten konnten, bin ich gewachsen, stärker geworden und letztendlich zu der Frau geworden, die ich heute bin. Bis heute sind meine Eltern immer für mich da, unterstützen mich bei einfach allem und geben mir als fast vierzigjähriger Vollblutmutter das Gefühl, auch hin und wieder selbst noch Kind sein zu dürfen.

Meinem Mann danke ich immer, immer wieder dafür, dass er

jederzeit liebevoll hinter mir steht und mich unterstützt, dass er die positiven Eigenschaften in mir verstärkt, sodass ich mit ihm zusammen der Mensch sein kann, der ich sein will; dass er mir und uns ermöglicht, die Beziehung zu führen, die wir uns immer gewünscht haben.

Und selbstverständlich danke ich meinen Kindern. Immer. Immer. Immer und ewig. Weil sie in meinem Leben sind und es zum schönsten der Welt machen.

Und auch meinen engen Freundinnen und Freunden möchte ich danken, einfach dafür, dass sie in meinem Leben sind, dass sie es bereichern, mir immer wieder neue Kraft und Inspiration schenken. Und so viel Liebe und Support.

Und ganz besonders gilt mein Dank natürlich euch Frauen und Mamas, die ihr dieses Buch in den Händen haltet, die ihr mir auf YouTube folgt und mich so ein Teil eures Lebens sein lasst. Ich danke euch für diese große, starke Gemeinschaft, für unseren Austausch, unsere Community, für eure liebevolle Unterstützung in Form von Herzen, Kommentaren, Daumen-hoch, Fünf-Sterne-Buchbewertungen und auch das eine oder andere Selfie auf der Straße. Denn ganz besonders freue ich mich über den persönlichen Austausch, wann immer ich eine von euch treffe. Ihr seid meine Happiness-Community!